Peter Nadig

Hatschepsut

GESTALTEN DER ANTIKE

Herausgegeben von
MANFRED CLAUSS

Peter Nadig

Hatschepsut

Philipp von Zabern

Die Deutsche Nationalbibliothek verzeichnet diese Publikation
in der Deutschen Nationalbibliografie;
detaillierte bibliografische Daten sind im Internet über
http://www.dnb.de abrufbar.

Der Verlag Philipp von Zabern ist ein Imprint der WBG.

Die Herausgabe des Werkes wurde durch die Vereinsmitglieder
der WBG ermöglicht.
Satz: SatzWeise, Föhren
Umschlagabbildung: Kopf der Königin Hatschepsut, Kalkstein bemalt
© akg-images / Andrea Jemolo
Umschlaggestaltung: Katja Holst, Frankfurt am Main
Gedruckt auf säurefreiem und alterungsbeständigem Papier
Printed in Germany

Besuchen Sie uns im Internet: www.wbg-wissenverbindet.de

ISBN 978-3-8053-4763-1

Elektronisch sind folgende Ausgaben erhältlich:
eBook (PDF): 978–3–8053-4835-5
eBook (epub): 978–3–8053-4836-2

Inhaltsverzeichnis

Vorwort des Herausgebers

„Gestalten der Antike" – die Biographien dieser Reihe stellen herausragende Frauen und Männer des politischen und kulturellen Lebens jener Epoche vor. Ausschlaggebend für die Auswahl war, dass die Quellenlage es erlaubt, ein individuelles Porträt der jeweiligen Personen zu entwerfen, und sie konzentriert sich daher stärker auf politische Persönlichkeiten. Sie ist gewiss auch subjektiv, und neben den berühmten „großen Gestalten" stehen interessante Personen der Geschichte, deren Namen uns heute vielleicht weniger vertraut sind, deren Biographien aber alle ihren je spezifischen Reiz haben.

Die Biographien zeichnen spannend, klar und informativ ein allgemeinverständliches Bild der jeweiligen „Titelfigur". Kontroversen der Forschung werden dem Leser nicht vorenthalten. So geben auch Quellenzitate – Gesetzestexte, Inschriften, Äußerungen antiker Geschichtsschreiber, Briefe – dem Leser Einblick in die „Werkstatt" des Historikers; sie vermitteln zugleich ein facettenreiches Bild der Epoche. Die Darstellungen der Autorinnen und Autoren zeigen die Persönlichkeiten in der Gesellschaft und Kultur ihrer Zeit, die das Leben, die Absichten und Taten der Protagonisten ebenso prägt wie diese selbst die Entwicklungen beeinflussen. Die Lebensbeschreibungen dieser „Gestalten der Antike" machen Geschichte greifbar. In chronologischer Reihenfolge werden dies sein:

Hatschepsut (1479–1457), von den vielen bedeutenden Königinnen Ägyptens nicht nur die bekannteste, sondern auch die wichtigste, da sie über zwei Jahrzehnte die Politik Ägyptens bestimmt hat;

Ramses II. (1279–1213), der Pharao der Rekorde, was seine lange Lebenszeit wie die nahezu unzähligen Bauvorhaben betrifft;

Alexander (356–323), der große Makedonenkönig, dessen Rolle in der Geschichte bis heute eine ungebrochene Faszination ausübt;

Hannibal (247–183), einer der begabtesten Militärs der Antike und Angstgegner der Römer; seine Kriege gegen Rom haben Italien mehr geprägt als manch andere Entwicklung der römischen Republik;

Sulla (138–78), von Caesar als politischer Analphabet beschimpft, weil er die Diktatur freiwillig niederlegte, versuchte in einem eigenständigen Konzept, den römischen Staat zu stabilisieren;

Cicero (106–43), Philosoph, Redner und Politiker, von dem wir durch die große Zahl der überlieferten Schriften und Briefe mehr wissen als von jeder anderen antiken Persönlichkeit; sein Gegenpart,

Caesar (100–44), ein Machtmensch mit politischem Gespür und einer ungeheuren Energie;

Kleopatra (69–30), Geliebte Caesars und Lebensgefährtin Marc Antons, die bekannteste Frauengestalt der Antike, die vor allem in den Darstellungen ihrer Gegner unsterblich wurde;

Herodes (73 v.–4 v. Chr.), der durch rigorose Anpassung an die hellenistische Umwelt die jüdische Monarchie beinahe in den Dimensionen der Davidszeit wiederherstellte, dem seine Härte jedoch letzten Endes den Ruf des „Kindesmörders" eintrug;

Augustus (43 v.–14 n. Chr.), der mit unbeugsamer Härte, aber auch großem Geschick das vollendete, was Caesar angestrebt hatte; da er den Bürgerkriegen ein Ende setzte, wurde er für die Zeitgenossen zum Friedenskaiser;

Nero (54–68), der in der Erinnerung der Nachwelt als Brandstifter und Muttermörder disqualifiziert war, auch wenn ihn die zeitgenössischen Dichter als Gott auf Erden feierten;

Marc Aurel (161–180), der so gerne als Philosoph auf dem Thron bezeichnet wird und doch immer wieder ins Feld ziehen musste, als die ersten Wellen der Völkerwanderung das Römische Reich bedrohten;

Septimius Severus (193–211), der erste „Nordafrikaner" auf dem Thron, aufgeschlossen für orientalische Kulte; er förderte die donauländischen Truppen und unterwarf das Reich zahlreichen Veränderungen;

mit ***Diocletian (284–305)*** lässt man die Spätantike beginnen, die sich vor allem durch konsequente Ausübung der absoluten Monarchie auszeichnet;

Konstantin der Große (306–337), der im Zeichen des Christengottes in die Schlacht zog und siegte, hat den Lauf der Geschichte nachhaltig verändert; dem Christentum war nun der Weg zur Staatsreligion vorgezeichnet;

Athanasius (295–373), unter den großen politischen Bischöfen der Spätantike einer der radikalsten und erfolgreichsten in dem Bemühen, den neuen Glauben im und gegen den Staat durchzusetzen;

Julian (361–363), dessen kurze Regierungszeit vieles von seinen Plänen unvollendet ließ und deshalb die Phantasie der Nachwelt anregte;

Theodosius der Große (379–395), von dem man sagt, er habe mit einer rigorosen Gesetzgebung das Christentum zur Staatsreligion erhoben; er bewegte sich mit Geschick durch eine Welt religiöser Streitigkeiten;

Theoderich der Große (474–526), der bedeutendste jener „barbarischen“ Heerführer, die das Weströmische Reich beendeten,

und schließlich Kaiser ***Justinian (527–565)***, der zusammen mit Theodora die Größe des alten Imperium Romanum wiederherstellen wollte; die Beschreibung seiner Herrschaft kann insofern einen guten (chronologischen) Abschluss bilden.

Bonn, im Mai 2009 Manfred Clauss

Vorwort des Autors

Auch nach fast 3500 Jahren übt Hatschepsut eine große Faszination aus. Als Regentin für ihren unmündigen Neffen Thutmosis III. wurde sie nach sieben Jahren zum König Ägyptens gekrönt und übte fortan mit diesem zusammen die Herrschaft aus. Dieser Vorgang war eine seltene Ausnahme, denn das ägyptische Königtum war stets einem Mann vorbehalten. Mehr als zwei Jahrzehnte prägte Hatschepsut das Land am Nil – und auch noch weit darüber hinaus. Nach ihrem Tode wurde ihr öffentliches Andenken bewusst unterdrückt, teilweise sogar ausgelöscht. Deswegen ist es in Anbetracht der lückenhaften Überlieferung für den Historiker eine schwierige Aufgabe, diese beeindruckende Persönlichkeit darzustellen. Unzweifelhaft fügte sie sich als Frau erfolgreich in die Männerrolle des Königs von Ober- und Unterägypten ein und legte die entscheidenden Grundlagen für die spätere Größe ihres Landes.

Hatschepsut hat mich seit Jahrzehnten beschäftigt. Die Anregung zu dieser Monographie geht auf Prof. Dr. Dr. Manfred Clauss zurück, der ihre Entstehung mit viel Geduld und kritischem Zuspruch begleitet hat. Ihm gilt daher mein besonderer Dank. Des Weiteren gilt mein Dank auch dem Ägyptologischen Seminar der Freien Universität Berlin, allen voran Prof. Dr. Jochem Kahl. Ferner möchte ich den Kollegen vom Department of Ancient Egypt and Sudan des British Museum, London danken, allen voran den Keepers Drs. W. Vivian Davies und Neal Spencer sowie Susanne Woodhouse M.A., die mir über Jahre hinweg ideale Arbeitsbedingen in der Bibliothek vor Ort ermöglichten. Ebenfalls gilt mein aufrichtiger Dank Dr. Patricia Spencer von der Egypt Exploration Society, London, für die Erlaubnis einige historische Fotographien von den Ausgrabungen des Hatschepsut-Tempels verwenden zu dürfen. Als Althistoriker ist man wiederholt auf den Rat von Ägyptologen angewiesen. Hier sei namentlich Privatdozentin Dr. Alexandra von Lieven (Berlin) sowie den Professoren Dr. Joachim F. Quack (Heidelberg) und Dr. Friedhelm Hoffmann (München) gedankt. Prof. Dr. Klaus Geus von der Freien Universität Berlin danke ich für eine Gastprofessur an seinem Arbeitsbereich zur Geographie des antiken Mittelmeerraumes im Sommersemester 2013, die durch den Exzellenzcluster TOPOI finanziert wurde. Ebenfalls gilt mein Dank Msgr. Prof. Dr. Stefan Heid, der mir einen Forschungsaufenthalt am Römischen Institut der Görres-Gesellschaft im März 2013 ermöglichte. Unter diesen günstigen Rahmenbedingungen konnte das Manuskript abgeschlossen werden.

Berlin im Februar 2014 Peter Nadig

Abb. 1: Die Theogamie (historisches Foto von 1893).

Der Mythos von der göttlichen Geburt

Es ist mitten in der Nacht. Ahmose, die Hauptfrau Thutmosis' I., des Königs von Ägypten, schläft bereits seit Stunden in den Frauengemächern des Palastes. Plötzlich weckt sie ein starker Wohlgeruch aus ihrem Schlummer. Ahmose steht auf und schaut sich um. Aber sie ist allein – niemand ist zu sehen. Nur der Duft kostbarster Salben und feinsten Weihrauchs, der schon alle Nebenräume zu durchdringen scheint, wird stärker. Ahmose weiß, daß die wertvollen Zutaten für solche Düfte aus dem weit entfernten Gottesland Punt unter großen Mühen und Risiken herbeigebracht werden müssen. Solche Kostbarkeiten sind eigentlich den Göttern vorbehalten, ja es ist ihr Duft. Ein ehrfurchtsvoller Schauer überkommt die Königin und ihre Aufregung steigert sich, glaubt sie doch einen Gott in ihrer Nähe. Als der Wohlgeruch immer intensiver wird, bemerkt sie im Halbdunkel ihren Gemahl Thutmosis. Sie lächelt ihn an. Leidenschaft ist in seinem Blick, als er auf sie zukommt, sein hauchdünner Schurz kann seine Erregung nicht mehr verbergen. Und nun geht alles sehr schnell. Als er direkt vor ihr steht, glaubt Ahmose nicht mehr ihren jungen Gemahl, sondern tatsächlich den Gott Amun, den Herrn der Throne und König der Götter, vor sich zu sehen. Der Duft von Punt erfüllt jetzt das ganze Gemach. Beeindruckt von seiner Schönheit erwidert sie willig sein Begehren. Ahmose ist ganz hingerissen. Ist es wirklich Amun selbst, der zu ihr gekommen ist? Offenbar! Ist ihr Mann als König nicht auch den Göttern gleich? Sie kann es kaum fassen. Ihre Hingabe verstärkt seine Freude an ihr. Sie küsst ihn leidenschaftlich und das Liebesspiel nimmt seinen Lauf: Beide geben sich auf jede erdenkliche Weise der Liebe hin. Nachdem sich die Erregung gelegt hat, lobt die Königin den Ruhm des Gottes und bemerkt, dass sein Duft nun auch an ihrem Körper haftet. Hier ist einiges anders als bisher. Ihr Wunsch nach Nachwuchs ist groß, denn als königliche Hauptgemahlin hat sie dem König noch kein Kind schenken können. Ihre Nebenbuhlerin Mutnefret, Thutmosis' nicht ebenbürtige Nebenfrau, hat ihm dagegen einen Sohn zur Welt gebracht. Doch nun spricht der Gott Ahmose an. Er habe sie in dieser Nacht geschwängert und dazu gibt er folgende Verheißung: „‚Die Erste der vornehmen Damen, die Amun umarmt' ist der Name deines Sohnes", sagte er. „Sie" wird einst als König die Beiden Länder Ägyptens beherrschen.

Halten wir hier inne. Was ist hier gemeint? Ein Sohn mit dem Mädchennamen „Hatschepsut Chenemet-Amun“? „Sie“ wird herrschen? Die obigen Zeilen erinnern zunächst eher an einen historischen Liebesroman, als an die prosaische Umsetzung einer alten Tempelinschrift. Sieht man von dem Hinweis auf den Kinderwunsch der Königin und den Kindersegen ihrer Rivalin ab, basiert die Erzählung tatsächlich auf einer Szene im Mythos von der „göttlichen Geburt“ des ägyptischen Königs: Der oberste Gott zeugt in der Gestalt des regierenden Königs einen Sohn mit der Großen Königlichen Gemahlin. Doch was ist hier wirklich geschehen? Hat Ahmose gar ihr „blaues Wunder“ erlebt? – immerhin ist Amun häufig mit blauer Haut dargestellt. Oder hat Thutmosis I. sich etwas Neues einfallen lassen, sich mit kostbar duftender Myrrhensalbe eingerieben und dabei die Insignien des Gottes angelegt, bevor er Ahmose aufsuchte?

Nein, nichts von dem ist so geschehen – auch wenn wir davon ausgehen dürfen, dass sich der König realiter vor einem Rendevouz parfümiert haben mag. Schauen wir uns zunächst diesen alten Mythos vom König als Sohn des höchsten Gottes genauer an.

Hatschepsut war nie für die Königsherrschaft vorgesehen. Als Tochter Thutmosis’ I. konnte sie durch die Heirat mit einem ihrer Halbbrüder Große Königliche Gemahlin werden, vorausgetzt dieser wurde auch König. Das wäre das Höchste, was sie als Frau im Königshaus hätte erreichen können; denn in Ägypten war das Königsamt stets einem Mann vorbehalten. Ausnahmen waren äußerst selten. Hatschepsut heiratete schließlich ihren jüngsten Bruder Thutmosis II., der schon nach nur wenigen Jahren starb. Dessen Sohn Thutmosis III. war noch zu jung, so dass sie als seine Tante für ihn die Regenschaft ausübte. Aber die Regentschaft ist kein Königtum. Mit dem Erreichen der Volljährigkeit ihres Neffens hätte sie sich ganz in den Hintergrund des Hoflebens zurückgezogen, wie viele andere Königswitwen und -mütter vor ihr. Dennoch ließ sich Hatschepsut wenige Jahre später zum König krönen und herrschte bis zu ihrem Tode gemeinsam mit Thutmosis III. Zwei vollwertige Könige zur gleichen Zeit, das war etwas Neues. Sie dominierte diese Koregentschaft und prägte den folgenden Jahren ihren Stempel auf. Doch ihr Vorgehen musste auch vor den Göttern gerechtfertigt werden. Warum sie dabei auch die Unterstützung der Priesterschaft hatte, werden wir noch sehen.

Zur Untermauerung ihres Königtums erhob Hatschepsut zunächst den Anspruch, die Nachfolgerin ihres Vaters Thutmosis I. zu sein, indem sie dies in Inschriften auf Bauten und Kultgegenständen hervorhob. Im religiösen Bereich propagierte sie zusätzlich ihre Zeugung durch den Gott Amun. Hierbei bediente sie sich eines sehr ausgefeilten Bilder- und Textzyklus, den sie in erhabenem Relief einige Jahre nach ihrer Thronbesteigung in der Säulenhalle des mittleren Hofes ihres Gedächtnistempels in Deir el-Bahari anbringen ließ.

Die Darstellung besteht aus drei Teilen: 1. der Mythos von der göttlichen Geburt, 2. der Geschichte von Hatschepsuts Jugend und Krönung und 3. der Expedition zum Weihrauchland Punt. Obwohl in der Vergangenheit diese drei Sequenzen meist isoliert betrachtet wurden, besonders die Fahrt nach Punt, bilden sie tatsächlich im Hinblick auf ihre Inhalte und Komposition eine Einheit.

Die ersten beiden Zyklen befinden sich im Nordflügel der Säulenhalle, wobei der Geburtsmythos das untere, die Jugendlegende und Krönung das obere Bildregister einnehmen. In der südlichen Portikus, der „Punthalle“, bilden die Szenen der berühmten Expedition den Abschluss. Die Handlungen sind in verschiedenen Ebenen zwischen der Welt der Götter und derjenigen der Menschen angesiedelt. Dies ist vor allem bei den Geburts- und Krönungsgeschichten der Fall, wo neben Amun-Re verschiedene Götter am Geschehen teilhaben. In der „Punthalle“, die Hatschepsuts göttlich beeinflussten Werdegang fortsetzt, ist die Präsenz der Götter dagegen zurückhaltender.

Für uns ist diese Verschmelzung der himmlischen Götterwelt und der menschlichen Wirklichkeit problematisch. So war es lange fraglich, welche Details des zweiten Zyklus überhaupt noch tatsächliche biographische Inhalte wiedergeben, ober ob es sich hier um eine vollständige Fiktion handelt. Man kann zwar davon ausgehen, dass einige Elemente wirkliche Szenarien aus dem königlichen Krönungs- und Hofzeremoniell reflektieren, selbst wenn sie vielleicht nichts mit Hatschepsut zu tun haben. Zahlreiche frühe Forscher hielten die Jugendgeschichte irrtümlicherweise für einen historischen Text, zumal die Verwandtschaftsverhältnisse der Thutmosiden noch nicht hinreichend bekannt waren. In diesem Licht muss auch die Tatsache gesehen werden, dass Thutmosis III. später in Deir el-Bahari und anderen Orten Hatschepsuts Namen durch seine eigenen und die seines Vaters und Großvaters ersetzen ließ. In der Vergangenheit hat man aufgrund der vermeintlichen Koregentschaft von Thutmosis I. und Hatschepsut sowie den geänderten Namensinschriften sogar eine handfeste Familienfehde mit ständig wechselnden Machtkonstellationen angenommen.

Hatschepsut griff wie gesehen bei ihrer Herrschaftslegitimation auf den althergebrachten Mythos von der göttlichen Geburt des Königs zurück, der seine Wurzeln im Alten Reich hatte. Das Ungewöhnliche, ja Neue in ihrem Fall war, das hier zum ersten und, bis sich weitere Belege finden, sicher auch zum einzigen Mal dieser Mythos auf eine Frau bezogen wurde, die als „König“ Ägyptens auftrat. Im Folgenden sollen zunächst die bildliche Umsetzung und die Hintergründe dieses Mythos vertieft werden. Die Bildszenen der beiden ergänzenden Zyklen zu ihrer Jugend sowie der Expedition nach Punt werden später im historischen Teil fortgesetzt.

Die Grundhandlung des Geburtsmythos, auch „Götterhochzeit“ genannt, sei hier kurz zusammengefasst: In dieser Erzählung erwählt der höchste Gott die Mutter des ‚zukünftigen‘ Königs, die stets die königliche Gemahlin des gegenwärtig herrschenden Pharaos ist, um mit ihr einen würdigen Thronfolger zu zeugen. Dabei nähert sich ihr der Gott anfangs in Gestalt ihres Gatten, des Königs, während sie gerade in einer Kammer des Palastes schläft. Sie erwacht von dem Duft des Gottes, worauf sich dieser in seiner wahren Gestalt zu erkennen gibt. Es kommt zur geschlechtlichen Vereinigung und Zeugung des künftigen Königs. Anschließend bestimmt der Gott nicht nur den Namen seines Sohnes, sondern erteilt auch dem Schöpfergott Chnum den Auftrag zur Schaffung des Kindes und seines Ka. Der Ka bedeutete die Lebenskraft, die jedem Individuum seinen Charakter und sein Wesen prägt. Er wird durch zwei nach oben offene Arme – auch als Hieroglyphe – symbolisiert. Der Gott Thot verkündet anschließend der Mutter ihre bevorstehende Mutterschaft. Am Ende der Schwangerschaft wird sie von den Geburtsgöttinnen zur Entbindung geführt und bringt das Kind zur Welt. Nach der Geburt wird der neugeborene Königssohn seinem göttlichen Vater präsentiert, der ihn anerkennt. Im weiteren Verlauf stillen göttliche Ammen und göttliche Kühe das Neugeborene in Gegenwart seiner Mutter. Zahlreiche weitere Gottheiten begleiten diesen Zyklus. Hier ist vor allem Hathor hervorzuheben, die eine der größten Göttinnen des alten Ägypten war. Sie erscheint wiederholt in bedeutender Funktion. Ihr Name bedeutet „Haus des Horus“ und weist auf eine alte Tradition hin, nach der sie auch die Mutter des Falkengottes Horus war. Da nun der König als lebender Horus angesehen wurde, war Hathor dementsprechend im Mythos seine göttliche Mutter.[1] Hatschepsut widmet ihr in Deir el-Bahari einen eigenen Tempel.

In der 4. Dynastie war der Sonnengott Re der oberste Gott gewesen. Das Zentrum seiner Verehrung lag in Heliopolis, heute ein Stadtteil des modernen Kairo. Bereits Cheops (2589–2566), der Erbauer der nach ihm benannten Großen Pyramide von Gizeh, drückte seine Anlehnung an diesen Gott dadurch aus, dass er einigen seiner Söhne Namen mit dem Namensbestandteil „Re“ gab. Dazu gehörten auch seine beiden Nachfolger Djedefre und Chafre, besser bekannt als Chephren. Nachweislich trug Djedefre als erster König den Beinamen „Sohn des Re“. Dieses Epitheton lehnte sich in der Folgezeit dem göttlichen Geburtsnamen des Herrschers immer mehr an und wurde ab dem Mittleren Reich diesem als Titel vorangestellt. Aus diesem Grund bezeichnet man den königlichen Eigennamen auch als „Sohn des Re-Namen".

Eine aufschlussreiche Quelle ist in diesem Zusammenhang die märchenhafte Erzählung des berühmten Papyrus Westcar, der nach heutigen Erkenntnissen in der 17. Dynastie (1580–1550) verfasst wurde. Dieser Text behandelt unter anderem einen Geburtsmythos der ersten drei Könige der 5. Dynastie und ist zugleich die älteste bekannte literarische Ausformung dieses Themas. Der Ausgangspunkt ist eine fiktive Handlung am Hofe des Cheops. In einer geselligen Runde versuchen seine Söhne, ihm ein wenig Zerstreuung zu bereiten. Dabei wetteifern die Prinzen untereinander, ihrem Vater abwechselnd außergewöhnliche Geschichten zu erzählen, die sich unter seinen Vorgängern seit König Djoser zugetragen haben sollen. In den ersten drei Erzählungen wirkt jedes Mal ein anderer – stets mit übernatürlichen Kräften ausgestatteter – Vorlesepriester im Dienste des jeweiligen Herrschers.[2] Cheops nimmt diese Vorträge, von denen allerdings keiner seine volle Aufmerksamkeit zu erregen scheint, stets wohlwollend auf und ordnet als Dank die entsprechenden Totenopfer für die verstorbenen Könige und Priester an. Als nun sein Sohn Hordjedef an die Reihe kommt, ist vom sinngemäßen Handlungsablauf eine Geschichte zu erwarten, die in der Gegenwart angesiedelt ist. Der Prinz stellt zunächst die bisher geschilderten Ereignisse in Frage, weil sie in der Vergangenheit lägen und so nicht mehr auf ihre Glaubwürdigkeit überprüft werden können. Stattdessen erwähnt er einen weisen und wundertätigen Mann namens Djedi, der – immerhin mit dem typischen ägyptischen Idealalter von 110 Jahren – unter den Zeitgenossen des Königs weilt. Ferner verfüge Djedi, so Hordjedef, über drei besondere Fähigkeiten: Er könne einen abgetrennten Kopf wieder anfügen sowie einen Löwen hinter sich hergehen lassen und kenne auch die genaue Anzahl der Kammern im Heiligtum des Thot.[3] Gerade der letzte Punkt ist für Cheops von großem Interesse, weil er für den Bau seiner Pyramide diese Kammern kopieren will. Daher läßt er Djedi herbeiholen.[4] Am Hof angekommen demonstriert dieser an zwei Tieren seine Fähigkeit einen abgetrennten Kopf wieder anzufügen, verweigert sich aber den Wunsch des Königs, dieses auch an einem Menschen durchzuführen.[5] Schließlich kommt Cheops auf sein Anliegen hinsichtlich der Kammern des Thot zu sprechen, doch Djedi gibt ihm eine verblüffende Antwort:[6] „Ich kenne ihre Zahl nicht, o Fürst, mein Herr, aber ich weiß, wo sie aufbewahrt wird." Cheops drängt weiter und erfährt, dass sich diese Information in einer Truhe im Heiligtum von Heliopolis befindet. Doch dem königlichen Befehl, diese sofort herbeizuholen, weicht

Djedi mit einer verwirrenden Antwort aus. Nicht er, sondern das älteste der drei Kinder, die sich noch im Schoß einer Ruddjedet befinden, wird ihm die Truhe bringen. Die Antwort verwirrt Cheops, will er doch umgehend dieser Truhe habhaft werden. Er fragt nach der Frau, worauf ihm Djedi prophezeit:[7] „Sie ist die Frau eines Priesters des Re, des Herrn von Sachebu, die mit drei Kindern des Re, des Herrn von Sachebu, schwanger ist. Er (= Re) hat zu ihr gesagt: ‚Sie werden dieses wirkmächtige Amt *(gemeint ist das Königtum)* in diesem ganzen Land ausüben.'" Über diese Nachricht ist der König äußerst betrübt, doch beruhigt ihn der Weise umgehend, dass zuerst noch sein Sohn und danach dessen Sohn und dann erst einer der Prophezeiten herrschen wird.[8]

Nachdem Cheops die Unterbringung und Versorgung des Djedi im Haus des Hordjedef angeordnet hat, setzt ein neuer Erzählstrang in der Geschichte ein, der zum Verständnis von Hatschepsuts Geburtsmythos grundlegend ist; er hat die Geburt der von Djedi verheißenen Könige zum Inhalt. Das folgende Szenario ist dem altägyptischen literarischen Topos der „Königsnovelle" nachempfunden. Dort verkündet in der Regel der König seine Pläne und delegiert deren weitere Ausführung. Nur ist die Handlung nun auf die Götterwelt übertragen worden. Ausgangsort ist – praktisch als Gegenstück zum irdischen Hof „Seiner Majestät des Cheops" – nun der himmlische Hof „Seiner Majestät des Re von Sachebu".[9] Als die Wehen der Ruddjedet einsetzen, wendet sich Re zu den Göttinnen Isis, Nephthys, Mesechenet und Heket sowie dem widderköpfigen Schöpfergott Chnum. Er sendet sie aus, damit sie Ruddjedet von den drei Kindern entbinden, die eines Tages das Königtum ausüben werden. Bemerkenswert ist der Satz, mit dem Re seine Aufforderung verbindet; denn er fügt hinzu, dass diese die Tempel der Götter erbauen, deren Altäre versorgen sowie die Trankopfergefäße reichlich ausstatten und die Opfer vermehren werden.[10] Er entspricht fast wörtlich einer Formel aus Hatschepsuts Mythos. Dort gebraucht jedoch Amun diese Worte. In der weiteren Handlung des Papyrus Westcar begeben sich nun diese Götter in Verkleidung zu Ruddjedet und entbinden die drei Söhne, die später die ersten Herrscher der 5. Dynastie werden sollten: Userkaf, Sahure und Neferirkare.

Die zu Ruddjedet gesandten Götter waren traditionell mit dem Königtum oder dem Vorgang von Schöpfung und Geburt verbunden: Isis, stets mit der Thronhieroglyphe auf ihrem Kopf zu erkennen, war seit dem späten Alten Reich die Mutter des Königsgottes Horus. Ihre Schwester Nephthys, deren Stellung im ägyptischen Pantheon schwer zu deuten ist, war zugleich auch seine Tante. Mesechenet, Heket und Chnum standen als Götter mit der Geburt in Verbindung. Sie alle werden uns in den Geburtsszenen in Deir el-Bahari wiederbegegnen. Die Geschichte aus dem Papyrus Westcar ist das früheste literarische Beispiel für die mythische Geburt von königlichen Nachkommen, die von der obersten Gottheit gezeugt wurden. Hier ist es noch der Sonnengott Re, der mit einer sterblichen Mutter gleich mehrere Thronfolger zeugt. Re wurde während des Mittleren Reiches mit dem Amun von Theben verbunden und im Neuen Reich schließlich als Amun-Re zum höchsten Gott.

Eine genaue Auswertung der erhaltenen Geburtsmythen im Hinblick auf literaturgeschichtliche, sprachwissenschaftliche und kunsthistorische Kriterien führt zu dem Ergebnis, dass sie alle auf Vorbildern aus früheren Epochen der ägyptischen Geschichte beruhen. Dies gilt im besonderen Maße für den Mythenfries der Hatschepsut, der noch bis vor einigen Jahrzehnten als der älteste monumentale Beleg für eine Götterhochzeit galt. Tatsächlich griff man hier auf Vorlagen aus dem Mittleren und Alten Reich zurück, die auf die individuelle Situation angepasst wurden. Doch konkrete archäologische Quellen für frühere Geburtsmythen blieben lange Zeit aus, bis vor wenigen Jahren Archäologen des New Yorker Metropolitan Museum im Bereich des bis dahin wenig erforschten Aufwegs zum Pyramidentempel Sesostris' III. (1874–1855) in Dahschur einige reliefverzierte Blöcke fanden.[11] Auf den erhaltenen Bildresten lassen sich Szenen eines Geburtsmythos erkennen, die deutliche Parallelen zu denen in Hatschepsuts Geburtshalle aufweisen und die in späteren Versionen nicht mehr vorkommen. Ferner konnte bei der Erforschung des Pyramidenaufweges eine bewusste Anlehnung an Vorbilder aus dem Alten Reich im Bildprogramm Sesostris' III. festgestellt werden. Diese Entdeckung ist deshalb bemerkenswert, da man ja bei Hatschepsut bereits vor Jahrzehnten Bildvorlagen aus der 4. Dynastie vermutete. Mit diesen Grabungen ist somit ein Prototyp aus dem Alten Reich wahrscheinlicher geworden.

Hatschepsuts Bilderzyklus diente somit keineswegs allein als Vorbild für spätere Versionen. Bislang ist ein Geburtsmythos nur für wenige spätere Könige belegt. Dazu gehören Amenophis III. (1391–1353), Ramses II. (1279–1213) sowie ein unbekannter Herrscher gegen Ende des Neuen Reiches. Einen Widerhall findet der Mythos auch im Alexander-Roman. Dort verkleidet sich der ins Exil getriebene letzte ägyptische König Nektanebos II. als Gott Ammon und zeugt mit Olympias, der Gattin Philipps II., Alexander den Großen.[12]

Die Reliefs und Inschriften in der Geburtshalle von Deir el-Bahari erfuhren während der 18. Dynastie zwei Zerstörungswellen und sind daher heute in einen entsprechend schlechtem Erhaltungszustand. Der erste Vorgang richtete sich gegen den weiblichen König, der zweite gegen den König der Götter und seinen Hofstaat. Zwanzig Jahre nach Hatschepsuts Tod wurden ihre Abbildungen, Namen und die meisten der sie betreffenden Texte durch Thutmosis III. weitgehend weggemeißelt. In einem besonderen Maße betraf dies eben die Geburtsszenen. Die Steinmetze gingen dabei in der Weise vor, dass sie die im erhabenen Relief angefertigten Bilder und Hieroglyphen mit einem stumpfen Hammer direkt über dem Steingrund abschlugen. Dieses Verfahren hat allerdings für den modernen Betrachter insofern einen Vorteil, als die entfernten Elemente oft anhand ihrer Umrisse erkennbar blieben und so einige der erhaltenen Textpassagen noch gelesen werden können. Eine weitere Welle der Zerstörung geschah, als Echnaton (ca. 1352–1336) Aton zur alleinigen Gottheit erhob und die Tempel der anderen Götter schließen ließ. Im Zuge seiner von oben gestifteten Religion ließ er die Abbildungen und Namen der anderen Götter, vornehmlich aber die des Amun, in allen Tempeln radikal ausmeißeln. Lediglich solare Gottheiten, wie der Schöpfergott Atum und Hieroglyphen mit dem Symbol der Sonnenscheibe, wurden gelegentlich verschont. Der Eifer war dabei so groß, dass man sogar auf die Obelisken Hatschepsuts stieg, um Amuns Bilder und Namen dort zu entfernen. In Deir el-Bahari gingen die Helfer Echnatons mit der gleichen Sorgfalt vor, ja sie zerstörten weitaus gründlicher als einst die Steinmetze des Thutmosis, so dass nun viele Szenen und Texte nicht mehr auszumachen sind.[13]

Nach dem Tode Echnatons wurde seine Zeit als Rebellion verfemt, seine Bildnisse und Bauten zerstört, während man zügig zur althergebrachten Götterverehrung zurückkehrte. Im Zuge der einsetzenden religiösen Erneuerung ließ Ramses II. auch die beschädigten Geburtsmythen restaurieren. Im Tempel von Deir el-Bahari ging es dabei jedoch nur um die Darstellungen der Götter sowie ihrer Namen und Titel. Eine vollständige künstlerische Rekonstruktion der ursprünglichen Reliefs und der zerstörten Begleittexte wurde ebenso wenig angestrebt wie eine Erneuerung der Namen und Abbilder Hatschepsuts. Was Thutmosis hatte einst zerstören lassen, blieb zerstört. Damit waren viele Partien der Götterreden unwiederbringlich verloren.

Die Handwerker ebneten den Grund der abgemeißelten Flächen und erhöhten diese nach Bedarf mit einer Stuckschicht, auf der die Gottheiten mit Farbe aufgezeichnet, modelliert und bemalt wurden. Die Künstler, die offenbar die Regeln des Kanons nicht gut im Griff hatten und mit dem Inhalt der Szenen nicht richtig vertraut waren, erwiesen sich dabei als recht ungelenk. Erschwerend kam hinzu, dass sie sich bei ihren Ausfertigungen an einer anderen, wohl auf Papyrus befindlichen Vorlage orientierten und so wenig Rücksicht auf die originalen Szenen nahmen. Am Ende wurde die

Restauration der Geburtshalle nicht einmal abgeschlossen, wie mehrere Vorzeichnungen noch erkennen lassen.

Dies sind die Voraussetzungen, unter denen es gilt, Hatschepsuts göttliche Zeugung und Geburt in insgesamt fünfzehn Hauptabschnitten vorzustellen.

1. Szene: Amun verkündet der Götterversammlung seinen Plan[14]

Der Zyklus beginnt auf der Südwand der Halle. Ausgangpunkt ist eine Ratsversammlung am Hof des Götterkönigs Amun, der eine Rede an die „Große Neunheit" richtet. Mit dieser Neunheit ist ein Götterkreis zu verstehen, wobei die Neun bereits für eine sehr hohe Zahl steht und nicht für eine genaue Anzahl von Göttern.[15] Amun sitzt dabei auf einem Thron, während ihm rechts in zwei Registern zwölf Götter gegenübertreten.

Von Amuns Rede ist wenig erhalten. Er erklärt, die Mutter „des Königs von Ober- und Unterägypten, Maat ist der Ka des Re (Hatschepsut), dem Leben gegeben ist",[16] Ahmose, liebgewonnen zu haben. In den verlorenen Passagen dürfte er verkündet haben, mit Hatschepsuts Mutter Ahmose einen Thronfolger zeugen zu wollen. Die erhaltenen Stellen geben noch einige seiner Segenswünsche und Prophezeiungen wieder. Interessant ist der Text dadurch, dass Hatschepsut – hier mit ihren Thronnamen „Maat ist der Ka des Re" – in der Einleitung bewusst maskulin, im weiteren Verlauf aber weiblich geschildert wird:[17] „Ich bin ein Schutz für ihren Leib … Ich habe ihr gegeben alle Flachländer und alle Bergländer … Sie leitet alle Lebenden … Ich vereinige ihr in Frieden die Beiden Länder (Ägypten) … Sie wird eure Kapellen bauen … sie wird eure Tempel weihen … Sie wird eure Opfer mehren … Sie wird eure Altäre versorgen … Es soll der Tau, der im Himmel ist, herabsteigen." Die erhaltenen Passagen schließen mit: „Wer sie verehrt, ist einer, der leben wird", und einer Verwünschungsformel, die denjenigen mit dem Tode droht, die gegen Ihre Majestät etwas Böses sagen werden. Einige Worte Amuns erinnern an die Passage aus dem Papyrus Westcar, in der Re an seinem himmlischen Hof die Götter auf die künftigen Wohltaten hinsichtlich der Tempelbauten und Opferversorgungen durch die von ihm gezeugten Königssöhne aufmerksam macht.[18]

2. Szene: Der Götterbote Thot gibt Amun Bericht[19]

Amun und Thot stehen sich hier gegenüber. Aus den erhaltenen Begleitschriften geht hervor, dass Amun dem Gott der Schreibkunst den Auftrag erteilt hat, zum „Fürstenhaus" nach Karnak zu gehen, um die „junge Frau" zu suchen, während er selbst im himmlischen Horizont verbleibe. Thot ist nun zurückgekommen und gibt Bericht:[20] „Tue was du willst mit dieser jungen Frau. Ich sage dir aber auch, jene ist eine Fürstin. Ahmose ist ihr Name. Schöner ist sie als jede Frau in diesem ganzen Lande. Sie ist die Gemahlin des Herrschers, des Königs von Ober- und Unterägypten, ‚Groß an Gestalt und Ka, ein Re' (Thutmosis I.), er ist mit Leben beschenkt ewiglich. Seine Majestät ist noch Kronprinz. Mögest du doch zu ihr gehen."

Thot hatte den Auftrag, Hatschepsuts Mutter an einem bestimmten Ort des Tempels in Karnak zu bringen, nämlich in das „Fürstenhaus". Ursprünglich war dies ein Raum in Heliopolis, in dem sich die Götterneunheit zum Gericht versammelte. Im Neuen Reich wurde das „Fürstenhaus" nach Theben verlagert und bezeichnete, wie aus unserem Text hervorgeht, eine Kammer im Tempel von Karnak. Es war eben dieser Ort, an dem die „Götterhochzeit", also die Zeugung des Thronfolgers durch Amun, vollzogen wurde. Ein Beleg für ihre Existenz ist eine Reliefszene in einem Raum hinter dem Allerheiligsten des Luxortempels. Sie zeigt, wie der König von Atum und Horus zu Amun geführt wird. Horus verkündet:[21] „Empfange deinen Sohn, der aus dir hervorgekommen, den du gezeugt hast im Fürstenhaus, damit er das Königtum der Beiden Länder ausübe." Zugleich war das Fürstenhaus von alters her der Ort, wo der Name des Königs in den Isched-Baum geschrieben wird. Der Isched-Baum, wohl ein Persea-Baum, war ein heiliger Baum in Heliopolis. Auf seinen Blättern verzeichnen meist der Gott Thot oder die Göttin Seschat die Namen des Königs und seine Regierungsjahre.[22]

Thot bezeichnet in seiner Rede Thutmosis I. als „Kronprinzen".[23] Diese Übersetzung gibt am besten die Fiktion wieder, die im Mythos ausgedrückt werden soll. Denn nur so kann den Göttern gegenüber kein Zweifel an der Vaterschaft des Amun bestehen. Der König ist noch zu jung, um die Ehe mit seiner Gemahlin schon vollzogen zu haben. Ahmose ist somit noch „Jungfrau", auch wenn das hier nicht explizit gesagt wird.

3. Szene: Thot führt Amun zur Königin Ahmose[24]

Hierbei handelt es sich um eine der kleinsten Szenen des Zyklus. Es sieht so aus, als gehe Amun, der höchste Gott, voran, obwohl Thot ihn an der Hand hält. Der ägyptische Künstler hat die beiden nebeneinandergehend dargestellt.[25] Unter den spärlichen Resten des Textes sind Segensformeln der Götter für Ahmose und Hatschepsut erhalten.

4. Szene: Die heilige Hochzeit[26]

Neben der Geburt ist die Begegnung Amuns mit der Großen Königlichen Gemahlin Ahmose eine der zentralen Szenen des ganzen Zyklus. Während er von Thot bis zum Palast geleitet wird, verwandelt Amun sich in ihren Gemahl Thutmosis, um so ungestört an den Palastwachen vorbeizukommen und auch die Königin nicht unnötig zu erschrecken. Diese Verwandlung wird im Zyklus nicht gezeigt. Das weitere Geschehen berichtet die Beischrift:[27]

„Er fand sie, wie sie ruhte im Innersten ihres Palastes. Sie erwachte vom Gottesgeruch und lächelte Seiner Majestät entgegen. Da ging er sofort zu ihr und begehrte sie mit sichtbarer sexueller Erregung; er gab sein Herz zu ihr hin, er ließ sie ihn sehen in seiner Gestalt als Gott, nachdem er vor sie gekommen war. Sie jubelte beim Anblick seiner Vollkommenheit. Seine Liebe ging ein in ihrem Leib. Der Palast war überflutet mit dem Duft des Gottes und alle seine Wohlgerüche waren solche aus Punt."

Das Begehren des Gottes ist nicht einfach zu übersetzen. Die Beischrift legt nahe, dass Amun sich in einem Zustand sexueller Erregung, also mit erigiertem Glied der Königin näherte, sobald er sie gesehen hatte. Und dies entging ihr keineswegs.[28] Erst als der Gott vor ihr steht, verwandelt er sich in seine wahre Gestalt zurück. Erstaunt gibt sie sich ihm hin. Aus der erhaltenen Inschrift ist zu noch entnehmen, dass sie ihn dabei küsste.[29]

Die Bildszene gibt dagegen nichts von der hier beschriebenen Leidenschaft wieder. Tatsächlich hat die Vereinigung der beiden bildlich betrachtet kaum etwas Erotisches an sich: Amun und Ahmose sitzen – in voller Kleidung – auf einem Bett gegenüber, wobei die Knie des Gottes die der Königin ein wenig überlagern. Ahmose streckt in entspannter Haltung Amun beide Arme entgegen und scheint mit der einen Hand in einer fast zärtlichen, aber zugleich zurückhaltend anmutenden Geste seinen Ellbogen zu berühren. Amun überreicht ihr mit jeder Hand ein Lebenssymbol, das Anch-Zeichen, von denen er ihr eines an die Nase hält. Beider Füße ruhen auf einer brettartigen Fläche, die von zwei Schutzgöttinnen gehalten wird. Eine davon, zur Linken, ist Neith von Saïs, bei der Anderen handelt es sich um die Skorpiongöttin Selket.

„Nachdem die Majestät dieses Gottes alles, was er wollte, mit ihr getan hatte", wie es heißt,[30] preist die Königin Amun: „Mein Herr, wie groß sind doch deine Bas. Herrlich ist es, dein Antlitz zu sehen. Du hast Meine Majestät mit deinem Glanz umfangen, dein Duft ist in allen meinen Gliedern."[31] In der Regel lässt sich der Ba im übertragenen Sinne als ein Äqui-

Abb. 2: Die Theogamie.

valent der Seele des Individuums verstehen, doch hier ist die Manifestation der göttlichen Mächte gemeint.

Nach dem vollzogenen Liebesakt spricht schließlich Amun, als Herr von Karnak, zu Ahmose über das weitere Schicksal dieser Begegnung und seinen Absichten. Dabei legt er auch den Namen des Thronfolgers fest:[32] „‚Die Erste der vornehmen Damen, die Amun umarmt' ist der Name deines Sohnes, den ich in deinem Leib gelegt habe, gemäß dieser Knüpfung von Worten, die aus deinem Munde gekommen ist. Sie (!) wird dieses wohltätige Königtum in diesem ganzen Lande ausüben. Mein Ba gehört ihr; meine Macht gehört ihr, mein Ansehen gehört ihr." Ferner macht

Amun klar, dass seine Weiße Krone ihr gehören und sie die Beiden Länder beherrschen wird; sie werde er täglich schützen.

Die ursprüngliche Absicht, einen Sohn zu zeugen, steht im Vordergrund seiner Aussage. Trotzdem wird im Anschluss daran das wirkliche Geschlecht des Kindes nicht unterdrückt, denn Amun gibt seinem Sohn einen Mädchennamen.

5. Szene: Amun beauftragt den Schöpfergott Chnum, das Kind und seinen Ka zu formen[33]

Nach dieser intimen Begegnung wendet sich Amun an den Schöpfergott Chnum. Seine Rede ist auch hier verloren und dem Inhalt nach nur noch anhand der Antwort zu erahnen: Chnum soll, nachdem das Kind gezeugt worden ist, die körperliche Gestalt der Hatschepsut und ihren Ka formen:[34] „Ich bilde hiermit (gemeint ist der Leib des Amun) diese deine Tochter, ‚Maat ist der Ka des Re' (Hatschepsut), für Leben, Heil, Gesundheit, für Speise und Nahrung, für Ansehen, für Beliebtheit und alle guten Dinge. Ich zeichne ihre Gestalt aus vor derjenigen der Götter (die früheren Könige) in ihrer großen Würde eines Königs von Ober- und Unterägypten." Mittels dieses Schöpfungsvorganges soll der Leib des Kindes vollkommener werden als der seiner Vorfahren, aber auch zugleich göttlich, werden doch seine Glieder aus dem Leib des Amun geformt.

6. Szene: Chnum formt in Gegenwart der Geburtsgöttin Heket das Kind und seinen Ka[35]

In der nächsten Szene hat sich Chnum der Töpfer bereits an die Arbeit gemacht. Auf einem Thron sitzend formt er auf einem kleinen Tisch – keineswegs eine drehbare Töpferscheibe – mit beiden Händen zwei kleine identische nackte, nur mir einigen Armbändern versehene Gestalten: Es sind das von Amun gezeugte Kind und dessen Ka. Beide sind hier mit sichtbar männlichen Geschlechtsmerkmalen versehen. Auf dem Boden kniet ihm gegenüber die Geburtsgöttin, die froschköpfige Heket. In ihren Händen hält sie das Lebenszeichen Anch, von denen sie eines dem vorderen Kind entgegenhält. Während Chnum mit seiner Arbeit beschäftigt ist, spricht er folgende Formel:[36]

„Ich schaffe dich hiermit mit diesem Leib des Gottes, des Herrn von Theben … Ich bin deinetwegen gekommen, um dich vollkommener zu formen als alle Götter (die früheren Könige). Ich gebe dir hiermit alles Leben und alle Herrschaftskraft, alle Dauer, alle Freude von meiner Seite.

Ich gebe dir alle Gesundheit und alle Flachländer. Ich gebe dir alle Fremdländer und alle Untertanen. Ich gebe dir alle Speise und alle Nahrung. Ich gebe dir, auf dem Thron des Horus zu erscheinen wie Re. Ich gebe dir, zu sein an der Spitze der Kas aller Lebenden, indem du erscheinst als König von Ober- und Unterägypten, wie dein Vater Amun-Re, der dich liebt, befohlen hat."

7. Szene: Thot verkündet der Ahmose die Zufriedenheit des Amun[37]

In dieser Szene steht der Götterbote Thot der Ahmose gegenüber und richtet seine Rede an sie. Die Königin vernimmt diese Botschaft in aufrechter Haltung und mit herabhängenden Armen. Thots Rede enthält keineswegs die Verheißung, dass sie vom Amun schwanger ist und nun den zukünftigen Thronfolger in ihrem Schoß trägt. Vielmehr verkündet ihr Thot verschiedene Titel, die ihr Amun als Ausdruck seiner Zufriedenheit nach seinem Besuch zuteilt und damit ihren Rang deutlich erhöht. Schließlich sagt er:[38] „Zufrieden ist Amun … der Herr der Throne deiner großen Würde einer Regentin, groß an Liebenswürdigkeit, Herrin eines süßen Herzens, groß an Lieblichkeit, groß an Liebe, die den Horus sieht und die Seth sieht, vom Widder geliebt, Priesterin des Widders … Genossin des Horus (der König), die er liebt, der man alle Dinge tut, die sie sagt." Einige der verwendeten Titel haben ihre Wurzeln in der Frühdynastischen Zeit und im Alten Reich.

8. Szene: Heket und Chnum führen die hochschwangere Königin zur Entbindung[39]

Der Zyklus setzt sich fort, als Ahmose „die Herrin der Süße, groß an Liebe, Herrscherin der Herzenssüße" das Ende ihrer Schwangerschaft erreicht hat. Eine diskrete Auswölbung ihres Unterleibes deutet an, dass die Geburt unmittelbar bevorsteht. „Die, welche sogleich schwanger geworden war: Das was sie nun litt, war die Geburt"[40] steht im Begleittext. Chnum und Heket, die schon die Formung des Kindes und seines Kas vorgenommen hatten, nehmen die Königin bei der Hand und bringen sie zum Ort der Entbindung. Auf das bevorstehende Ereignis wird nur indirekt Bezug genommen. Chnum gebraucht hier eine Segensformel, die aufgrund des Erhaltungszustandes nicht eindeutig zu verstehen ist. Entweder sagt er „Ich werde auch meinen Schutz machen hinter deinem Sohn" oder „Ich werde meinen Schutz machen hinter meine Tochter". Im ersten Fall wäre die Vaterschaft des Amun betont, im zweiten Fall ein gewisses Vaterverhältnis

Abb. 3: Ahmose wird zur Entbindung geführt (historisches Foto).

des Chnum. Ungewöhnlich wäre Letzteres nicht, denn der König galt auch als „Sohn des Chnum". Dies steht somit nicht im Widerspruch zur eigentlichen Vaterschaft des Amun, denn durch den Schöpfungsakt hat auch Chnum Anteil am Werden des Königs. Die gleiche Segensformel nimmt auch Bezug auf das in Kürze zu entbindende Kind, das als erstgeborene Tochter den Leib ihrer Mutter „öffnen wird".

9. Szene: Die Geburt der Hatschepsut[41]

Im gesamten Bilderzyklus nimmt die Geburt den größten Raum ein. Der eigentliche Geburtsakt hat bereits stattgefunden. Amun betritt die Szene, gefolgt von neun Göttern, darunter drei Göttinnen, allesamt kleiner in Gestalt. Von der langen Rede des Gottes sind nur sehr wenige Zeichen erhalten. Während sich Amun am linken Bildrand nähert, also in der Richtung des Bilderzyklus, sitzt ihm auf der rechten Seite die Göttin Mesechenet gegenüber. Sie ist die Göttin der Geburtsstätte, erkennbar an der ihr zugeordneten Hieroglyphe auf dem Kopf, dem Uterus einer Kuh. Zwischen den beiden Göttern findet nun die eigentliche Geburt auf einem überdimensionierten Bett statt. Die Art der ägyptischen Darstellungsweise vermittelt dem heutigen Betrachter den irrigen Eindruck, als stünden zwei Betten, ein kleineres auf einem größeren, übereinander. Durch diese Anordnung entstehen drei Register, auf denen verschiedene göttliche Wesen aufgereiht sind. In der obersten Reihe sitzt zentral auf einem Thron Ahmose, die bereits das neugeborene Kind auf den Armen hält. Sie wird hier lediglich als „Mutter der Hatschepsut" bezeichnet. Die vorderste der vier göttlichen Ammen, die vor der Königin knien, streckt ihr die Arme hoch entgegen. Es ist nicht zu entscheiden, ob sie das Kind entgegennehmen wird oder gerade ihrer Mutter gereicht hat. Die dritte Amme in der Reihe hat der Beischrift zufolge den Ka der Hatschepsut entbunden, dessen Figur ist nicht mehr erhalten. Hinter der Königin kniet eine weitere Amme, deren genaue Funktion nicht mehr zu bestimmen ist. Sie trägt einen Napf mit einem großen Henkel auf dem Kopf. Hinter ihr stehen Nephthys und Isis gefolgt von den kaum bekannten Göttinnen Nedet und Djeret. In der Reihe darunter sitzen jeweils zu beiden Seiten sich zugewandt acht Genien, insgesamt vier davon krokodilköpfig, ein weiterer mit Widderkopf sowie die Übrigen in Menschengestalt. Sie alle halten das Lebenssymbol Anch in den Händen, von denen sie eines nach oben in Richtung der Königin strecken. In der Mitte dieser Aufreihung, direkt unter dem Thron der Ahmose, sind wappenartig zwei hieroglyphische Zahlzeichen für eine Million – im übertragenen Sinne eine unendlich große Zahl – angeordnet. Es sind zwei Männer mit nach oben ausgestreckten Armen, die einander zugewandt auf einer Matte knien.[42] Sie sind wesentlich kleiner im Verhältnis zu den anderen Gestalten. Auf ihrem Kopf ist jeweils eine Jahreshieroglyphe, eine Palmenrippe, die einen Djed-Pfeiler – eine Säule mit vier Querbalken, für Beständigkeit – und ein Anch-Zeichen umrahmt. Mit dieser Symbolik soll eine unendliche Beständigkeit an Jahren ausgedrückt werden. Die untere Bildreihe hat im Zentrum ein übergroßes Sa-Zeichen, das einen Schutzzauber über den ganzen Geburtsvorgang bewirken soll. Dort sitzen zur Linken Seelen mit Falken- oder Schakalköpfen. Am rechten Rand stehen zwei wichtige Schutzgottheiten der Geburt: der meist frontal abgebildete fratzengesichtige Zwerg Bes und die Nilpferdgöttin Taweret, „die Große".

Erhalten ist die Rede der Mesechenet, die unter Thutmosis III. abgemeißelt, aber später restauriert wurde. Darin sagt die Göttin: „Ich mache meinen Sohn zum ‚König von Ober- und Unterägypten'". Auffallend ist an einigen Stellen im weiteren Text die Verwendung von weiblichen Anredeformen.

10. und 11. Szene: Amun begrüßt das neugeborene Kind und erkennt seine Vaterschaft an[43]

Die nächsten beiden Szenen finden in einem kleineren Rahmen statt und gehören inhaltlich zusammen. Nach der Geburt wird das Kind seinem Vater Amun gebracht. Er wird nicht nur die Vaterschaft seiner Tochter (!), sondern diese zugleich als den künftigen rechtmäßigen König von Ober- und Unterägypten anerkennen. Im ersten Bild kommt der Gott von links der Hathor entgegen, die auf einem Thron sitzt. Ihre Anwesenheit erklärt sich aus dem Umstand, dass sie die mythische Mutter des Königs ist. Sie hält Amun das Kind entgegen: Auf ihrer unteren Hand steht aufrecht der „weibliche Nestling" mit dem Gesicht dem Vater zugewandt, während sie die obere Hand schützend hinter dessen Rücken hält. In dieser Szene geht es in erster Linie um den formalen Akt der Anerkennung der Vaterschaft. Die Beischrift schildert, dass Amun erscheint, „um seine geliebte Tochter zu sehen, den König von Ober- und Ägypten, ‚Maat ist der Ka des Re' (Hatschepsut) … nachdem sie geboren ist, wobei sein Herz sehr froh ist." Dabei hebt er seine Hand zum Kopf seiner Tochter und richtet an sie einen Willkommensgruß. Des Weiteren verheißt ihr der Gott seinen Schutz, ein langes Leben und unzählige Sed-Feste (vgl. S. 145 ff.).

Im elften Bild des Zyklus sitzen sich Amun und Hathor auf zwei Thronen gegenüber. Hinter Hathor standen ursprünglich zwei Göttinnen, von denen nur das Bild der Selket erneuert wurde. Nach dem vorherigen Akt der Anerkennung geht es nun weniger offiziell zu, denn der Rahmen ist wesentlich intimer gehalten. Der Gott hält diesmal sein Kind auf seinen Armen und spricht zu ihm: „Sei mir willkommen, meine Tochter, sei mir willkommen in Frieden, meine Tochter meines Leibes, die ich liebe, ‚Maat ist der Ka des Re' (Hatschepsut)"! Du bist ein König, der erobert und der erscheint auf dem Horusthron der Lebenden ewiglich." Durch die Restauration wurde diese Szene stark verändert. So ist das Kind, das Amun mit seiner hochgestreckten Hand zu halten scheint, im Vergleich zur Urfassung im Maßstab erheblich kleiner ausgefallen und ist dazu eine halbe Armlänge vom Vater weg. Diese Pose passt nicht mehr zum Begleittext, der eine ganz andere Szene nahelegt, nämlich dass Amun seine Tochter viel näher an sein Gesicht gehalten hat:[44] „Sie wird geküsst, sie wird umarmt, sie wird auf den Schoß genommen, er hat sie über alle Dinge liebgewonnen." Hathor bestätigt die Verheißung Amuns hinsichtlich der Königsherrschaft und fügt eigene Segenssprüche hinzu.

12. Szene: Hatschepsut trinkt die Milch göttlicher Ammen und Kühe[45]

Dieser Abschnitt gehört zu den größeren Darstellungen der Geburtsszenen. Durch das Trinken dieser Milch sollte sie nicht nur mit besonderen Kräften, sondern auch mit dem Königtum an sich ausgestattet werden. Die mythische Ausstattung widerfuhr dem König am Beginn seines Lebens, wie hier in seiner frühesten Form überliefert, bei seiner Krönung und bei der nach seinem Tode erfolgenden Wiedergeburt. Am linken Bildrand stehen noch Reste von Amuns Anordnungen an die Göttinnen. Nur die Namen von Nechbet, Uto, Selket und Hesat sind erhalten. Sie sollen „Ihre Majestät und alle ihre Kas" mit göttlicher Milch stillen. Während der normal Sterbliche in der Regel nur über einen Ka verfügte, besaß Hatschepsut als König – gleich den Göttern – mehrere Kas. Nur sehr wenige Details des Originalbildes haben die Zeiten überdauert, während bei der Restauration einiges verschwand. Auf der linken Seite haben vier weibliche Gestalten auf einem großen Bett Platz genommen. Eine davon ist Ahmose. Da Beischriften an dieser Stelle fehlen, kann die Identität der anderen Gestalten nur aus dem Zusammenhang gedeutet werden. Durch die ramessidische Restauration entsteht der Eindruck, dass hinter Ahmose eine Dienerin sitzt, die ihr eine Art Krone aufzusetzen scheint. Tatsächlich aber saß hinter der Königin die Göttin Selket, die Hand zu einer Schutzgeste erhoben, wie aus der gleichen Szene für Amenophis III. im Luxortempel zu entnehmen ist. Ahmose gegenüber knien zwei identisch aussehende kuhköpfige Göttinnen, Hesat und Seschat Hor, mit dem für Hathor typischen Kopfschmuck, einer von langen Hörnern eingerahmten Sonnenscheibe mit zwei Straußenfedern; sie stillen als Ammen jeweils das Neugeborene und seinen Ka.

Unter dem Bett, getrennt durch eine langgestreckte Himmelshieroglyphe, stehen zwei Kühe. Sie wenden ihr Haupt zurück, wie es säugende Kühe tun, wenn sie ihr Kalb dabei ablecken. In der originalen Szene kniete der neugeborene König, also Hatschepsut, an deren Eutern und trank die göttliche Milch, denn bei diesen Kühen handelt es sich nicht um einfache Milchkühe, sondern um Personifikationen der beiden Kronengöttinen, die jeweils eine der beiden Landeshälften repräsentieren: die Kobragöttin Uto von Unterägypten und die Geiergöttin Nechbet von Oberägypten. Zusammen sind sie die Beiden Herrinnen und bilden einen der fünf kanonischen Königsnamen, den Zwei-Herrinnen-Name. Sie sind untrennbar mit dem Königtum verbunden. Die Verkörperung der Nechbet als Kuh ist keineswegs ungewöhnlich. Schon tausend Jahre früher wird sie in den Pyramidentexten als „die große Wildkuh von Necheb" tituliert, die mit ihren hängenden Brüsten den König stillen wird und nicht entwöhnen möchte.[46] Einige Zeit später wurde sie im Pyramidentempel von Sahure in Abusir in menschlicher Gestalt abgebildet, wie sie dem verstorbenen König die Brust gibt, der dadurch wiedergeboren und Aufnahme in die Götterwelt findet. Durch das Trinken der göttlichen Milch soll der neue König entstehen. So sagen die Göttinnen:[47] „Wir ernähren dich als König von Ober- und Unterägypten, mögest du leben, dauern und glücklich sein, indem dein Herz weit ist auf dem Horusthron, indem du alle Lebenden leitest."

Ergänzt wird diese Szene durch die Anwesenheit von zwölf Schutzgottheiten auf der rechten Bildseite. Es sind Ka-Götter und Hemusets, die abwechselnd nebeneinandersitzen. Die männlichen Genien kennzeichnen der Bart und ein Ka-Zeichen auf ihrem Kopf, ihre weiblichen Entsprechungen, die Hemusets, der Schild mit den gekreuzten Pfeilen, das Zeichen der Göttin Neith. Jeder von ihnen hält eine Personifikation des Kindes mit Jugendlocke auf den Armen. Ihre Aufgabe besteht darin, das neugeborene Kind mit weiterer Nahrung und guten Eigenschaften sowie Schutz auszustatten.

13. Szene: Zwei Götter präsentieren das Kind und seinen Ka[48]

Der Ort des Geschehens ist „Die Zauberkapelle im Palast", in der zwei männliche Gottheiten das Kind und seinen Ka einer Götterneunheit präsentieren. Damit soll die Realisierung der Absichten Amuns demonstriert werden, die er am Anfang verkündet hatte. Der einleitende Segensspruch tituliert das Kind als „König von Ober- und Unterägypten, Herr Beider Länder, Maat ist der Ka des Re (Hatschepsut), leiblicher Sohn des Re, Hatschepsut, der Leben gegeben ist, sie dauere und sei wohl."[49] Die genaue Identifikation der ankommenden Götter ist infolge der späteren Restauration schwierig.[50] Die Anwesenheit zweier Götter als Verkörperung von Milch und Wasser dürfte auf ein bevorstehendes Reinigungsritual hinweisen. Dies deutet zumindest ein kurzer Ritualvermerk unter den beiden Kindern an. Dort heißt es nur:[51] „Herbeibringen von ‚Maat ist der Ka des Re' (Hatschepsut). Reinigen der Geburtsstätte. Der Sohn ist geleitet." Diese Formel, die eigentlich nicht in die Szene passt, geht wohl auf ein sehr altes Reinigungsritual für einen neugeborenen Kronprinzen zurück. Während in unzähligen Stellen in Deir el-Bahari das tatsächliche wie auch das grammatische Geschlecht der Hatschepsut genannt wird, hat man diese alte Ritualformel analog übernommen und nicht angepasst.

Abb. 4: Ka-Götter und Hemusets.

14. Szene: Thot präsentiert das Kind und seinen Ka dem Amun[52]

Der genaue Sinn dieser Szene ist nur schwer auszumachen, da die erhaltenen Versionen nicht miteinander korrespondieren – die Darstellung gibt die in den Texten beschriebenen Vorgänge nicht wieder. Thot und Amun stehen sich mit ausgestreckten Armen gegenüber. Der Götterbote ist gerade angekommen und hat Amun das neugeborene Kind und seinen Ka gebracht. Amun hat bereits seine Tochter an sich genommen, während Thot noch den Ka hält. Über der Szene schwebt eine Flügelsonne, die unter anderem die Vereinigung der Beiden Länder symbolisiert. Amun spricht einige Segensformeln, die denen in früheren Szenen ähnlich sind, doch gibt ein Spruch Aufschluss darüber, welche Handlung hier vorgesehen war. Dort heißt es:[53] „Wir streichen dich mit unseren Binden (Nemes), für alles Leben, alle Wohlfahrt, alle Gesundheit." Dies könnte auf eine Art Investitur hindeuten, denn die Binden können für die Leinenbinden stehen, die den Götterbildern als Kleidung rituell umgehängt wurden. Doch steht „Nemes" auch für das nur dem regierenden Pharao vorbehaltene

Königskopftuch; so ist bei dieser Szene von einer rituellen Verleihung der Königswürde auszugehen, die in den vorherigen Szenen wiederholt verheißen worden war.

15. Szene: Die Götter segnen das neugeborene Kind[54]

Der letzte Abschnitt des Geburtsmythos ist an der schmalen Nordwand der Portikus angebracht. Er ist im Altertum nicht vollständig erneuert worden. In der Mitte sind zwei Register, die durch einen Sternenhimmel getrennt werden, während ein größerer sich über die gesamte Szene spannt. Von beiden Seiten nähern sich je zwei Gottheiten, von links Anubis und Chnum, von rechts Seschat und ein unbekannter Gott mit einem langen Stab in der Hand, der in der ebenfalls restaurierten Version im Luxortempel als Heka bezeichnet wird. In beiden Reihen bilden die beiden Kinder stets den Mittelpunkt der Darstellung. Auf der oberen Reihe knien links zwei Göttinnen mit ausgestreckten Armen, auf den Händen der Vorderen stehen die zwei Kinder. Auf der rechten Seite sitzt ein Gott, der die Kinder entgegenzunehmen scheint. In der unteren Reihe sitzen an gleicher Stelle zwei Frauen mit Huldigungsgestus gegenüber den Kindern, die diesmal auf dem Boden stehen und jeweils eine Hand zum Mund führen. Ihnen gegenüber kniet eine Göttin, die ein Tintengefäß direkt unter dem Schreibgriffel der Seschat hochhält.

Was ist nun der genaue Zweck dieser Handlung? Hellmut Brunner will hier die Beschneidung des Neugeborenen erkannt haben, obwohl es keine konkreten Hinweise dafür gibt.[55] Vielmehr segnen die anwesenden Götter das Kind und seinen Ka für die bevorstehende Herrschaft. Seschat, die Göttin der Schreibkunst und des Aufzeichnens, sowie der hinter ihr postierte Gott nehmen dabei eine wichtige Rolle ein: Sie weisen Hatschepsut ihre Regierungsjahre zu. Nur noch der Segen des Gottes ist in indirekter Rede überliefert:[56] „Er gibt alles Leben, alle Dauer, alle Wohlfahrt, alle Gesundheit, alle Freude, alle Gaben, alle Speisen bei sich, zu verbringen Millionen von Jahren auf dem Thron des Horus wie Re.“ Neben diversen Gaben gibt Anubis ihr auch die Herrschaft über alle Völker und die Ägypter, wobei er die Bevölkerung Ägyptens anhand der uralten fiktiven Sozialstellungen auflistet:[57] „alle Flachländer, alle Bergländer, alle Inselbewohner (die Völker der Ägäis), alle Untertanen (Rechit; traditionell die als Kiebitze symbolisierten Bewohner des Nildeltas, die in der Vorzeit unterworfen wurden), alle Menschen (wörtlich „Sonnenvolk“; die Verehrer des Sonnengottes), alle Menschen (Pat; eher im Sinne einer Oberschicht).“

Einen interessanten Aspekt bildet die runde gelbe Scheibe, über die sich Anubis beugt. Erst über tausend Jahre später taucht die gleiche Szene im Geburtshaus, auch Mammisi genannt, Nektanebos' I. (380–362) in Dendera wieder auf und wird in der Folgezeit in den Geburtshäusern der Ptolemäer und Römer zu einer Standardszene.[58] Die Anwesenheit des Gottes der Mumifizierung in einem Geburtsmythos wirkt auf den ersten Blick eigenartig. Vielleicht verhilft die Deutung der Scheibe zu einem besseren Verständnis. Bereits der Ausgräber von Hatschepsuts Tempel, Edouard Naville, interpretierte sie richtig als Mondscheibe.[59] Der lunare Zusammenhang ist auch den Worten des Anubis in den beiden Geburtshäusern von Dendera zu entnehmen:[60] „Ich bin vor dem Herrn der Götter gekommen, um den Sohn zu sehen, den er liebt. Ich habe seinen Leib geformt in Leben und Dauer, er wird wieder jung werden wie der Mond." Die Mondscheibe ist zugleich ein Symbol für Osiris, den Gott des Todes und der Wiederauferstehung. Anubis hatte einst im Mythos den Leichnam des ermordeten Osiris mumifiziert und seine Körperhaltung in unserer Szene ist die gleiche, die man aus zahlreichen anderen Darstellungen kennt, wo er sich entweder über den aufgebahrten Leichnam des Osiris selbst oder bei Mumifizierungsszenen über den Verstorbenen beugt. Wann genau jedoch die Gleichsetzung von Osiris mit dem Mond erfolgte, ist nicht mehr präzise zu bestimmen. Möglicherweise liegen die Wurzeln für diese Verbindung schon im Alten Reich, wie einige Sprüche in den Pyramidentexten nahezulegen scheinen. Aber erst für das Neue Reich ist sie ausdrücklich nachweisbar und bleibt ein fester Bestandteil im Zyklus der Wiedergeburt. Anubis' Gabe an den neugeborenen König ist die Mondscheibe, die zugleich ein Symbol für den sich stets wiederholenden Kreislauf der Wiedergeburt ist; als Gott der Mumifizierung bürgt Anubis mit seiner Anwesenheit für sie. Osiris ist somit im Geburtsmythos der Hatschepsut nur durch das Symbol der Mondscheibe präsent. Ansonsten fehlt er im gesamten Mythos.[61] Lange hielt man die Darstellung des Anubis mit der Mondscheibe aus Deir el-Bahari für die älteste ihrer Art. Doch jüngst fanden Archäologen des New Yorker Metropolitan Museum in Dahschur eine ähnliche Szene aus dem Geburtsmythos Sesostris' III.[62]

Einführung

Das Land am Nil und sein Königtum

Hatschepsut, ihr Name bedeutet „die Erste der vornehmen Frauen", war eine der bedeutendsten Herrschergestalten des Alten Ägypten.[1] Dies ist allein schon dadurch erstaunlich, weil das ägyptische Königtum grundsätzlich männlich geprägt war. Der König war stets ein Mann, die Königstitel waren männlich und die Alleinherrschaft einer Frau war nicht vorgesehen. Ausnahmen von dieser Regel waren äußerst selten. Hatschepsut wirkte in der Frühphase des Neuen Reiches (1550–1069), dem ruhmreichsten Abschnitt der ägyptischen Geschichte. Von 1479 bis 1457 kontrollierte sie die Geschicke des Landes, obwohl es bereits einen gekrönten König gab: ihren zunächst noch unmündigen Neffen Thutmosis III. Als Witwe ihres Halbbruders Thutmosis II. hatte sie einige Jahre die Regentschaft ausgeübt, bis sie um 1472 selbst das Königtum annahm. Zum ersten Mal in der ägyptischen Geschichte bildeten zwei vollwertige Herrscher gleichzeitig eine Koregentschaft. In der ägyptischen Verwaltung führte man dafür den Begriff „Pharao" ein, der sich auf das Königtum als Institition bezog und nicht eine bestimmte Person meinte. Hatschepsut griff bei der Gestaltung ihres Königtums auf vorhandene Vorbilder zurück und passte diese auf ihre Situation an. Formal war sie „König", aber ihre Weiblichkeit wurde in den offiziellen Texten und Bildern keineswegs immer geleugnet. Erst gegen Ende ihrer Regierung ließ sie sich überwiegend mit deutlich männlichen Attributen darstellen. Sie war die älteste Tochter Thutmosis' I. (1504–1492), unter dem Ägypten seine bis dahin größte Ausdehnung erreichte, die von Thutmosis III. nur geringfügig übertroffen werden sollte. Ein wesentlicher Grund für Hatschepsuts herausragende Stellung ist auch mit dem Schicksal ihres jüngeren Halbbruders und Gemahls Thutmosis' II. verknüpft. Seine Regierung dauerte nur etwa drei Jahre. Wäre ihm eine deutlich längere Herrschaftsdauer beschieden gewesen, würden wir Hatschepsut vielleicht nur als eine der vielen königlichen Gemahlinnen der ägyptischen Geschichte wahrnehmen. Und erst recht, wenn sie ihm einen Nachfolger oder gar mehrere Söhne geboren hätte. Doch es kam anders. Thutmosis starb früh und hinterließ einen Sohn von einer Nebenfrau nichtköniglicher Abstammung, Thutmosis III. Dieser wurde zwar umgehend zum König gekrönt, aber weil er noch sehr jung war, übte Hatschepsut für ihn die Regentschaft aus. Ein derartiges Szenario war nicht ungewöhnlich, denn auch schon zuvor hatten Königsmütter oder verwitwete Hauptgemahlinnen die Vormundschaft für einen unmündigen Thronfolger innegehabt. Aber dieser Thronfolger war stets der offizielle König. Im Normalfall hätte sich Hatschepsut auf ihre Aufgabe als Regentin beschränken können und wäre nach deren Erfüllung später in den Hintergrund getreten, um Thutmosis III. die Alleinherrschaft zu überlassen. Auch hier kam alles anders. Aus schwer zu erklärenden Gründen ließ sie sich nach einigen Jahren selbst zum „König" krönen, ohne ihren Neffen dabei vom Thron zu verdrängen. Thutmosis wurde dadurch praktisch zu ihrem jüngeren Mitregenten. Ein Grund könnte in dem Umstand gelegen haben, dass Hatschepsut als Regentin nicht „Mutter des Königs" und die leibliche Mutter des Königs zugleich nichtköniglichen Geblüts war. Doch ihre Krönung schuf das Novum der gemeinsamen Herrschaft zweier gleichwertiger Könige über Ägypten. Sie war nun keine bloße Regentin mehr, die einfach zurücktreten konnte, wenn der Thronfolger die Volljährigkeit erreichte. Denn mit dem sakralen Akt der Krönung war der neue König von der menschlichen Ebene in die Sphäre des Göttlichen gehoben. Hatschepsut war nicht nur König, sondern auch ein Gott geworden. Der ägyptische König war als ein Gott auf Erden zugleich der Mittler zwischen den Göttern und Menschen; einen Rücktritt oder einen emeritierten Pharao gab es nicht.

Hatschepsuts ungewöhnlicher Schritt von einer Königswitwe zum König gelang. Trotz der späteren Vernichtung fast aller ihrer Bilder und der meisten Inschriften hinterließ ihre lange Herrschaft genügend Spuren, um einen recht guten Einblick in ihre Zeit zu gewähren. Im Folgenden werden wir sehen, warum ihr Königtum trotz weniger Präzedenzfälle zwar problematisch, aber dennoch möglich war. Doch nicht nur das. Viele Entwicklungen unter Hatschepsuts Regierung waren prägend für die weitere Kultur und Geschichte Ägyptens. Ihr großartiger Gedächtnistempel in Deir el-Bahari überdauerte trotz zahlreicher Widrigkeiten und Zerstörungen die Zeiten und hält die Erinnerung an diese ungewöhnliche Herrscherin mehr im Gedächtnis als jedes andere Bauwerk.[2]

Auch wenn Hatschepsut dies später propagierte: Sie war von vornherein nie für die Königsherrschaft bestimmt gewesen. Es bereitete schon den Zeitgenossen gewisse Probleme, als es darum ging, ihr physisches und grammatisch weibliches Geschlecht mit dem ihres männlichen Amtes abzugleichen. Doch damit nicht genug. Zunächst hielt sie das höchste Priesterinnenamt inne, das in der frühen 18. Dynastie erstmals aufkam, nämlich das der „Gottesgemahlin des Amun". Ferner war sie die „Große König-

Abb. 5: Die oberste Terrase von Deir el-Bahari mit den Resten des koptischen Klosters (historisches Foto von 1893).

liche Gemahlin" Thutmosis' II. gewesen. Diesen Titel behielt sie nach seinem Tod auch dann noch bei, als sie schon „König von Ober- und Unterägypten" war. Dass eine einzige Person – und dann noch eine Frau – diese beiden sich ausschließenden Titel des Königs wie auch der königlichen Hauptgemahlin in sich vereinigte, verdeutlicht die durchaus absurde Situation, in der sich Hatschepsut anfangs befand. Was nun ihre bildliche Darstellung betrifft, so sind mehrere Reliefs und Statuen von ihr im weiblichen Ornat bekannt, die meist aus der Zeit Thutmosis' II. und der frühen Regentschaft für Thutmosis III. stammen. Nach einer Übergangsphase wurde sie auf allen späteren Wanddarstellungen und Rundplastiken dagegen nur noch als Mann in der Rolle des Königs abgebildet. Besonders die späteren Statuen zeigen sie mit maskulinen Gesichtszügen. Trotzdem wurde ihr wahres Geschlecht nicht grundsätzlich unterdrückt. Ein Beispiel sei vorweggenommen: Von alters her wurde der König mit dem Falkengott Horus identifiziert und dementsprechend war der erste der fünf kanonischen Königsnamen der Horusname, wobei „Horus" dem Namen stets wie ein Titel voranstand. Auch Hatschepsut nahm mit ihrer Thronbesteigung einen

Horusnamen an. Allerdings wurde sie als „weiblicher Horus" tituliert, was ein Indiz dafür ist, dass ein männliches Königtum nicht mit voller Konsequenz propagiert wurde. Dies ist auch den begleitenden Texten ihrer Bauten zu entnehmen, wo ihr Geschlecht meistens nicht geleugnet wird.

Die diversen Widersprüche zwischen der ägyptischen Herrscherterminologie und den heutigen Sprachgewohnheiten machen es dem Historiker nicht immer einfach, wenn er seinem Thema gerecht werden will. Das moderne Sprachempfinden legt nahe, eine Frau auf dem Thron Königin zu nennen, sei sie nun die Monarchin selbst oder die Frau eines Königs. Hatschepsut war durch ihre Ehe mit Thutmosis II. aufgrund ihres Ranges als „Große Königliche Gemahlin" auch Königin. Monarchin war sie aber schon deshalb nicht, weil sie aufgrund der Koregentschaft mit Thutmosis III. formal nicht alleine regierte. Sie daher für die ganze Zeit nach ihrer Ehe mit Thutmosis II. pauschal als Königin zu bezeichnen, wäre eigentlich ungenau oder verwirrend. Aber um ein wenig sprachliche Abwechslung zu ermöglichen soll sie hier gelegentlich Königin genannt werden. Selbst die Zeitgenossen taten sich in den ersten Jahren ihrer Regentschaft mit den Benennungen für sie schwer. Zum besseren Verständnis empfehlen sich daher einige einleitende Vorbemerkungen zum ägyptischen Königtum.

Der König und die Frauen

Die alten Ägypter hatten streng genommen kein Wort für „Königin", denn in ihrer Vorstellung wurde das Königtum immer von einem Mann ausgeübt. Da Staat und Gesellschaft sich am König orientierten, sprach man demzufolge von der „Frau des Königs". Da die Herrscher die Polygynie praktizierten, konnten mehrere Frauen gleichzeitig so benannt werden. In unserem Sprachgebrauch sind sie alle pauschal Königinnen. Die überwiegende Mehrheit der königlichen Frauen lebte in einem abgesonderten Bezirk, der nicht immer nahe der Residenz des Herrschers liegen musste. Das entsprechende ägyptische Wort deutet auf einen Sperrbezirk, der in der Forschung mit dem islamischen Begriff Harim übersetzt wird. Das ist insofern zutreffend, was die Isolation dieser Frauen betrifft. Allerdings verbindet der moderne Mensch mit einem arabisch-türkischen Harim die irrtümliche Vorstellung eines von Luxus und erotischem Müßiggang geprägten Alltags. Tatsächlich unterstanden die ägyptischen Einrichtungen einer eigenen Verwaltung und wurden wie ein Wirtschaftsbetrieb geführt. Zwar waren die zahlreichen Frauen samt ihrem Gefolge gut versorgt, aber sie wurden zu praktischen, wirtschaftlich nutzbringenden Arbeiten angehalten, wie zur Textilherstellung am Webstuhl. Gleichzeitig standen die Frauen dem Herrscher zu seinem Vergnügen zur Verfügung und sollten ihm Nachkommen gebären. Am Anfang der 18. Dynastie steht diese Institution vor einer neuen Blüte, die sich jedoch aus verständlichen Gründen erst nach Hatschepsuts Tod entfalten konnte. Über den Harim seit Thutmosis I. liegen kaum auswertbare Informationen vor. Unter Hatschepsut dürfte er als ein Bestandteil der Administration weitergeführt worden sein, wobei ein möglicher Bedarf auf den jungen Thutmosis III. ausgerichtet gewesen wäre.

Wohl erst während seiner Alleinherrschaft richtete Thutmosis III. einen zentralen Harim in Mer-Wer ein, dem heutigen Kôm Medînet el-Ghurâb im Fajjum, der bis zum Ende der 18. Dynastie und wohl darüber hinaus im Betrieb blieb. Mer-Wer ist erst in den letzten Jahren besser erforscht und verstanden worden. Diese Palastanlage lag im südöstlichen Fajjum abgeschieden von den beiden wichtigen Residenzen Memphis und Theben, war aber gut mit dem Schiff vom Nil aus erreichbar. Schon in der Vergangenheit hatte sich der königliche Harim wiederholt als eine Brutstätte von Intrigen erwiesen. Aus den Quellen erfahren wir von Problemen in den Frauengemächern am Ende der 6. Dynastie und von einer Palastverschwörung in der frühen 12. Dynastie, der König Amenemhat I. zum Opfer fiel. Diese Erfahrungen könnten die Gründung von Mer-Wer an diesem abgelegenen Ort beeinflusst haben. In Folge der Feldzüge Thutmosis' III. stieg Ägypten zu einer der führenden Großmächte im Vorderen Orient auf. So kamen schließlich drei syrische Prinzessinnen nach Ägypten, die als Nebenfrauen des Pharaos im Harim von Mer-Wer integriert wurden. Die Praxis derartiger diplomatischer Hochzeiten mit auswärtigen Frauen – meist Königs- oder Fürstentöchter – sollte sich unter den folgenden Herrschern, vor allem Thutmosis IV., Amenophis III. und Ramses II. in verstärktem Maße fortsetzen. Wie die meisten anderen Damen des Harim residierten diese Ausländerinnen hauptsächlich in Mer-Wer; ihre Nachkommen hatten keinen Einfluss auf die Thronfolge.

Unter diesen Frauen konnten lediglich die Hauptgemahlin oder bestimmte Favoritinnen mit entsprechenden Titeln im Rang erhöht und über die anderen Damen herausgestellt werden. Die übliche Bezeichnung der Hauptfrau war „Große Königliche Gemahlin“. Es handelte sich um eine Ausnahme, wie bei Ramses II., wenn es mehr als eine „Große Königliche Gemahlin“ gleichzeitig gab. Im Gegensatz zu den anderen Harimsdamen dürfte sich die Hauptfrau die meiste Zeit in der Nähe des Königs aufgehalten haben.

Es entsprach zwar nicht der Königsideologie, dass eine Frau nach dem

Tode ihres Gemahls oder des Vaters die Thronfolge antrat, wenn kein männlicher Nachfolger zur Verfügung stand; aber die Frauen königlicher Abstammung waren von immenser Wichtigkeit für den Fortbestand des Königtums. In vielen Fällen konnte die Heirat mit einer ranghohen Königstochter einen Mann von nichtköniglichem Geblüt für die Thronfolge legitimieren, wie es bei Hatschepsuts Vater Thutmosis I. geschehen war. Daher ist davon auszugehen, dass in vielen Fällen der ägyptischen Geschichte die Herrschaftslegitimation über die weibliche Linie erfolgte.[3] Schon allein deshalb waren die Frauen in der Königsfamilie trotz aller titularen Unterordnung mitunter von großem Einfluss.

Einen besonderen Rang nahm stets die Königsmutter ein. Mit der Thronbesteigung ihres Sohnes wurde sie mit dem Titel „Mutter des Königs" geehrt und stand somit allen anderen Frauen des Königs rangmäßig voran. Dabei spielte es keine Rolle, ob sie königlichen Geblütes oder nur eine Nebenfrau war. Aber es musste nicht unbedingt die leibliche Mutter des Königs sein, die gleich nach dem König genannt wurde. Ein interessantes Beispiel betrifft Hatschepsuts Mutter Ahmose nach der Thronbesteigung ihres Stiefsohnes Thutmosis II. Auf einer Stele ist sie direkt hinter dem König als „Große Königliche Gemahlin" und „Königsmutter" noch vor ihrer Tochter abgebildet. Die wirkliche Mutter des Thutmosis, die Nebenfrau Mutnefret, wird in diesem frühen Text gar nicht erwähnt.

Es geschah öfters, wie erwähnt, dass der Thronfolger noch ein Kind war und deshalb eine Königswitwe für ihren unmündigen Sohn die Regentschaft bis zur Volljährigkeit ausübte. Schon aus der Frühdynastischen Zeit und dem Alten Reich sind einflussreiche Königsgemahlinnen bekannt, die so die Geschicke Ägyptens leiteten. Ein herausragendes Beispiel ist Königin Merneith aus der 1. Dynastie. Über ihr Leben ist wenig bekannt, aber auf einem Rollsiegelabdruck aus Abydos steht sie am Ende einer Königsabfolge von acht Herrschern beginnend mit Narmer. Sie trägt dort den Titel „Mutter des Königs". Sehr wahrscheinlich übte sie für ihren Sohn Den die Herrschaft aus. Ihre Macht und ihr Ansehen müssen so bedeutend gewesen sein, dass sie eine eigene Grabanlage inmitten der königlichen Nekropole von Umm el-Qaab bei Abydos erhielt.

Eine andere bedeutende Frauengestalt aus der frühen ägyptischen Geschichte war Chentkaus I., die Mutter Sahures und Neferirkares aus der frühen 5. Dynastie (2494–2345). Auf einer groben Reliefdarstellung auf dem Granittor ihrer Grabanlage in Gizeh scheint sie sogar mit Königsbart abgebildet zu sein.[4] Als erste Königsgemahlin einer neuen Dynastie war ihr Einfluss bedeutsam.

Die Alleinherrschaft einer Frau war dagegen für die Ägypter eine uner-

Abb. 6: Torso der Neferusobek. Deutlich zu erkennen ist der männliche Königsschurz sowie der obere Teil des Frauengewandes (Paris, Louvre).

hörte Vorstellung, obwohl in einigen Fällen unvermeidlich. Und wenn es geschah, dann war die „Königin“ an bestimmte Konventionen gebunden: Sie regierte formal als „König“, wobei ihre Weiblichkeit nicht grundsätzlich unterdrückt wurde. Wie dies in der Praxis ausgesehen hat, ist heute bestenfalls zu erahnen, zumal die offiziellen Bilder, Statuen und Texte nicht immer das Alltagsgeschehen in allen Einzelheiten wiedergeben. Mit Sicherheit trat der weibliche König bei bestimmten Zeremonien im männlichen Herrschaftsornat auf, während „er“ im offiziellen Bildprogramm entweder ausschließlich oder nur teilweise mit männlichen Attributen gezeigt wurde.

Nur die ganz grundsätzlichen Elemente der Königstitulatur blieben männlich, wobei auch hier die Weiblichkeit des Herrschers nicht vollständig ausgeblendet wurde. In den dreitausend Jahren ägyptischer Geschichte bis zur Ptolemäerzeit (323–30) sind nur sehr wenige weibliche Könige nachzuweisen. Zu ihnen gehörten neben Hatschepsut vor allem Neferusobek (1799–1795) im Mittleren Reich sowie nach Hatschepsut Tausret (1188–1186). Von diesen ist Neferusobek[5] der einzig gesicherte Präzedenzfall vor Hatschepsut, auf den diese Kriterien nachweislich zutreffen. Sie stand am Ende der Reihe der mächtigen Könige der 12. Dynastie und übte in Ermanglung eines geeigneten Thronfolgers über vier Jahre das Königsamt aus, wie übereinstimmend ägyptische und griechische Quellen bezeugen. In Theben waren 870 bis 525 die Gottesgemahlinnen des Amun politisch einflussreich. Diese zölibatären Priesterinnen adoptierten ihre Nachfolgerinnen und schrieben ihre Namen in Königskartuschen, waren aber entweder vom Hohepriester des Amun oder vom im Norden regierenden Pharao abhängig. Ansonsten sind nach dem Ende des Neuen Reiches um 1070/69 bis zu den späteren Ptolemäern keine Frauen mehr auszumachen, die selbständig die Herrschaft ausübten.[6]

Das ägyptische Wort für König war „Nesu“, was ursprünglich den König von Oberägypten meinte. Weibliche Schreibungen dieses Begriffes sind im Neuen Reich äußerst selten.[7] Doch der eigentliche Königstitel lautete „Nesu-bit“, was in etwa so viel wie „der von der Binse und von der Biene“ bedeutet und meist mit „König von Ober- und Unterägypten“ übersetzt wird.[8] Er kam erst wenige Generationen nach der sogenannten Reichseinigung während der 1. Dynastie (ca. 3000–2890) unter König Den auf, dem Sohn der mächtigen Königin Merneith. Es spricht zudem vieles dafür, dass „Nesu“ überwiegend auch als eine Abkürzung dieses Titels in Gebrauch war. Vor einigen Jahren wurde in der englisch-sprachigen Forschung der Vorschlag eingebracht, „Nesu-bit“ besser mit „Dualkönig“ zu übersetzen; wurde doch der ägyptische Staat ideologisch und ikonographisch stets als eine Vereinigung der beiden Landeshälften von Ober- und Unterägypten verstanden und auch so dargestellt. Hinter dieser Deutung steht die Vorstellung, dass der ägyptische König als Dualkönig über ein duales Ägypten herrschte.[9] Der Titel stand wahrscheinlich für zwei Aspekte des Königtums. „Nesu“ dürfte dabei der höherwertige Begriff gewesen sein, was schon an seiner häufigen Verwendung zu erkennen ist. Er betonte die Göttlichkeit des Königs. „Bit“ stand dagegen für die menschliche Seite des Herrschers, besonders in seiner Funktion als Lenker des Staates.[10] Dieser Dualismus – die Vereinigung der beiden Landeshälften – spiegelte sich zugleich in zahlreichen Symbolen und Insignien des Königtums wider und hatte über die Jahrtausende Bestand. Ein deutlicher Ausdruck dafür war die Doppelkrone, eine Kombination aus der Roten Krone und der Weißen Krone. Jede dieser beiden Kronen stand für eine der beiden Landeshälften, wobei die Rote Krone traditionell mit Unterägypten assoziiert wurde. Tatsächlich stammen wohl beide Kronen ursprünglich aus Oberägypten, von wo aus auch die Bestrebungen um eine zentrale Herrschaft über das ganze Land ausgingen. Möglicherweise wurde dabei die Weiße Krone als die überlegenere angesehen. Die Verwirklichung einer zentralen Herrschaft um etwa 3150 verstand die spätere ägyptische Ideologie als die „Vereinigung der Beiden Länder“. Es handelte sich dabei um das Ergebnis eines langfristigen Prozesses, der Ägypten unter die Herrschaft eines Königs brachte. Der Herrscher galt als die einigende Kraft, die das Land zusammenhielt. Nicht umsonst trug er den Titel „Herr Beider Länder“. Selbst in den Perioden, in denen diese Einheit vorübergehend aufgelöst war, den sogenannten Zwischenzeiten, wurde dieses Verständnis des Königtums weiterhin als Ideal derart hochgehalten, dass sogar Könige, die nur über einen Teil des Landes herrschten oder lokale Kleinkönige waren, sich als „König von Ober- und Unterägypten“ titulierten. Für das Land Ägypten als Gesamtheit kannte die ägyptische Sprache auch die Wörter „Kemet“ und „Tameri“. Mit „Kemet“ war das „schwarze Land“, die bewässerte Erde des Niltals und des Deltas beschrieben. Es stand zugleich im Gegensatz zu „Descher“ – das „rote Land“ –, womit die Wüsten gemeint waren, die das fruchtbare Schwemmland umgaben. Die Ägypter verstanden sich auch als Einwohner von Tameri, was so viel bedeutet wie „das geliebte Land“. In einer Bildszene im Tempel in Deir el-Bahari sprechen die Bewohner von Punt Hatschepsut als „König von Tameri“ an.[11]

Die „ersten“ Pharaonen

Im heutigen Sprachgebrauch ist das Wort „Pharao“ der Begriff für den ägyptischen Herrscher schlechthin und wird anachronistisch auf alle Könige des Alten Ägypten übertragen. Zudem wurde diese Bezeichnung für den König prägend für eine ganze Epoche, sprechen wir doch von den Pharaonen oder der pharaonischen Zeit, wenn wir das Ägypten bis zu den Ptolemäern oder gar bis Kleopatra meinen. Doch wer war eigentlich der erste richtige „Pharao“? Oder genauer gefragt: Wer waren die ersten beiden richtigen „Pharaonen“? Die Antwort lautet: Hatschepsut und Thutmosis III. „Pharao“ ist vom ägyptischen „Per-aa“ (großes Haus) abgeleitet, womit seit alters der königliche Palast bezeichnet wurde. In der Ptolemäerzeit (323–30) wurde es durch die Übersetzung des Alten Testaments der

Bibel vom Hebräischen ins Griechische zu „Pharao". Als Bezeichnung für den Herrscher erinnert der Begriff an moderne Gepflogenheiten, Amtsträger und Institutionen mit ihrem Amtssitz gleichzusetzen. Man denke an „Weißes Haus", „Elysée-Palast", „Kreml" oder „Ten Downing Street". Doch niemand käme auf die Idee, vom „Bundeskanzlerinamt" zu sprechen, nur weil eine Frau die Regierungsgeschäfte ausübt. Während der frühen 18. Dynastie übertrug man das Wort für den Palast auf das Königtum als Institution, und zwar schon während der Koregentschaft von Hatschepsut und Thutmosis III. Der genaue Zeitpunkt ist nicht mehr fixierbar, aber einige der ältesten Belege stammen aus Hatschepsuts Gedächtnistempels in Deir el-Bahari.[12] Der königlichen Administration erschien in dieser Situation, als gleichzeitig zwei gekrönte Könige regierten, ein neutraler Begriff naheliegend. Das Wort „Pharao" war frei von den traditionellen Königstiteln, die auf den Dualismus der Beiden Länder von Ober- und Unterägypten Bezug nahmen. Zugleich ermöglichte es ein kürzeres, vereinfachtes Protokoll und verschleierte gewissermaßen auch, welcher der beiden Herrscher tatsächlich fungierte oder gemeint war.[13] Diese Wortwahl war umso praktischer, war doch einer der beiden Könige immerhin eine Frau. „Pharao" bezog sich nun auf den königlichen Hof beziehungsweise das Königtum als Institution – etwa in unserem Sinne „die Krone" – und weniger auf die Person des Königs selbst. „Pharao" war grammatisch wie institutionell männlich. Da nun die Einführung von „Pharao" als Herrscherbezeichnung in ihre Zeit fällt, ist es korrekt, von Hatschepsut als Pharao zu sprechen. Allerdings ist das Wort „Pharaonin" für Hatschepsut ein Anachronismus. Erst die Ptolemäer schrieben „Pharao" auch weiblich.

Die Bezeichnung „Pharao" hatte mit ihrem neuen Sinn über die Koregentschaft hinaus Bestand und wurde in der Frühphase der sogenannten Dritten Zwischenzeit (1069–664) wirklich zu einem Titel, der dem Eigennamen des Königs vorangestellt war, beginnend mit Pharao Siamun (978–959). Eine mögliche Erklärung für diesen Bedeutungswandel kann darin gesehen werden, dass in dieser Zeit ägyptisierte Ausländer, hier zunächst Libyer, die Herrschaft über Ägypten ausübten, die mit den Feinheiten der althergebrachten Herrschertitulatur und Königsideologie nicht vollständig vertraut waren und einen einfacheren Begriff bevorzugten.

Die ägyptische Sprache kannte also keine wirkliche weibliche Entsprechung des Königstitels. Wie gefestigt die Königsideologie war, ist allein daran zu ersehen, dass es niemanden in den Sinn gekommen wäre, aus irgendeinem Grund den Titel „König von Ober- und Unterägypten" einfach nur zu feminisieren.[14] Während Hatschepsut zunächst Regentin für ihren Neffen war, experimentierte sie schon früh mit königlichen Bezeichnungen und Titeln, bevor sie sich selbst zum „König“ krönen ließ. Thutmosis III. blieb weiterhin König, doch bildete er zusammen mit Hatschepsut nach außen hin eine Koregentschaft – als Mann und Frau zugleich ein Novum in der Geschichte Ägyptens. Zwar war es nicht das erste Mal gewesen, dass zwei Herrscher in Personalunion sich die Macht geteilt haben, denn schon während der 12. Dynastie hatte es wiederholt Mitregentschaften gegeben: Zur Sicherung der Thronfolge regierte ein älterer König in seinen letzten Regierungsjahren mit dem von ihm ausgewählten Sohn. Dies sollte nicht nur einen reibungslosen Herrschaftswechsel ermöglichen, sondern sicher auch den betagten Vater entlasten. In der Praxis lief das konkret darauf hinaus, dass der schon reifere Sohn mitunter militärische Aufgaben übernahm und an Stelle des Vaters ins Feld zog.[15] Allerdings war der Mitregent keineswegs auch Mitkönig im Sinne eines gekrönten Pharaos. Erst Hatschepsut schuf den Präzedenzfall, dass zur gleichen Zeit zwei inthronisierte Könige formal die Herrschaft über die Beiden Länder innehatten.

Die Überlieferung zu Hatschepsut

Das Thema Hatschepsut ist aufgrund seiner immensen Popularität – eine Frau auf einem Männer vorbehaltenen Thron – eines der medienwirksamsten der ägyptischen Geschichte. Die außergewöhnlichen Umstände ihres Auftretens beflügeln bis heute die Phantasie von Experten wie Laien gleichermaßen. Allerdings hat das umfangreiche und vieldeutige Quellenmaterial von Anfang an zu diversen Fehlinterpretationen geführt, die bis heute noch teilweise nachwirken. Erwähnenswert ist an dieser Stelle folgende Überlegung der älteren Forschung: Der auf Griechisch schreibende Priester Manetho aus Sebennytos im 3. vorchristlichen Jahrhundert berichtet, dass der Auszug der Israeliten unter einem Thutmosis erfolgt sein soll. Durch einen Abgleich der ägyptischen Chronologie mit den Daten der hebräischen Bibel kam man darauf, den Exodus am Ende der Herrschaft Thutmosis’ III. anzusetzen und in Hatschepsut jene Tochter des Pharaos zu vermuten, die Moses in seinem Korb aus dem Nil zog. Aber derartige Überlegungen bleiben Wunschdenken, zumal die Historizität des Moses äußerst umstritten ist.[16] Die Geschichtschreibung zu Hatschepsut ist daher auch eine Geschichte vieler Irrtümer. In der frühen wissenschaftlichen Forschung geschah vieles in gutem Glauben und auf der Basis des damaligen Erkenntnisstandes. Archäologische Untersuchungen haben seitdem nicht nur zu häufigen Revisionen bisheriger Theorien geführt, sondern auch neue Belege hervorgebracht, die das Gesamtbild erweitern. Das wesentliche Problem bei Hatschepsut bleibt die Tatsache, dass einige Quellen zu ihrem Wirken nicht immer eindeutige Interpretationen zulassen. Gelegentlich sind sogar extrem voneinander abweichende Deutungen möglich, wobei die meist augenscheinlichsten Auslegungen sich nicht immer gleich als korrekt erweisen. Hinzu kommt, dass mancher vereinzelter Sensationsfund sich weder als richtig oder sinnvoll, geschweige denn brauchbar für ein besseres Verständnis dieser Epoche erweist. Dies gilt besonders für den Bereich, den wir als ihr Privatleben bezeichnen würden. Genaugenommen mutet dieser Begriff hier wie ein Anachronismus an, zumal wir darüber nichts wissen. Seit den Tagen ihrer Wiederentdeckung hat man Hatschepsut immer wieder als die böse, machthungrige Ehefrau, Schwester oder Stiefmutter gedeutet, die den legitimen Thronfolger von der Herrschaft verdrängte. Als ihr persönliches Umfeld immer weiter erschlossen wurde, vermutete man schließlich in ihrem Ratgeber, dem vielseitig versierten und begabten Aufsteiger und Beamten Senenmut, nicht nur ihre rechte Hand, sondern auch ihren Liebhaber. Dieser hatte über einen langen Zeitraum in ihrer Gunst gestanden und zahlreiche Ämter und Titel angehäuft. Es liegt auf der Hand, dass sich durch diese einflussreiche Stellung am Hofe eine Nähe zum König ergab. Inwieweit jedoch diese Nähe auch auf Kritik der Zeitgenossen stieß, hängt jedoch von modernen Interpretationen umstrittener Belege ab. Senenmut fiel wohl noch zu Lebezeiten seiner Gönnerin aus bis heute ungeklärten Gründen in Ungnade und verschwand von der Bildfläche (vgl. S. 99 f.). Heute haben sich ausgewogenere Interpretationen durchgesetzt, die Hatschepsuts eigentlichem Königtum gerechter werden. Allerdings sind es immer noch die spekulativen Vorstellungen zu ihrem Leben, die sie für eine größere Öffentlichkeit interessanter machen.

Die großen Pharaonen haben nach oft langen Regierungen durch ihre Monumente und andere Objekte genügend Spuren hinterlassen, um Einblicke in ihre Familienstruktur, Beamtenschaft, Bautätigkeit, militärische Aktivität, auswärtigen Handelsbeziehungen und diplomatischen Kontakte zu ermöglichen. Die „Taten" der ägyptischen Könige erschließen sich uns hauptsächlich aus den archäologischen Quellen. Ein Grund dafür liegt in dem Umstand, dass es so gut wie keine ägyptischen Geschichtsschreiber gab, die über die Taten ihrer Könige geschrieben haben. So interessant es wäre, aber es hat zu keiner Zeit einen Biographen oder Chronisten gegeben, der etwa im Stile eines Tacitus oder Suetons eine Chronik über die Herrscher der 18. Dynastie oder einer anderen Zeit verfasst hätte. Die Veröffentlichung solcher persönlichen Informationen, wie es bei den römischen Kaisern geschah, wäre in Ägypten niemals geduldet worden. Es gibt nur sehr wenige Belege, die einen kleinen Einblick gewähren. Bestenfalls in literarischen Texten konnten Probleme, die das Königtum betrafen, thematisiert werden. Zurückhaltung ist bei allen offiziellen Inschriften geboten. Sie geben in stark idealisierter Form das wieder, was den Vorstellungen der Maat, der ägyptischen Weltordnung entspricht. Diese Texte bieten die Verherrlichung königlicher Taten oder die Idealbiographien loyaler Beamter und Militärs. Hier wird oft mehr verschleiert als Wirkliches berichtet. Und allzu oft wird der Herrscher beim Vollzug einer bestimmten Handlung gezeigt, die meist nicht auf ein tatsächliches Ereignis Bezug nimmt, sondern ihn in einer Rolle zeigt. Beispiele dafür sind Szenen, die den König beim Opfer vor den Göttern oder im Kampf gegen die Feinde Ägyptens darstellen. Besonders typisch dafür ist das Erschlagen der Feinde. Auch wenn solche Szenen mitunter wirkliche Ereignisse behandeln, sind sie oft eingebettet in Idealvorstellungen oder Idealzuständen, die nichts mit der Realität gemein haben müssen. Dies gilt vor allem für Proklamationen, die im Auftrag des Königs auf Stelen und Tempelwänden angebracht wurden. Schon aufgrund ihres Aufstellungsortes waren sie nicht als Bekanntmachungen für eine breite Öffentlichkeit vorgesehen, da nur ein begrenzter Personenkreis Zugang zu den heiligen Stätten hatte. Katastrophen oder Niederlagen werden geschickt verschwiegen oder verschleiert und Missstände im eigenen Land nur in Ausnahmefällen angedeutet, wenn deren Behebung stolz verkündet werden konnte. Im Falle der Hatschepsut ergibt sich zusätzlich das Problem, dass nur die wenigsten ihrer amtlichen Inschriften mit einem genauen Datum versehen sind. Manche Fakten aus ihrer Herrschaft können so nur ungefähr in einer Chronologie verortet werden.

Etwa zwanzig Jahre nach Hatschepsuts Ableben wurden im Auftrag Thutmosis' III. ihre Inschriften, Bilder und Statuen aus den Tempeln weitgehend entfernt und zerstört.[17] Einige Inschriften und Reliefs wurden umgewidmet oder inhaltlich – völlig willkürlich – verändert.[18] Im Mittelpunkt dieser Aktion standen vor allem Texte, die direkt auf ihr Königtum Bezug nahmen. Vor allem wurde ihr Name auf fast allen Denkmälern ausgelöscht oder durch diejenigen Thutmosis' I., Thutmosis' II. oder Thutmosis' III. ersetzt. In einigen Fällen verbarg man Tempelwände oder Obelisken hinter neuem Mauerwerk. Das Hauptaugenmerk galt dem „halb-öffentlichen" Bereich der Tempel und des Palastes, zu dem nur das Tempelpersonal sowie ausgewählte Personen der Beamtenschaft und Hofleute Zugang hatten. Besonders auffällig war bei dieser Tilgung von Hatschepsuts Andenken, dass sie nicht mit radikaler und endgültiger Konsequenz durchgeführt wurde, wie zahlreiche unbeschädigte Inschriften, Reliefs und andere archäologische Funde bestätigen. Viele Textstellen sind trotz der

Zerstörungen zu einem großen Teil noch lesbar geblieben. In den beiden Jahrzehnten nach ihrem Tod hatte ihr Neffe durch zahlreiche Kriegszüge gegen die Nachbarn Ägyptens das Land zu seiner größten Ausdehnung gebracht und die Grundlage für einen noch nie dagewesenen Wohlstand geschaffen. Inzwischen war er schon über vier Jahrzehnte König gewesen. Aber noch immer trugen diverse zentrale Heiligtümer in Theben den Stempel der lang zurückliegenden Koregentschaft, was der Propagierung Thutmosis' eigener Leistungen im Wege stand. Gleichzeitig erschien es ihm angebracht, die traditionelle Kontinuität des Königtums stärker zu betonen und somit den Präzedenzfall von Hatschepsuts Wirken als Regentin und König zu unterdrücken.

Hatschepsut hatte im Gegensatz zu ihren wenigen bekannten Vorgängerinnen, die als „Könige" oder Regentinnen fungierten, immerhin rund ein Vierteljahrhundert Zeit gehabt, um genügend Spuren zu hinterlassen, die auch ihr Neffe nicht vollständig beseitigen konnte. Auf späteren Baudenkmälern wurde dagegen die Erinnerung an ihre Herrschaft in den Listen königlicher Ahnen ganz ausgeblendet. Dieser Umstand erklärt sich allein dadurch, dass Thutmosis III. ja unmittelbar auf seinen Vater folgte und Hatschepsuts Regierung ohnehin parallel zu seinen Herrschaftsjahren verlief. Daher erschien es später nicht einmal nötig, sie überhaupt zu erwähnen. Trotzdem geriet sie nicht ganz in Vergessenheit. Denn in der uralten Hauptstadt Memphis hatte es über die Zeiten hinweg in den Archiven stets ein genaues Königsregister gegeben, in dem alle legitimen Herrscher sowie lokale Kleinkönige und sogar Fremdherrscher, also Nicht-Ägypter, eingetragen wurden. Auch Hatschepsuts eigentliche Regierung muss in einem solchen amtlichen Verzeichnis registriert gewesen sein. Und sicher enthielten andere Tempelarchive Abschriften oder ähnliche Listen. In den Archiven lagerten offensichtlich auch andere Dokumente, die genauere chronologische Informationen über den Pharao aus der Koregentschaft enthielten. Auf jeden Fall blieb sie im amtlichen Gedächtnis erhalten, sonst hätten später ein Hohepriester und ein Pharao ihren Töchtern nicht Hatschepsuts Thronnamen „Maatkare" gegeben.[19] Wie anders erklärt sich die Tatsache, dass sie in den Fragmenten des Manetho erwähnt wird? Dieser Autor schrieb für die ersten Ptolemäerkönige, gebürtige Makedonen, eine Geschichte Ägyptens. Manethos Werke sind leider verloren und nur noch in Fragmenten späterer christlich-jüdischer Schriftsteller und Chronisten überliefert. In den zur 18. Dynastie erhaltenen Belegen wird Hatschepsut eine Herrschaftsdauer zwischen 21 bis 22 Jahren gegeben, was ziemlich genau ihren tatsächlichen Regierungsjahren entspricht. Dort wird sie unter den Namen Amessis[20], Amesse[21] oder Amensis[22] geführt. Die

Abb. 7: Hatschepsuts Gedächnistempel in Deir el-Bahari (heutiger Zustand).

griechische Schreibweise ihres Namens ist wahrscheinlich von ihrem erweiterten Geburtsnamen Hatschepsut *Chenemet-Amun*, „die Amun umarmt“, abgeleitet.[23] Aber mehr ist diesen Chroniken nicht zu entnehmen. Erst infolge der Entzifferung der altägyptischen Sprache seit dem frühen 19. Jahrhundert konnte Hatschepsut dem Vergessen entrissen, ihre Bauten identifiziert sowie andere Objekte und Texte ihrer Zeit zugeordnet werden. Heute ist ihr einzigartiger Totentempel in Deir el-Bahari auf dem westlichen Nilufer in Luxor neben den Pyramiden von Gizeh eines der bekanntesten und meistbesuchten Monumente Ägyptens.

Es war Jean-François Champollion (1790–1832), der Entzifferer der ägyptischen Schrift, der Hatschepsut wiederentdeckte und das Augenmerk der Wissenschaft und Öffentlichkeit auf sie lenkte.[24] Bei seinem Besuch der Ruinen von Deir el-Bahari 1829 war ihm die Darstellung eines männlichen Königs aufgefallen, der mit weiblichen Wortendungen in den dazugehörigen Inschriftten benannt wurde und in keiner der bekannten Königslisten vorkam. Er las mit einem gewissen Vorbehalt den Namen der Königin als Amenmenthe und identifizierte sie mit der Amensis des Manetho. Zu diesem Zeitpunkt steckte die Erforschung des Alten Ägypten noch in den Kinderschuhen. Die Art und Weise, wie ägyptische Texte transliteriert und übersetzt werden, hat sich seit den Tagen Champollions enorm weiterentwickelt.[25]

Von dem umfangreichen Quellenmaterial, das uns zu Hatschepsut vorliegt, haben besonders ihre offiziellen Inschriften und Bildprogramme durch die bereits genannten Zerstörungen unter Thutmosis III. gelitten. Bei der Entfernung ihrer Inschriften und Reliefs ging man mit unterschiedlicher Konsequenz vor. An einigen Orten wie in Deir el-Bahari oder im Amun-Tempel von Karnak wurden ihre in erhabenen Reliefs angefertigten Namenskartuschen sowie die sie betreffenden Texte derartig weggemeißelt, das die Umrisse der Hieroglyphen meist noch lesbar sind. Bei den Reliefbildnissen hatte diese Methode zur Konsequenz, dass zumindest Hatschepsuts Silhouette häufig noch zu erkennen ist. Ihre Obelisken im Amun-Tempel von Karnak verschonte Thutmosis wohl aus religiösen Gründen, ließ sie aber durch eigene Bauten vom Rest des Tempelbezirks isolieren. Ganz anders verhielt es sich mit dem Schrein für die Barke des Amun aus rotem Quarzit, die sogenannte „Rote Kapelle". Sie befand sich im zentralen Pronaos von Karnak gegenüber dem Allerheiligsten. Auf diesem Bauwerk hatte Hatschepsut nicht nur ihre Erwählung und Krönung als „König" durch die Götter dargestellt, sondern auch zugleich die Koregentschaft mit ihrem Neffen und Stiefsohn. Diese aufschlussreichen Texte gehören zu den wichtigsten Quellen zu Hatschepsuts Königtum. Als Thutmosis III. seinen eigenen Taten mehr Ausdruck verleihen wollte, ließ er diesen Bereich des Heiligtums umbauen. Die meisten Blöcke der „Roten Kapelle" wurden abgetragen und an einem anderen Ort im Amun-Bezirk abgelagert. Bei der späteren Tilgung von Hatschepsuts Inschriften und Bildnissen wurden nur die Szenen in Mitleidenschaft gezogen, die nach außen hin sichtbar gestapelt lagen.

Außerhalb dieses Barkenschreins blieben auf anderen Monumenten nur sehr wenige ihrer Reliefdarstellungen erhalten. Die Rundplastiken, die heute bekannt sind, stammen überwiegend aus ihrem Tempel in Deir el-Bahari. Sie wurden allesamt systematisch entfernt und zerschlagen, aber durch zufällige Entdeckungen und Ausgrabungen seit dem 19. Jahrhundert gelang es, einen Großteil von diesen Trümmern wiederzuentdecken. Dank dieser Funde war es letztendlich möglich, viele von Hatschepsuts Statuen teilweise oder gar vollständig zu rekonstruieren.

Zu den offiziellen Texten, die im Auftrag Hatschepsuts angefertigt wurden und heute je nach Erhaltungszustand noch ganz oder teilweise lesbar sind, kommen zahlreiche inschriftliche Quellen, die den Tilgungen im

Abb. 8: Entfernung von Hatschepsuts Bild an der Roten Kapelle (Blöcke 118 [links] und 259).

42. Jahr Thutmosis' III. entgingen. Es handelt sich dabei um biographische Inschriften in den Gräbern ihrer Beamten, darunter verdiente Militärs, die seit der frühen 18. Dynastie im Dienste der Könige standen. In einigen Fällen geben sie aufschlussreiche Einblicke in ihre Zeit. Viel interessanter sind dabei die wenigen Aussagen, die auf die frühen Jahre von Hatschepsuts Regentschaft, die Anfänge ihres Königtums und die Koregentschaft Bezug nehmen. Sie sind nach wie vor grundlegend für ihre Wahrnehmung im direkten Umfeld des Hofes. In diesen Texten ist die Wortwahl mitunter äußerst zurückhaltend, was Hatschepsuts öffentliches Wirken angeht. Einige dieser erfahrenen Verwalter und Fachleute hatten schon unter den früheren Königen gedient, während andere auch nach ihrem Tode tätig blieben. Im Mittelpunkt dieser Lebensbeschreibungen stehen das vorbildliche Verhalten des Grabherrn und seine verschiedenen Ämter, deren gewissenhafte Ausübung er verkündet; aus den Zeilen spricht ein gewisser Stolz über das Geleistete. Gleichzeitig gewähren uns diese Texte und Bildszenen interessante Einblicke in die Verwaltung, Ereignisgeschichte, Zuständigkeiten, technische Leistungen und Arbeitsabläufe. Maße von hergestellten Objekten, Mengenangaben von verarbeiteten Rohstoffen oder

Verzeichnisse von verbuchten Gütern und Tributen werden gelegentlich erwähnt.

Dagegen sind die Lebensbeschreibungen der höchsten Verwalter und Priester des Staates eher kanonisch und deutlich zurückhaltender abgefasst. Ein gutes Beispiel sind die biographischen Texte Hapusenebs, der unter Hatschepsut Hohepriester des Amun war.[26] In dieser Zeit stiegen zahlreiche Personen – häufig infolge eines Militärdienstes an der Seite der Könige oder aufgrund spezieller Fähigkeiten – in die Beamtenlaufbahn ein. Sie kamen dabei nicht nur in die unmittelbare Nähe der Herrscherfamilie und so in ihre Gunst, sondern wurden mit verschiedenen verantwortungsvollen Aufgaben betraut. Meist erreichten sie nur die mittlere Beamtenhierarchie. Aber sie waren eben Aufsteiger und dementsprechend sind die Autobiographien in ihren Gräbern wesentlich ausführlicher und aufschlussreicher als die der deutlich höheren Beamten. Indem sie ausdrücklich auf ihre Taten und Belohnungen sowie Aufgaben und Pflichten hinweisen, gehen sie über den Standard der üblichen Beamtenbiographien hinaus. Unter diesen Aufsteigern ragt der aus einfachen Verhältnissen stammende Senenmut heraus. Als Vermögensverwalter Hatschepsuts seit Thutmosis II. häufte er im Laufe der Zeit ungewöhnlich viele Titel und Aufgabenbereiche an. Durch die Gunst seiner Herrin wurde ihm ein großer und nahezu beispielloser Handlungsspielraum eingeräumt. Seinen Erfolg und besonders seine Nähe zu ihr dokumentierte er auf vielfältige Weise. Es sind gerade diese mittleren Beamten (vgl. S. 92 ff.), die uns durch ihre selbstbewussten Tatenberichte relevante und grundlegende Einblicke zum Aufstieg und Wirken dieser ungewöhnlichen Frau geben. Ohne ihre Zeugnisse wäre uns Hatschepsuts Epoche um vieles rätselhafter.

Anders verhält es sich hinsichtlich der im Auftrag Hatschepsuts angebrachten und heute noch erschließbaren Inschriften. Ein großer Teil sollte ihre Taten für die Götter und die Tempel Ägyptens dokumentieren und gleichzeitig auch ihren Herrschaftsanspruch legitimieren. Ergänzend kommen weitere Texte und Bilder hinzu, die dem Bereich des Königsdogmas zuzuordnen sind. Hier ist vor allem die Geschichte ihrer leiblichen Abstammung vom König der Götter, Amun-Re, und ihrer Geburt und Jugend in ihrem Tempel in Deir el-Bahari zu nennen (vgl. S. 15 ff., 82 ff.).

Berücksichtigt man alle zu Hatschepsut in Frage kommenden Quellen, so entsteht am Ende ein Bild, das an ein Puzzle erinnert, bei dem Teile fehlen: An manchen Stellen sind ganze Szenarien noch deutlich zu erkennen, während wiederum andere Einzelteile sich nicht verbinden oder einem bestimmen Zusammenhang zuordnen lassen. Bei anderen Stücken kann man anhand des abgebildeten Details trotz fehlender Bindeglieder auf einen größeren Kontext schließen und eine Szene rekonstruieren. Insgesamt betrachtetet ist es aber nach dreieinhalb Jahrtausenden möglich, das Leben Hatschepsuts in Umrissen zu skizzieren.

Vorfahren und Vorgänger

Die späte 17. Dynastie

Hatschepsuts Vorfahren stammten von den letzten thebanischen Königen der 17. Dynastie ab. Deren Aufstieg war während der Zweiten Zwischenzeit erfolgt, als sie den Kampf gegen die Fremdherrschaft der Hyksos im Norden Ägyptens aufnahmen. Die „Chekau-Chasut", die Herrscher der Fremdländer[27] hatten als Residenz die Siedlung Hut-Weret im östlichen Nildelta gewählt, das griechische Avaris. Von dort aus eroberten sie die Nordhälfte des Landes und festigten durch zahlreiche Raubzüge für 110 Jahre ihre Macht. Sie stilisierten sich als ägyptische Könige und ließen ihre Eigen- und Thronnamen ganz kanonisch in Königskartuschen schreiben. Ihre genauen Herrschaftszeiten blieben in späteren Verzeichnissen der ägyptischen Verwaltung in Erinnerung. Zu Hatschepsuts bedeutenden Ahnen in Theben gehörten König Senachtenre und seine Gemahlin Tetischeri. Sie war zwar nicht königlicher Herkunft, genoß aber in der frühen 18. Dynastie besondere Verehrung. Tetischeri war die Mutter des Seqenenre Tâa und wohl auch des Kamose, die beide nacheinander herrschten. Seqenenres Herrschaft fand nach knapp vier Jahren ein gewaltsames Ende, als er wahrscheinlich im Kampf gegen ägyptische Vasallen der Hyksos fiel. Kamose regierte nicht viel länger, forcierte aber den Kampf gegen den Feind im Norden. Die in mehreren Inschriften erhaltenen „Siegesberichte" im Stile einer Königsnovelle geben Aufschluss über Kamoses Wirken. Daraus geht die Einengung Thebens zwischen den Machtblöcken der Hyksos im Norden und dem nubischen Königreich von Kerma im Süden hervor.[28] In einem dieser Texte beklagt Kamose gegenüber seinen Ratgebern diese geographische Umklammerung: „Ich möchte gerne wissen, wozu diese meine Stärke dient, wenn ein Herrscher in Avaris und ein anderer in Kusch ist, und ich dasitze gemeinsam mit einem Asiaten und einem Nubier. Und jeder beherrscht seinen Teil in Ägypten und teilt das Land mit mir." Kamose gelang schließlich die Unterwerfung Unternubiens, also Wawats, bis zur Festung Buhen, bevor er sich gegen die Hyksos im Norden wandte und mit seinen Truppen bis Avaris kam.

Die frühe 18. Dynastie

Ahmose (1551–1515)

Ahmose wurde noch in der Zweiten Zwischenzeit Kamoses Nachfolger. Sein Name bedeutet „der Mond ist geboren" und es ist auffällig, dass zahlreiche bedeutende Frauen in seiner Familie den gleichen Namen trugen, darunter Hatschepsuts Mutter. Seine Eltern waren Seqenenre Tâa und Ahhotep. Sein Verwandtschaftsverhältnis zu Kamose ist nicht eindeutig. Möglicherweise war er dessen jüngerer Bruder oder Neffe. Seine Mutter Ahhotep nahm in den ersten beiden Jahrzehnten seiner Herrschaft eine bedeutende Stellung ein und Ahmose würdigte später in einer Stele in Karnak ihre Verdienste in dieser angespannten Zeit.[29] Der Text ist nicht einfach zu deuten, aber es scheint, dass Ahmose sehr jung auf den Thron kam und Ahhotep für ihn bis zur Volljährigkeit die Regentschaft ausübte. Dies erklärt die Tatsache, dass er nicht sofort nach dem Tode seines Vorgängers den Krieg gegen die Hyksos aufnahm. Auch während seiner Abwesenheit von Theben übte seine Mutter tatkräftig die Regentschaft aus. In ihrem 1859 in Dra Abu'l-Naga entdeckten Grab fand man in ihrem Sarg neben diversen kostbaren Beigaben auch eine Zeremonialaxt ihres Sohnes, die an die Befreiung Ägyptens von der Fremdherrschaft erinnerte, sowie eine goldene Halskette mit drei stilisierten Fliegen. Die goldenen Fliegen sind deshalb bemerkenswert, weil sie in der Regel als Auszeichnung an tapfere Soldaten vergeben wurden. Wegen ihrer beständigen Angriffslust galten diese Insekten als Symbol für Tapferkeit. Der König war mit seiner Schwester Ahmose-Nefertari verheiratet. Sie gehörte zu den bedeutendsten Frauen ihrer Zeit und trug als erste Königin den Titel „Gottesgemahlin (des Amun)", der postum auch ihrer Mutter Ahhotep zugesprochen wurde.

Ahmose gelang es in seinem 18. oder 19. Jahr, Avaris zu erobern und die Herrschaft der Hyksos in Ägypten zu beenden. Ein wichtiger Zeitzeuge ist Ahmose, der Sohn der Ibana, durch die biographische Inschrift aus seinem Grab in El-Kab. Er hatte den König auf verschiedenen Feldzügen begleitet und war vornehmlich Leiter von Rudermannschaften auf Schiffen bis in die Zeit von Hatschepsuts Vater. Ahmose berichtet von wiederholten Kämpfen vor Avaris, das nach längerer Belagerung „erobert" wurde.[30] Um einen möglichen Vorposten der Hyksos oder der Kanaaniter in der Region zu unterbinden, zog König Ahmose gegen die südlich von Gaza gelegene Grenzfestung Scharuhen, die er erst nach rund dreijähriger Belagerung einnehmen konnte.[31]

Nach der Vertreibung der Hyksos zog der Pharao nach Süden, um die

Kontrolle über Unternubien wiederherzustellen und ein Bollwerk gegen Kusch aufzubauen. Mit dabei war erneut Ahmose, Sohn der Ibana, der lediglich erwähnt, das „Seine Majestät ein großes Gemetzel unter ihnen" anrichtete.[32] Ägyptens Südgrenze wurde von Buhen bis zur Insel Sai nördlich des 3. Kataraktes ausgedehnt und die bestehenden Grenzfestungen ausgebaut, um den Zugang zu den Rohstoffen Nubiens zu gewährleisten. Allerdings war der einheimische Widerstand nicht so leicht zu brechen und die weitere Unterwerfung und Kolonisierung Nubiens sollte sich unter Ahmoses Nachfolgern als langwierig erweisen.

Mit der Vertreibung der Hyksos aus Ägypten begann das Neue Reich. Es war einer der längsten Phasen, in denen dic traditionelle Einheit der Beiden Länder des Nordens und des Südens Bestand hatte. Zugleich erreichte das Land seinen kulturellen und politischen Zenit. Ahmose galt durch die erneute Reichseinigung im späteren Andenken der Ägypter als einer der wichtigsten Könige der Vergangenheit und wurde zusammen mit Menes[33] (1. Dynastie) und Mentuhotep II. (11./12. Dynastie) als Reichseiniger besonders verehrt.

Amenophis I. (1515–1494)

Als Sohn des Ahmose und der Ahmose Nefertari war Amenophis I. zugleich der letzte König der Ahmosiden. Unter ihm begann eine rege Bautätigkeit sowie eine kulturelle Blüte, die in der Folgezeit gigantische Ausmaße annehmen sollte. Theben war zu dieser Zeit noch ein verschlafenes Nest. So existierte der spätere Tempel von Luxor, „die südliche Residenz", noch nicht. Dort stand bestenfalls ein kleiner Schrein, der mit der späteren Überbauung ganz verschwand. Und auf dem Areal des Tempels von Karnak stand nur ein Tempel aus dem Mittleren Reich mit diversen Anbauten. Um dieses zentrale Heiligtum herum sollte in den nächsten Generationen der große Komplex, wie wir ihn heute noch kennen, gebaut werden. Auch im westlichen Theben war Amenophis aktiv. Auf ihn geht die Gründung des Dorfes der Nekropolenarbeiter zurück, die „Stätte der Maat", das heutige Deir el-Medineh. Die eigentliche Organisation und Durchführung der meisten Bau- und Handwerkarbeiten oblag dem talentierten Beamten Ineni. Die Herrscher der 11. und 17. Dynastie hatten ihre Grabanlagen noch deutlich sichtbar in El-Tarif und Dra Abu'l Naga oder im Falle von Mentuhotep II. in Deir el-Bahari errichten lassen. Wie bei den Pyramiden bildeten Kult- und Grabstätte für den verstorbenen König bis dahin eine Einheit. Diese beiden Komponenten wurden nun getrennt voneinander erbaut: die Gedächtnistempel auf der Ebene des Westufers und die Königsgräber weit entfernt in den nördlich gelegenen Tälern. Allerdings ist die Grablege von Amenophis I. bis heute noch nicht lokalisiert worden. Militärisch war Amenophis in Nubien aktiv, „um die Grenzen Ägyptens zu erweitern", wie es der Zeitzeuge Ahmose, Sohn der Ibana, berichtet. Dabei geriet ein Großteil des gegnerischen Heeres durch die ägyptischen Truppen in eine Umklammerung und in Gefangenschaft; wer floh, wurde niedergemacht.[34] Es war schon rechtzeitig absehbar, dass Amenophis I. keinen männlichen Erben hinterlassen würde. Daher bestimmte er Thutmosis I. zu seinem Nachfolger. Durch die Heirat mit Ahmose, die wohl die Schwester des Königs war, wurde er für die Thronfolge legitimiert. Die Geburt der ersten Tochter Hatschepsut erfolgte noch unter Amenophis I. Später wurde dem Paar eine weitere Tochter geboren, die den Namen Neferubiti bekam. Sie verstarb wohl noch während ihrer Kindheit.

Die Familie der Hatschepsut

Thutmosis I. (1494–1482)

Mit Thutmosis I. beginnt eine neue Familienlinie in der 18. Dynastie. Seine Vorfahren sind bis auf seine Mutter Seniseneb unbekannt und sein Vater ist bis heute nicht identifiziert. Seine Frau Ahmose war vielleicht eine Tochter des Reichseinigers Ahmose.[35] Mit der Thronbesteigung ihres Gemahls behielt sie den Titel „Schwester des Königs" bei, um ihre Verwandtschaft zur Königsfamilie herauszustellen.[36] Vielleicht schon vor diesem Zeitpunkt hatte Thutmosis eine ihm nicht ebenbürtige Frau namens Mutnefret.[37] Sie war die Mutter des späteren Thutmosis II. und wohl auch seiner älteren Brüder Amenmose und Wadjmose, die jedoch vorzeitig starben.

Durch einen Brief an den Vizekönig von Nubien, Turi, verkündet der neue König seine Thronbesteigung am 21. Tag im dritten Monat der Aussaatzeit des Jahres 1494. Darin übersendet er seine Königsnamen und versichert dem Empfänger, dass das Königshaus wohlbehalten und heil sei. In der Eidformel für den Herrscher soll der Zusatz „geboren von der Königsmutter Seniseneb" zugefügt werden. Dieser Brief wurde an mehreren Orten in Nubien auf Stelen veröffentlicht.[38]

Thutmosis I. zeichnete sich besonders durch militärische Unternehmungen aus. Ihm wird auch die Einrichtung eines stehenden Heeres zugeschrieben. Im zweiten Jahr seiner Regierung unternahm er einen großangelegten Feldzug nach Nubien. Das Ziel war diesmal Kerma, die Hauptstadt des Kuschiterreiches, die direkt südlich des 3. Nilkataraktes lag. Die erhaltenen Texte berichten vergleichsweise wenig über den ge-

Abb. 9: Hatschepsuts Mutter Ahmose. Relief aus der Geburtshalle von Deir el-Bahari (historisches Foto von 1893).

nauen Vormarsch der Ägypter sowie die einzelnen Kampfhandlungen. Auch über die Truppenstärke und Logistik gibt es keine Angaben. Für den Transport setzte Thutmosis I. eine Flotte auf dem Nil ein, die unter großem Aufwand über Land am 3. Katarakt vorbeigeschleppt werden musste, da hier eine direkte Durchfahrt aufgrund der natürlichen Flussstauung nicht möglich war. Der Schiffsführer Ahmose, Sohn der Ibana, hinterließ eine Inschrift in Tangur-West:[39] „Jahr 2 unter der Majestät des guten Gottes, Herrn Beider Länder, Herrn der Opferungen ‚Groß an Gestalt und Ka, ein Re', dem Leben gegeben ist. Es zog Seine Majestät nach Süden, um das elende Kusch zu fällen, als der Heeresschreiber Ahmose die Schiffe zählte." In seiner Grabinschrift berichtet Ahmose von seinem Leistungen sowie der daraus resultierenden Beförderung zum Obersten der Rudermannschaft.[40] Die weiteren Ereignisse – von seinen eigenen Taten abgesehen – schildert er jedoch nicht im Detail. Er erwähnt ein großes Gemetzel und viele Kriegsgefangene. Mit welcher Härte die Ägypter vorgingen, lässt das Schicksal eines erschlagenen kuschitischen Häuptlings erkennen: „... jener elende nubische Nomade hing mit dem Kopf nach unten am Bug des ‚Falkenschiffes' Seiner Majestät."[41] Diese Zurschaustellung eines getöteten Gegners auf der Rückfahrt nach Theben diente zur Warnung, dass Ägypten keinen Widerstand seitens der Nubier dulden würde. In einer Stele, die Thutmosis I. bei Tombos[42] am 3. Katarakt aufstellen ließ, wird das sieghafte Vorgehen des Königs verherrlicht. So heißt es darin, dass er den „Großen von Nubien" niedergeworfen und seine starke Hand den Nubier erstickt habe.[43] Ferner seien die nubischen Nomaden „aus Schrecken niedergefallen, indem sie auf der Seite liegen in ihren Ländern. Ihr Leichengestank, er überflutet ihre Täler[44] ... Die Raubvögel sind über sie ...",[45] heißt es weiter im Text. Diese Eloge auf den König nennt zwar keine präzisen Ereignisse und Zustände, lässt aber das rigorose Vorgehen der Ägypter erahnen. Das Ziel war Abschreckung – Widerstand wurde nicht geduldet. Die langfristigen Pläne liefen allerdings auf eine Kolonisierung von Wawat und Kusch hinaus, um so die Handelswege und Ressourcen dieser Gebiete zu sichern. Gerade für den Erwerb vor allem von Edelmetallen wie Gold und Elektron war dies von entscheidender Bedeutung. Dafür war man aber auch auf die Unterstützung der Nubier angewiesen. Im Zuge dieser Kampagne gelang es nicht nur, Kerma zu erobern, sondern auch bis weit über den 4. Katarakt nilaufwärts vorzudringen. Der Endpunkt war Kurgus, etwa 30 Kilometer südlich der Flussbiegung von Abu Hammad gelegen. Es spricht sogar vieles dafür, dass die junge Hatschepsut im Gefolge ihres Vaters mitgereist ist.

Bald nach diesem Feldzug unternahm Thutmosis I. eine Kampagne nach Vorderasien. Der Schiffsführer Ahmose begleitete ihn erneut und berichtet, der König sei nach Retschenu (Syrien) gezogen, „um sein Herz in den Fremdländern zu waschen"; was so viel wie unser „den Mut kühlen" bedeutet.[46] Das Heer kam bis an den Euphrat im Gebiet des Reiches Mitanni, das nun erstmals in ägyptischen Quellen auftaucht. Mitanni gehörte damals zu den führenden Großmächten im Vorderen Orient. In den nächsten Jahrzehnten sollte es wiederholt mit Ägypten Krieg führen. Erst unter

Abb. 10: Thutmosis I. Bemaltes Relief aus dem Tempel von Deir el-Bahari (historisches Foto).

Thutmosis IV. (1400–1390) sollte es zu einem Frieden kommen, der die diplomatische Heirat mit einer Mitanniprinzessin einschloss. Thutmosis I. errichtete in Karkemisch eine Siegesstele[47] und jagte in dieser Region bei Nija einige wilde Elefanten. Hatschepsut weihte später die erbeuteten Stoßzähne dem Gott Amun. Mit seiner Kampagne hat Thutmosis I. die ägyptische Einflusssphäre auf die Levante ausgedehnt. Unter ihm wurde Memphis neben Theben zur königlichen Residenz und im Hinblick auf die Landesverwaltung die eigentliche Hauptstadt. Hier lag auch das Hauptquartier der Armee, die wegen der dazugewonnenen auswärtigen Besitzungen in der Levante schneller eingesetzt werden konnten. Der König wird sich die meiste Zeit in Memphis aufgehalten haben, wenn er sich nicht gerade auf Feldzügen oder zu Besuch in Theben befand.[48]

Der Bauleiter Ineni setzte in diesen Jahren seine bisherige Tätigkeit fort und wurde zudem Bürgermeister von Theben. In der biographischen Inschrift aus seinem Grab berichtet er stolz von den verantwortungsvollen Aufgaben, die er für den König ausführte. Dazu gehörten die Bauarbeiten in Karnak. Die große Ziegelmauer um den Tempel Sesostris' I. (1965–1920) wurde weitgehend eingerissen. An ihrer Stelle baute man eine Umfassungsmauer aus Stein mit Seitenkammern und Magazinen. An der Westseite wurde der heutige 4. Pylon mit einem großen Flügeltor aus asiatischem Kupfer errichtet, vor dem Flaggenmasten aus libanesischer Zeder und mit Elektron beschichteten Spitzen standen. Etwa 14 Meter hinter diesem Pylon wurde der kleinere fünfte Pylon erbaut.[49] In der Ostseite des 4. Pylonen befanden sich mehrere Nischen mit Sitzstatuen des Königs als Osiris. In einer späteren Bauphase wurden zwischen diesen Nischen weitere, diesmal größere Statuen von Thutmosis I. als stehender Osiris aufgestellt. Zum Schluss fügte man an den vier Seiten des Hofes ein überdachtes Peristyl mit kannelierten Säulen aus Sandstein hinzu. Dieser Pfeilersaal, ägyptisch Junit genannt, wurde später unter Hatschepsut umgebaut und wegen der eingefügten Papyrussäulen als Wadjit-Halle bekannt.[50] Bis in die frühe 19. Dynastie diente dieser Ort als Krönungshalle und für besondere Festlichkeiten, wie zum Beispiel das Sed-Fest.

Ineni ließ vor dem 4. Pylon auch zwei Obelisken aus Rosengranit aufstellen, die bei Assuan aus dem Fels geschlagen worden waren. Diese vierkantigen Steinpfeiler waren aus einem Stück gehauen, nach oben hin verjüngt und hatten eine pyramidenartige Spitze (Pyramidion). Sie symbolisierten den Urhügel, auf den nach der mythischen Überlieferung die ersten Sonnenstrahlen fielen.[51] Im Alten Reich hatten die Könige der 5. Dynastie Sonnentempel mit großen gemauerten Obelisken errichtet, die jedoch von der Form her wesentlich gedrungener waren als die schlanken monolithischen Pfeiler, die schon, wenn auch noch recht klein, bald danach aufkamen. Der älteste noch stehende Obelisk mit 20 Metern Höhe wurde von Sesostris I. in Heliopolis aufgestellt – heute ein Vorort von Kairo.

Bei der Aufstellung dieser beiden Obelisken handelte es sich um das anspruchsvollste, aber auch zugleich riskanteste Bauvorhaben in Inenis Laufbahn. Bis zur Herrschaftsübernahme Thutmosis' I. war nämlich noch kein großer Obelisk in Theben je errichtet worden und man war sich bewusst, dass die letzte Baumaßnahme dieser Art bereits viele Generationen zurücklag. Es mussten nun Arbeitsschritte von einem Umfang vorgenommen werden, die kein Zeitgenosse persönlich erlebt hatte. Daher war es nötig, bei der Planung auf das technische Wissen der Vergangenheit zurückzugreifen, das in den Archiven dokumentiert vorlag. Thutmosis' Bauleute standen somit vor der Herausforderung, überliefertes Wissen mit ihren eigenen praktischen Erfahrungen abzugleichen. Wie vorsichtig man dabei vorging, ist an der Höhe von Inenis Obelisken zu erkennen, denn mit etwa 19,5 m sind sie fast einen Meter niedriger als der Obelisk Sesostris' I. Der nördliche Obelisk Thutmosis' I. wurde erst von seinem Enkel Thutmosis III. mit Hieroglyphen beschriftet. Beide Pfeiler standen noch im 19. Jahrhundert. Heute befindet sich nur noch der südlich errichtete an seinem ursprünglichen Platz, während von seinem Pendant nur einige Trümmer erhalten sind.

Die Ankunft und Aufrichtung der Obelisken Thutmosis' I. waren ein sehr festliches Ereignis, bei dem die Bevölkerung Thebens zusammenströmte. In Hatschepsuts Gedächtnistempel sind entsprechende Feierlichkeiten bei der Ankunft ihrer eigenen Obelisken abgebildet. Thutmosis I. und seine Familie sowie viele Mitglieder des Hofstaates waren dabei anwesend; der Palast lag ohnehin in unmittelbarer Nähe des Amunbezirks. Aber so etwas hatte man seit vielen Generationen nicht mehr geschehen und es geschah zum ersten Mal in Theben. Allein für das Ziehen der Obelisken zu ihren Bestimmungsorten waren mehrere tausend Arbeitskräfte nötig, die sich unter der sorgfältigen Aufsicht der Bauleute abmühten. Äußerste Vorsicht war beim Umgang mit den Steinen aus dem porösen Granit geboten, denn ein falsches Manöver oder eine ungünstige Verlagerung hätten Schwingungen im Stein und einen eventuellen Bruch verursacht.

Zeremonien und religiöse Opferhandlungen begleiteten die einzelnen Etappen. Der Anblick dieser Vorgänge muss bei der jungen Hatschepsut einen bleibenden Eindruck hinterlassen haben. Zum einen knüpften die baulichen Veränderungen am Tempel von Karnak an das Wirken eines der größten Könige des Mittleren Reiches an. Zum anderen waren sie – wenige Jahrzehnte nach der Vertreibung der Hyksos und der Wiedervereinigung der Beiden Länder – zugleich der Ausdruck eines neuen Selbstbewusstseins. Die Bauten unter ihrer Herrschaft setzten dies in einem noch größeren und darüber hinaus prägenden Umfang fort. Bei der Aufstellung der Obelisken ihres Vaters konnte Hatschepsut einige der besten Männer in seinen Diensten beobachten, von denen einige auch später für sie tätig waren. Der selbstbewusste Ineni verstand es, sich durch seine Zuverlässigkeit und Kompetenz den Zugang zum Königshaus zu sichern. Er wird Hatschepsut keineswegs wie eine der zahlreichen Zuschauer aus dem Hofstaat angesehen, sondern bei passender Gelegenheit ihr persönlich die einzelnen Arbeitsschritte erklärt haben.

Im Tal der Könige ließ Ineni das Grab für Thutmosis I. anlegen: „Ich beaufsichtigte das Ausschachten des Grabes Seiner Majestät ganz allein. Niemand sah es, niemand hörte es.“[52] Aus dem Text geht nicht hervor, dass dieses zum ersten Mal geschah, denn sein Tatenbericht zu Amenophis I. ist nur sehr lückenhaft erhalten. Wichtig ist jedoch die Betonung des Baumeisters, dass diese Bauarbeiten in äußerster Diskretion erfolgten. An anderer Stelle erwähnt er, ganz gemäß den biographischen Konventionen, dass ihn der König als einen besonnenen Mann ansah, der Verschwiegenheit gegenüber den Angelegenheiten des Königshauses an den Tag legte.[53] Die in den unwirtlichen Wadis von Theben-West angelegten königlichen Bestattungen waren spätestens ab dieser Zeit nur einem sehr begrenzten Personenkreis bekannt.

Als älteste Tochter des Königs war Hatschepsut prädestiniert, die Ehefrau des nächsten Herrschers zu werden. Es war daher nur eine Frage der Zeit, wann sie mit ihrem Bruder Amenmose verheiratet worden wäre. In einer Inschrift auf einem Schrein aus dem vierten Regierungsjahr Thutmosis' I. wird der älteste Königsohn als „Generalissimus seines Vaters“ hervorgehoben.[54] Mit diesem Titel wurde er als Thronfolger herausgestellt und zugleich für die Aufgabe des Oberbefehlshabers vorbereitet. Als zukünftiger König war es aber für ihn wichtig, früh an die kriegerischen Aspekte der Herrschaft herangeführt zu werden. Wahrscheinlich begleitete er seinen Vater auf dessen großen Syrienfeldzug, der bald nach dem vierten Regierungsjahr erfolgt sein muss. Bei dieser Gelegenheit konnte er das Geschehen aus einem gesicherten Abstand beobachteten. Weitere Informationen zu Amenmoses Wirken fehlen. Über seinen jüngeren Bruder Wadjmose erfahren wir ein wenig mehr. Für seine Erziehung wurden zwei vertrauenswürdige Männer[55] aus dem Gefolge des Königs bestimmt: Itefruri und dessen Sohn Paheri.[56] In seinem Felsengrab bei El-Kab streicht Paheri diese Aufgabe besonders heraus. Eine zentrale Bildszene zeigt ihn in der Pose des Prinzenerziehers: Er sitzt auf einem Sessel mit seinen Zögling auf dem Schoß.[57] Eine so intime Darstellung einer nichtköniglichen Person mit einer Person von königlichem Geblüt war in der ägyptischen Kunst bis zur Regentschaft für Thutmosis III. unüblich und reflektiert zugleich die hohe Gunst, in der Paheri stand. Eine andere Darstellung zeigt ihm beim Vollzug des Totenopfers vor den verstorbenen Prinzen Amenmose und Wadjmose sowie seinen ebenfalls dahingeschiedenen Eltern.[58] Der Tod der beiden Königssöhne erfolgte noch zu Lebzeiten des Vaters. Für Wadjmose ist ein kleiner Tempel in Theben-West nachweisbar. Sein Totenkult erfreute sich noch bis in die frühe Ramessidenzeit großer Beliebtheit. Zudem sind zwei weitere Erzieher des Wadjmose bekannt, ein gewisser Senimose und der Vezier Imhotep. Letzterer wird sogar als „väterliche Amme“ der Königskinder bezeichnet.[59] Wann genau Wadjmose starb, ist nicht bekannt. Sein Ableben in der frühen Zeit Thutmosis' II. erscheint eher unwahrscheinlich, es sein denn, man hätte ihn aufgrund einer Verhaltensauffälligkeit oder schlechter Gesundheit von der Thronfolge ausgeschlossen.[60] So stiftete sein Bruder Thutmosis II. eine Statue als Denkmal für ihre Mutter Mutnefret, die er in einer Beischrift als „Königsfrau und Königsmutter“ hervorhebt.[61]

Die Regierung Thutmosis' II. (1482–1479)

Thutmosis I. starb nach nur etwa zwölf Jahren Regierungszeit. Sein Ableben wird in der Überlieferung mit der für ägyptische Quellen fast euphemistisch anmutenden Zurückhaltung berichtet. So bietet Ineni in seiner Biographie die fast üblichen Standardformeln: „Der König schied aus dem Leben, nachdem er seine Jahre in Wohlbefinden vollendet hatte. Sein Nachfolger ‚Der Falke im Nest‘ erschien auf dem Horusthron, der König von Ober- und Unterägypten Aacheperenre (‚Mit großer Gestalt der zu Re gehört‘), damit er König sei im Schwarzen Land und das Rote Land beherrsche. Er ergriff die Beiden Länder im Triumph.“[62] Wir wissen nichts über Thutmosis II. vor seiner Thronbesteigung. Er hatte in der Hierarchie des Harim im Schatten seiner älteren Brüder Amenmose und Wadjmose gestanden, bis er selbst zum Nachfolger seines Vaters ausgewählt wurde. Seine Regierung sollte nur wenige Jahre dauern. In den rund drei bis vier Jahren hatte der junge König vergleichsweise wenige Gelegenheiten, Spuren zu hinterlassen. Seine ältere Schwestergemahlin Hatschepsut wurde durch den Thronwechsel zur Großen Königlichen Gemahlin. Sie verfügte zweifelsohne über mehr Erfahrung über das Geschehen am Königshof und in der Verwaltung und dürfte im Hintergrund Einfluss auf die Regierungsgeschäfte – und vor allem auf die wenigen Bauprojekte – genommen haben. Zu den Hauptereignissen der Regierung Thutmosis' II. zählen die Niederschlagung eines Aufstandes in Nubien südlich des 2. Kataraktes und ein Feldzug gegen die Schasu-Beduinen im südlichen Palästina. Die Erhebung eines nubischen Fürsten begann kurz nach dem Thronwechsel und seine erfolgreiche Niederwerfung wird in einer ausführlichen Inschrift bei Assuan dokumentiert.[63] Es heißt darin, dass die Nachricht den König im Palast erreichte, der darauf empört reagierte und ein starkes Heer entsandte. An dieser Strafexpedition nahm Thutmosis II. nicht selber teil; er ordnete an, die gesamte männliche Bevölkerung im aufständischen Gebiet zu töten. Dieser Befehl wurde scheinbar umgesetzt, doch machte man eine Ausnahme mit „eines von diesen Kindern des Fürsten des elenden Kusch, der lebend gebracht wurde als Gefangener".[64] Insgesamt wurden viele Kriegsgefangene gemacht und die bisherige Kontrolle Ägyptens über dieses Gebiet wiederhergestellt. Hatschepsut dürfte ihren Bruder bei seinen Entscheidungen beraten haben; sie hatte das harte Vorgehen des Vaters vor einem knappen Jahrzehnt miterlebt. Für Ägyptens Wohlstand war es nötig, mit rigorosen Mitteln vorzugehen, um den Zugang zu den Ressourcen von Nubien und Kusch zu sichern. Über den zweiten Feldzug ist dagegen äußerst wenig bekannt – nicht einmal eine Datierung ist möglich. Der bewährte Soldat Ahmose Pennechbet erwähnt in seinem Tatenbericht, dass er den König dabei begleitete und viele Gefangene machte. Anschließend beendete er seine militärische Laufbahn, bewährte sich in der Verwaltung und lebte bis in die frühe Zeit von Thutmosis III.[65]

Von den wenigen Bauten Thutmosis' II. wurden einige erst nach seinem Tode unter Hatschepsuts Leitung fertiggestellt. Dies gilt für die Aufstellung zweier Obelisken vor dem 4. Pylon. Sie standen genau vor dem Paar, das der Bauleiter Ineni erst wenige Jahre zuvor für den Vater des Königspaares hatte erbauen lassen, und waren erheblich größer als dieses. Außerdem wurde der Platz vor diesem Pylon zu einem Festhof umgebaut, den eine Mauer umgab und dem ein weiterer großer Pylon voranstand. Die Mitte dieses Hofes befand sich genau an der Kreuzung der beiden Tempelachsen, wo die Prozessionswege von Osten nach Westen sowie von Norden nach Süden aufeinandertrafen. An der Mauer des Hofes waren für die Nord-Süd-Achse Durchgänge gelassen, zur Südseite stand sogar ein weiterer kleiner Pylon. Während der Koregentschaft mit Thutmosis III. ließ Hatschepsut etwas südlich entlang dieser Prozessionsstraße den 8. Pylon erbauen. Von dem Festhof Thutmosis' II. sind heute nur noch wenige Relieffragmente erhalten, die im Freilichtmuseum von Karnak ausgestellt sind. Unter Amenophis III. wurden dieser Hof sowie der große Pylon komplett zerstört und an seiner Stelle der heutige 3. Pylon errichtet. Dabei wurde auch die Kreuzung der Prozessionswege auf der Nord-Süd-Achse völlig überbaut.

Zur weiteren Bautätigkeit Thutmosis' II. gehören möglicherweise auch Umbauten im Pronaos des Tempels. Auf einem bislang freien Areal entstand ein zentrales Sanktuar zur Aufbewahrung der Gottesbarke mit zahlreichen Nebenkammern. Im südlich von Theben gelegenen Tôd ließ er sogar zwei Obelisken aufstellen.[66]

Stationen im Leben der Hatschepsut

Jugend

Die Geburt Hatschepsuts dürfte zwischen 1505 und 1495 anzusetzen sein.[1] Ihre Eltern wählten für sie einen Namen, der in der königlichen Familie während der 13. Dynastie (1773 bis nach 1650) zweimal belegt ist.[2] Hatschepsuts Amme war Sit-Re; sie wurde später im Tal der Könige beigesetzt und Hatschepsut ließ später eine Statue von ihr in ihrem Gedächtnistempel in Deir el-Bahari aufstellen. Über Hatschepsuts Kindheit und Jugend ist wenig Zuverlässiges bekannt. Die Geschichte ihrer mythischen Geburt, aber auch die anschließende Geschichte ihrer Jugend, die Bestandteile eines längeren Bilderzyklus in Deir el-Bahari sind, geben keine wirklichen historischen Ereignisse wieder, sondern sind Bestandteile von Hatschepsuts Herrschaftslegitimation (S. 15 ff. und 82 ff.). Lediglich einige Szenen aus der Jugendlegende könnten einen wahren Kern reflektieren. So soll sie wiederholt im Gefolge Thutmosis' I. von Theben nach Unterägypten gereist sein. Dabei seien die Götter der Beiden Länder zu ihr gekommen. Mit anderen Worten: Sie besuchte die verschiedenen Tempel im Norden, die auf dem Weg bis Memphis und Heliopolis liegen. Dieses Szenario erscheint glaubhaft. Dabei fällt auf, dass die Reise stets von Theben ausging. Mit aller Vorsicht könnte dies darauf deuten, dass Hatschepsut die meiste Zeit ihrer Kindheit und Jugend in Theben und Umgebung verbracht haben muss.

Ein Ereignis aus ihren frühen Jahren überragt alle anderen: der große Nubienfeldzug ihres Vaters im 2. Regierungsjahr. Ein bemerkenswertes Detail ist erst vor wenigen Jahren bekannt geworden. Einige Inschriften auf einem Quarzitfelsen bei Kurgus östlich des 4. Nilkatarakts geben Auskunft über das große Gefolge, das Thutmosis I. dorthin begleitet hatte. Nicht nur zahlreiche Militärs, Priester und Beamte und Königin Ahmose waren dabei, sondern sehr wahrscheinlich auch Hatschepsut. So steht dort der Name einer „Königstochter" in einer Kartusche geschrieben. Aufgrund der dürftigen Ausführung der Inschrift wie auch deren Erhaltungszustandes ist der Name schwer zu lesen, doch scheint die Schreibweise auf Hatschepsut zu passen.[3] Es geschah recht häufig, dass ägyptische Könige einige ihrer Frauen und Kinder mit auf ihre Feldzüge nahmen. Die Anwesenheit einer Prinzessin ist dagegen außergewöhnlich. Über ihre persönlichen Eindrücke sind nur Vermutungen möglich. Sie dürfte aber während dieses Feldzuges gut bewacht, aber keineswegs von den Ereignissen völlig abgeschottet gewesen sein. Die Teilnahme an dieser langen Reise vermittelte der noch jungen Hatschepsut nicht nur die Topographie von Unter- und Obernubien, sondern auch die Bedeutung dieser Gebiete für Ägypten. All diese Erlebnisse könnten ihre spätere Nubien-Politik mitgeprägt haben. Dabei wird ihr auch das mitunter brutale Vorgehen gegen die einheimische Bevölkerung wie auch das Schicksal des getöteten Häuptlings, der am Schiffsbug aufgehängt wurde, nicht entgangen sein. Allerdings führten die Ägypter keinen Vernichtungskrieg, denn man war langfristig auf die Hilfe der Nubier und Kuschiten angewiesen. Weitere Einzelheiten zu ihren frühen Jahren lassen sich nicht mehr finden.

Große Königliche Gemahlin Thutmosis' II.

Nach dem Tode der Halbbrüder Amenmose und Wadjmose wurde Thutmosis II. zum Thronfolger, da es neben ihm keine weiteren männlichen Geschwister mehr gab. Hatschepsut sollte weiterhin die Frau des nächsten Herrschers werden und so erfolgte ihre Verheiratung mit ihrem jüngsten Bruder wohl in der Endphase der Regierungszeit des Vaters. Aus ihrer Ehe mit Thutmosis II. hatte Hatschepsut nur eine Tochter, Neferure, die noch zu Lebzeiten ihres Vaters geboren wurde. Andere Kinder aus dieser Verbindung lassen sich nicht nachweisen. Eine Wortwahl in der biographischen Inschrift im Felsengrab des Soldaten Ahmose Pennechbet in El-Kab hat in diesem Zusammenhang wiederholt zur Annahme einer weiteren Tochter geführt. Der verdiente Veteran erwähnt hier die Gunst, die ihm von Hatschepsut gewährt wurde:[4]

„Die Gottesgemahlin, die Große Königliche Gemahlin ‚Maat ist der Ka des Re' (Hatschepsut), die Gerechtfertigte, erwies mir Gunst. Ich zog auf ihre älteste Tochter, die Königstochter Neferure, die Gerechtfertigte, als sie ein Kind an den Brüsten war."

Man übersetzt „ihre älteste Tochter" besser mit „ihre Große Tochter"[5], denn es gibt keinen Beweis für die Existenz einer weiteren Tochter Hatschepsuts.[6] Vielleicht hilft der weitere Kontext dieser Passage zu einem besseren Verständnis. Darin wird zunächst Hatschepsut mit dem Titel „Große Königliche Gemahlin", der ihr als Hauptfrau Thutmosis' II. zustand, aufgeführt und so liegt es nahe, dass Ahmose hier Neferure als „die Große Königstochter" herausstellen will.[7]

Ahmose Pennechbet stand durch seine jahrzehntelange Nähe zum Königshof in höchster Gunst; daher vertraute man ihm die verantwortungsvolle Aufsicht über Hatschepsuts Tochter an. Ahmose übte dieses Amt wohl nur in der Säuglingsphase der Prinzessin aus, bis ihre weitere Erziehung anderen Personen übertragen wurde – zuletzt Senenmut. Wenn die Benennung „die Gerechtfertigte" richtig gemeint ist, dann war Hatschepsut zum Zeitpunkt dieser Inschrift bereits verstorben.

Regentin

Thutmosis II. starb im späten Winter des Jahres 1479. Sein Tod kam unerwartet. Zur Todesursache – auch wenn die ihm zugewiesene Mumie die Richtige wäre – lässt sich nichts sagen. Wie bereits erwähnt geben die ägyptischen Texte keine Auskünfte zur Verfassung des jungen Königs. Die Lebenserwartung im Alten Ägypten war ohnehin sehr niedrig. Das begrenzte medizinische Wissen dürfte zwar hauptsächlich dem königlichen Hofstaat und der Beamtenelite wirklichen Nutzen gebracht haben, aber, wie wir bereits an Hatschepsuts Geschwistern Amenmose, Wadjmose und Neferubiti gesehen haben, war die Sterblichkeit in jungen Jahren auch in diesen Kreisen sehr verbreitet. Thutmosis II. war es in seiner kurzen Regierungszeit nicht vergönnt gewesen, außer der Tochter Neferure mit seiner Hauptgemahlin weitere Kinder zu zeugen. Für den jungen König war es jedoch üblich, sich mit den Frauen des Harims zu zerstreuen, um weitere Nachkommen zu zeugen. Gesichert ist eine Nebenfrau namens Isis, die Thutmosis den gleichnamigen Sohn gebar, der als der Dritte einer der größten Herrscher Ägyptens werden sollte. Dessen sehr lange Regierungszeit von 53 Jahren gilt als Indiz für sein sehr junges Alter beim Tode seines Vaters. Ahmose, die Mutter der Königin, lebte wohl noch in dieser Zeit, doch sie starb bald danach. Die Krönung Hatschepsuts zum König erlebte sie dagegen nicht mehr.

Über die Zeit nach dem Tod Thutmosis' II. ist die Grabinschrift des Baumeisters Ineni eine informative Quelle:[8]

„Als er (Thutmosis II.) aufstieg zum Himmel, vereinigte er sich mit den Göttern. Sein Sohn wurde erhoben auf seinen Thron als König der Beiden Länder. Dass er auf dem Throne dessen, der ihn gezeugt hatte, herrschte, geschah, indem seine Schwester, die Gottesgemahlin Hatschepsut, in Verantwortung für das Land herrschte und indem die Beiden Länder unter ihrem Ratschluss waren. Dass man ihr diente, war, indem Ägypten das Haupt beugte.“

Es fällt sofort auf, dass im Gegensatz zu seinen Vorgängern der neue König nicht namentlich genannt wird. Kraft ihres Amtes als Gottesgemahlin des Amun und aufgrund ihrer Stellung als Schwester des Vorgängers zog Hatschepsut die Regentschaft für ihren Neffen umgehend an sich und übte für ihn die Herrschaft aus. Andere ihr zustehende Titel wie „Große Königliche Gemahlin“ bleiben ebenso unerwähnt wie die tatsächliche Mutter des Thronfolgers. Inenis Wortwahl veranschaulicht das Dilemma, in dem sich der ägyptische Hof befand. Aber auch für Hatschepsut war die Lage nicht einfach. Jetzt wiederholte sich, was beim Tod ihres Vaters geschah: Nur der Sohn einer nicht ebenbürtigen Frau war am Leben und für die Thronfolge geeignet. Thutmosis III. war zu diesem Zeitpunkt der einzige männliche Nachkomme aus der königlichen Linie. Wegen ihrer einfachen Abkunft war seine Mutter allerdings nicht ebenbürtig oder von Einfluss, um die Regentschaft für ihn auszuüben. Hatschepsut sorgte umgehend dafür, dass der Thronfolger am 4. Tag des ersten Monats der Erntezeit zum König gekrönt wurde; das Krönungsdatum entspricht in etwa unserem Februar. Die für Thutmosis gewählte Königstitulatur lehnte sich an die seiner direkten Vorfahren an. Sein Thronname „Mencheperre“ – „Mit bleibender Gestalt ein Re“ – wurde in den frühen Jahren seiner Herrschaft gelegentlich auch in der Variante „Mencheperkare“ – „Mit bleibender Gestalt und Ka, ein Re“ – geschrieben. Bereits Amenophis I. Djeserkare und Thutmosis I. Aacheperkare hatten die Komponente „Ka“ in ihren Thronnamen geführt. Hatschepsut sollte es ihnen bald gleichtun.

In der Folgezeit sind einige individuelle Ausprägungen der Regentschaft Hatschepsuts ansatzweise auszumachen, die ihr späteres Königtum erahnen lassen. Immerhin wird sie bei Ineni als Gottesgemahlin hervorgehoben. Dieses Amt war nicht nur ein religiöser Ehrentitel für die Hauptgemahlin des Herrschers – es war zugleich das höchste Priesterinnenamt im Kult des Amun. Hatschepsut hatte es bereits seit einigen Jahren innegehabt und seitdem in religiösen und wirtschaftlichen Angelegenheiten Einfluss in der Priesterschaft des Amun in Karnak erlangt. Durch die plötzlichen Umstände des Todes Thutmosis’ II. war man sicher zu einem schnellen Handeln gezwungen und mit der Unterstützung der Amun-Priesterschaft konnte sie die Leitung der Regierungsgeschäfte an sich ziehen. Vor dem Hintergrund dieser Machtbasis muss auch Hatschepsuts späteres Königtum gesehen werden, denn der Bezug auf Amun sollte letztendlich zur maßgeblichen Komponente ihrer Herrschaftslegitimation werden.

Ineni hebt Hatschepsuts herausragende Stellung sowie sein Verhältnis zu ihr hervor:[9] „Herrin des Befehlens, ausgezeichnet an ihren Beschlüssen. Eine, durch welche die beiden Ufer zufrieden gemacht werden. Dass Ihre Majestät mich lobte und dass sie mich liebte, war, weil sie meine Vortrefflichkeit im Palast erkannt hatte." Aus diesem Grund, so Ineni, habe sie ihn erhöht und mit Reichtümern – vor allem Gold und Silber – ausgestattet. Dieser Passus steht am Ende seiner offiziellen Biographie.[10]

Ein aufschlussreiches Monument aus der Frühphase der Regentschaft ist ein kleiner Schrein, der in den Quellen Netjery Menu – „Göttlich an Denkmälern" – heißt. Von dieser aus mehreren Kammern bestehenden Kapelle fanden sich zahlreiche Fragmente. Das Gebäude stand wohl östlich des Allerheiligsten an der Stelle, an der Thutmosis III. später seinen Festtempel errichten sollte.[11] Der Schrein wurde zunächst im Namen Thutmosis' III. auf Geheiß Hatschepsuts erbaut. Doch schon während der Regentschaft und besonders nach ihrer Thronbesteigung nahm sie wiederholt Änderungen am Bildprogramm und den Inschriften vor. So wurden die Darstellungen und Namen des jungen Königs in die seines Vaters Thutmosis II. oder gar Hatschepsuts selbst umgestaltet. Und zumindest bei einer ursprünglichen Abbildung Thutmosis' II. wurde die Blickrichtung geändert. Während der Regentschaft hatte Hatschepsut ihre zustehenden Titel demonstrativ hervorgehoben, darunter auch die einer Herrin oder Gebieterin der Beiden Länder. Später als König ließ sie teilweise ihren Geburtsnamen Hatschepsut in ihren Thronnamen „Maat ist der Ka des Re" umschreiben.[12] Die Veränderungen an diesem kleinen Bauwerk machen den langen Prozess bis zu ihrer Annahme des Königsamtes nachvollziehbar. Bevor sie den entscheidenden Schritt tat, wurden die traditionellen Titel einer Königsgemahlin ausgereizt. Das Ziel der Herrschaft über die Beiden Länder ist aber schon erkennbar. Der Grund war nicht eine Art Machtergreifung, sondern die Sicherung der Dynastie, zumal die Entwicklung des jungen Thutmosis noch nicht absehbar schien.

Sehr früh experimentierte Hatschepsut daher mit einer vom üblichen Protokoll abweichenden Titulatur. Am Ende dieser Entwicklung stand die Krönung mit der Annahme der fünf kanonischen Königsnamen. Sie waren auf einen männlichen Herrscher ausgerichtet und bestanden aus dem Horusnamen, den Beiden-Herrinnen-Namen, den Goldnamen sowie dem Thronnamen und zuletzt dem Eigennamen, also dem Geburtsnamen des Königs. Diese Namen hatten sich seit der ägyptischen Frühzeit entwickelt, aber ihre endgültige Ausformung erst im Mittleren Reich erhalten. Die Hauptgemahlin des Königs, die Große Königliche Gemahlin, erhielt jedoch keine zusätzlichen Namen, auch wenn ihr Eigenname – besonders seit dem Neuen Reich – in der Regel in einer Kartusche geschrieben wurde.[13] Hatschepsut konnte sich daher als Regentin nicht ohne weiteres die fünf kanonischen Königsnamen zulegen. Aber sie machte eine Ausnahme. Schon früh gab sie sich während der Regentschaft den Eigennamen „Maatkare", den sie wie einen königlichen Thronnamen in einer Kartusche schreiben ließ. Die genaue Bedeutung dieses Namens „Maat ist der Ka des Re" ist im wörtlichen Sinne in etwa als „Die richtige Erscheinung der Lebenskraft der Sonne (Re)" zu übertragen.[14] Hatschepsut verwendete „Maatkare" nach ihrer Krönung im siebten Jahr Thutmosis' III. (1472) als offiziellen Thronnamen.

Auch in dem noch erhaltenen oder rekonstruierbaren Bildprogramm dieser Zeit ist Hatschepsut weitgehend als Frau im königlichen Ornat gekleidet wiedergegeben. Bedauerlicherweise sind diese frühen Bildquellen ohne eine präzise Datierung und ermöglichen somit nur eine grob umrissene Chronologie ihres Wirkens. Aufschlussreich ist zunächst ein Graffito Senenmuts an einem Felsen bei Assuan, als er in ihrem Auftrag in den dortigen Granitbrüchen zwei Obelisken anfertigen ließ, die später an der Ostseite außerhalb des Tempels von Karnak aufgestellt wurden. Von ihnen sind heute nur noch wenige Bruchstücke enthalten. Neben der Inschrift sind Hatschepsut und Senenmut abgebildet. Selbstbewusst lässt sich der Bauleiter ihr gegenüberstehend in gleicher Größe wie seine Königin abbilden. Sie ist mit einem langen Frauengewand bekleidet und hält als Zeichen ihrer Autorität ein Zepter in der rechten Hand. Allerdings verleiht ihr die hohe Federkrone zusätzliche Größe – tatsächlich wird sie dadurch fast um die Hälfte größer als ihr gegenüber. Auch wenn Senenmut sich nicht vor der Königin verbeugt, so drückt der Gestus seiner Arme eine respektvolle Haltung aus und so heißt es im Text:[15]

„Große Fürstin, gelobt an Beliebtheit, groß an Liebe, der ihr Vater Re das Königtum gegeben hat, die wahr in der Meinung der Götterneunheit ist, Königstochter, Königsschwester, Gottesgemahlin, Große Königliche Gemahlin, der König von Ober- (und Unter-)ägypten Hatschepsut, die leben möge, geliebt von Satet, der Herrin von Elephantine, geliebt von Chnum, dem Herrn des Kataraktengebiets.

Berichten über diese Arbeit an die Gottesgemahlin, die Herrin der Beiden Länder insgesamt, durch den Siegelbewahrer des Königs von Unterägypten, den großen Freund und Beliebten, den großen Vermögensverwalter, Senenmut, den Gerechtfertigten.

Kommen des Fürsten und Grafen, des großen Vertrauten der Gottesgemahlin, mit dessen Aussprüchen die Herrin der Beiden Länder zufrieden ist, des Siegelbewahrers des Königs von Unterägypten, des großen Vermögensverwalters der Königstochter Neferure, die leben möge, Senenmut, um die Arbeit an den beiden großen Obelisken von Millionen von Jahren zu beenden. Es geschah so, wie es für alle Dinge befohlen war, und es geschah für den Ruhm Ihrer Majestät."

Dieses Zeugnis fällt in die Frühzeit der Regentschaft. Bemerkenswert ist die zentrale Rolle, die Hatschepsut in diesem Graffito einnimmt. Zunächst wird sie mit allen ihr zukommenden Rangtiteln bedacht – als Tochter und Schwester eines Königs sowie Gottesgemahlin und Große Königliche Gemahlin. Dass ihr Name in einer Kartusche erscheint, ist somit nicht ungewöhnlich, doch ist der vorangestellte Titel nicht mehr vollständig lesbar. Offenbar wurde eine ursprüngliche Benennung an dieser Stelle, die vielleicht in etwa „Bewahrerin der Krone Oberägyptens" gelautet haben könnte, später in Hatschepsuts Auftrag zum regulären Königstitel umgeändert.[16] Das Selbstverständnis des königlichen Siegelbewahrers tritt hier offen zu Tage, indem er sich auf Augenhöhe mit der Königin darstellen lässt. Gerade dieser Umstand hat zu diversen Vermutungen geführt. Aber da ihre Titulatur erst später in die eines „Königs von Ober- und Unterägypten" geändert wurde, ist zu berücksichtigen, dass sie hier ursprünglich als Regentin dargestellt war. Ebenfalls in die Frühzeit der Regentschaft fällt ein zerbrochenes Kalksteinrelief aus dem direkten Umfeld des Barkenschreins, der Roten Kapelle. Auf dieser Darstellung bringt Hatschepsut dem Amun-Re ein Milchopfer dar. In Gegensatz zu dem Graffito des Senenmut, in dem sie mit den üblichen Titeln und Gewändern einer Königin wiedergegeben wird, fällt diese Darstellung durch die deutliche Verschmelzung von königlich-männlichen wie auch weiblichen Attributen auf. Sie ist dabei als Frau mit einer kurzen Lockenperücke und einem enganliegenden Gewand, das bis kurz über die Knöcheln reicht, abgebildet. Auf ihrem Kopf befindet sich eine königliche Federkrone mit Widderhörnern. Sie tritt mit ihrem Namen „Maat ist der Ka des Re" auf, wobei ihrer Namenskartusche die Titel „König von Ober- und Unterägypten" und „Herrin des Kultes" vorangestellt sind.[17]

Hatschepsuts Krönung

Von allen nachweisbaren Kindern des ersten Thutmosiden hatte nur Hatschepsut überlebt und hielt – da ihre drei Brüder von einer Nebenfrau stammten – den höchsten Rang am Hofe inne. Schon aus diesem Grund lag es nahe, dass sie die Regentschaft für den unmündigen Thronfolger übernahm. Dessen Mutter Isis konnte dagegen aufgrund ihrer einfachen Herkunft keinen entscheidenden Einfluss in der Tagespolitik einfordern, aber sie dürfte als Königsmutter immerhin eine ehrenvolle Stellung genossen haben. Zweifelsohne stärkte ihre Präsenz, wie auch die der Königin Ahmose, Hatschepsuts Stellung als Regentin. Daher vermutete man in dem Ableben dieser beiden Frauen um 1473 eine mögliche Schwächung der Regentschaft Hatschepsuts.

Aber die Anwesenheit der beiden Königsfrauen war keineswegs die einzige Stütze für Hatschepsut, sondern nur eine von mehreren Komponenten in einer insgesamt sehr komplexen Situation. Viel ausschlaggebender war die weitere, langfristig noch nicht absehbare persönliche Entwicklung des jungen Königs. Neben dem Risiko eines plötzlichen Todes ist auch eine mögliche Opposition gegen die Krönung von Thutmosis III. nicht auszuschließen. Und es bestand die Gefahr von Aufständen in den von Ägypten besetzten und kontrollierten Gebieten in Nubien und der Levante. Immerhin mag in diesen Regionen die Herrschaft eines kleinen Kindes als König mit einer Frau als Regentin den Eindruck eines geschwächten Ägyptens suggeriert haben. Eine falsche Einschätzung, wie sich noch zeigen sollte. Offenbar schien ein deutlich gestärktes Königtum eine bessere Stabilität gegen die hier genannten Risiken zu gewährleisten. Zur Rolle des ägyptischen Königs gehörten die militärische Sicherung des Landes und die Durchführung von Feldzügen. Ideologisch zählte die Erweiterung der Landesgrenzen dazu, auch wenn dies in der Wirklichkeit nicht immer möglich war.

Was letzten Endes den entscheidenden Ausschlag zu Hatschepsuts Krönung zum König gab, bleibt eines der großen Rätsel um ihre Person. Die Ursachen lassen sich bestenfalls erahnen, doch hier betritt man recht schnell das Feld der Spekulation. Daher bleiben vor allem Fragen: Warum genügte es auf einmal nicht mehr, dass Hatschepsut weiter wie bisher die Regentschaft für Thutmosis III. ausübte? Waren ihre bisherigen ‚Experimente' mit der ägyptischen Königstitulatur doch nur ein behutsames Vortasten an das Königtum, das sie für sich von Anfang an anvisierte? Hing die Rechtfertigung von Hatschepsuts Regentschaft von der Anwesenheit bestimmter Personen aus der Königsfamilie ab? Wie stand es um die Gesundheit und das allgemeine Befinden des Königs und wie hoch war das Risiko seines plötzlichen Ablebens? Gab es oppositionelle Kreise, denen die Regentschaft nicht weit genug ging? Hielt Hatschepsut ihren Neffen aufgrund seiner mütterlichen Abkunft für minderwertig und strebte daher selbst zur Macht? Welche Pläne hatte sie für ihre Tochter Neferure? Hoffte sie diese mit einem anderen geeigneteren Mann zu vermählen, um so die königliche Linie zu sichern? All dies ist möglich. Hinzu kam ein weiterer Faktor: Ägyptens Stellung in der Welt des Alten Orients in dieser Zeit. Auch nach der Expansionspolitik Thutmosis' I. hatte das Land unter der kurzen Herrschaft seines Nachfolgers mit einer gewissen Mühe seine bis dahin erreichte Präsenz aufrechterhalten können, aber es spielte immer noch eine Nebenrolle in der Gemengelage der benachbarten Großreiche. Und das bis hier Erreichte schien mitunter gefährdet.

Die ägyptischen Quellen sind ohnehin äußerst vage hinsichtlich derartiger Details, so dass eigentlich keine dieser Fragen mit Bestimmtheit beantwortet werden kann. Zunächst einmal scheint allgemein die mütterliche Abstammung Thutmosis' III. kein wirkliches Problem gewesen zu sein, sonst wäre er nicht umgehend zum König gekrönt worden. Allerdings blieb seine Mutter Isis ohne nennenswerten Einfluss am Hofe und wurde offenbar ins Abseits gedrängt. Hatschepsut konnte dagegen aufgrund ihrer überragenden Stellung bei der Priesterschaft des Amun und als Königswitwe die Regentschaft für den Thronfolger an sich ziehen. Vergegenwärtigen wir uns noch einmal das Schicksal ihrer eigenen Geschwister, die allesamt im jugendlichen Alter verstarben. Selbst ihr eigenes Überleben bis dahin war ein Glücksfall. Schon allein aus diesem Grund ließ man dem neuen König die beste Obhut angedeihen, um sein Überleben zu sichern. Dennoch konnte man nicht alle Risiken ausschließen. So erschien es gerade in diesen frühen Jahren ratsam, die Stellung der Regentin zu festigen, weil immer noch die Gefahr bestand, dass der König vor dem Erreichen des Erwachsenenalters verstarb. Wer hätte dann sein Nachfolger werden können? Soweit wir es ausmachen können, gab es in dieser Zeit keinen geeigneten männlichen Nachkommen im Umfeld der Königsfamilie, der sofort an die Stelle Thutmosis' III. hätte treten können. Im günstigsten Fall hätte Hatschepsut einen geeigneten Mann aus den Kreisen des Hofes ausgewählt und mit ihrer Tochter Neferure vermählt, worauf dieser zum König avanciert wäre. Es war daher zweifelsohne ein riskantes Unterfangen, die weitere Entwicklung des heranwachsenden Königs abzuwarten und zugleich nach außen hin das Königtum in jeder Hinsicht zu stärken.

Die Krönung Hatschepsuts schien somit der sichere Mittelweg. Damit konnte die Ausbildung Thutmosis' III. auf eine gesicherte Grundlage gestellt werden, um ihn Schritt für Schritt an seine zahlreichen Aufgaben heranzuführen. Dieses behutsame Herantasten an die Königsherrschaft durch eine Frau ist schon an den verschiedenen Experimenten mit königlichen Begriffen in der Frühphase der Regentschaft zu erkennen. Dieser Schritt geschah mit Duldung der Priesterschaft und der Verwaltung. Allerdings schweigt der Wesir User-Amun, der seit dem 5. Jahr sein Amt ausübte und wohl erst nach Hatschepsuts Tod abgelöst wurde, in seinem Grab zu den Vorgängen.[18] Vieles spricht dafür, dass Hatschepsuts Krönung im

7. Jahr erfolgte. Im Grab Hatnefers und Ramoses, den Eltern Senenmuts, wurden die bislang frühesten datierbaren Hinweise zu Hatschepsuts Krönung gefunden. Eine Gefäßaufschrift nennt den Zeitpunkt der Bestattung Hatnefers: 8. Tag im 2. Monat der Aussaat im 7. Jahr. Im Grab wurden zwei Siegelstempel gefunden, auf denen Hatschepsut in einer Kartusche sowohl mit ihrem Thronnamen „Maat ist der Ka des Re“ wie auch mit dem Beinamen „der gute Gott“ benannt wird. Diese letzte Bezeichnung stand nur einem gekrönten König zu. Der zweite Monat der Aussaatzeit entspricht in etwa unserem November. Also spätestens zu dieser Zeit ist sie zum König gekrönt worden.

Hatschepsuts Thronbesteigung ging ein Orakel voraus. Bis dahin war eine solche Zeremonie nicht unbedingt Bestandteil der üblichen Krönungsfeierlichkeiten gewesen. Bereits fünf Jahre zuvor soll ihr aber ebenfalls durch ein Orakel das Königtum verheißen worden sein. Nun bediente man sich erneut der Divination, um allen Anwesenden die göttliche Zustimmung und sakrale Legitimation zur Krönung zu demonstrieren. Die übliche Form, in der dies geschah, war ein Prozessions- beziehungsweise ein Barkenorakel. Bei diesem Ereignis wurde das Kultbild des Gottes Amun in einer festlichen Prozession aus seinem Schrein im Allerheiligsten auf einer Tragbarke herausgebracht, um andere Heiligtümer und bestimmte Orte im Tempelbezirk und seiner Umgebung aufzusuchen. Dabei war die Statue des Gottes in ihrem Schrein von außen nicht einsehbar. Die frühesten erhaltenen Belege für diese Orakelform im Neuen Reich stammen aus der Zeit von Hatschepsuts Regenschaft. In der Anfangsphase ging es dabei um Entscheidungen, die für den König und für Ägypten von höchster Tragweite waren. Aber es hatte auch schon früher Götterprozessionen gegeben, so dass man ältere Ursprünge dieses Ordals annehmen darf. Unter Hatschepsut fanden sie noch innerhalb des Tempelareals von Karnak und der unmittelbar angrenzenden Nachbarschaft statt. Bei diesem Anlass suchte also der Gott, wie es heißt, auf seiner Barke verschiedene Standorte des gesamten Bezirkes auf. Die göttliche Entscheidung kam in der Art und Weise zum Ausdruck, wie die Barke sich bewegte, oder besser gesagt bewegt wurde. Nach heutigem Verständnis bedeutete das stille Verharren der Tragbarke an einem bestimmten Ort oder ihre Rückwärtsbewegung eine klare Verneinung, während dagegen eine Vorwärtsbewegung die Zustimmung des Gottes ausdrückte. Schon allein das Schreiten der Prozession auf ein bestimmtes Ziel hin galt als Zeichen göttlicher Gunst, ja sogar als Wunder. Somit drückte das Zugehen auf eine bestimmte Person und das anschließende Verharren bei ihr die göttliche Erwählung aus. Für Hatschepsut war dies eine von vielen Komponenten ihrer Herrschaftslegitimation. Das Orakel durch Amun ist inschriftlich sowohl in Deir el-Bahari als auch in der Roten Kapelle von Karnak überliefert; beide Texte ergänzen sich. In die Darstellung sind auch zahlreiche mythische Szenen und Zeremonien eingearbeitet, die mit der traditionellen Rolle des Königs und seinem Umgang mit den Göttern zusammenhängen; dies erschwert den Blick auf das tatsächlich Geschehene. Man kann aber grundsätzlich davon ausgehen, dass ein Prozessionsorakel stattgefunden hat, um Hatschepsuts anschließende Thronbesteigung eine formal göttliche Sanktion zu erteilen.[19]

Die Handlung beginnt mit dem Auszug der Gottesbarke aus dem Allerheiligsten.[20] So heißt es:[21] „Nachdem seine Erhabenheit (Amun), begleitet von seiner Götterneunheit, unter Gunstbezeugungen hinaus zur Prozession zog, erging jedoch im Folgenden keinerlei Gunstbezeugung an einem der königlichen Standorte!" Mit anderen Worten: Der Gott machte in seiner Barke zunächst nirgendwo Halt oder suchte auch keinen bestimmten Platz oder eine bestimmte Person auf. Das ganze Land, also die Zuschauer dieses Vorganges, waren in Schweigen erstarrt: „‚Man versteht es nicht!' sagten die Höflinge, während die ihn begleitenden Großen des Palastes den Kopf hängen ließen: ‚Weswegen werden die Weisen orientierungslos'?" Erwartungsgemäß löste das Erscheinen der Tragbarke – zumal außerhalb üblicher Festumzüge – wegen möglicher Gunstbezeugungen seitens des Gottes ein allgemeines Erschaudern unter den Anwesenden aus. Schließlich näherte sich die Prozession dem königlichen Palast, der an einem Kanal beim Tempelareal lag. Von dort beabsichtigte man nach Norden weiter zu gehen, ohne dass jedoch die Anwesenden verstehen oder erahnen konnten, was der Gott tun würde. Bis zu diesem Zeitpunkt hatte Amun noch nicht in die Prozession ‚eingegriffen'. Doch plötzlich richtete die „Erhabenheit des ‚Allherrschers'" seine Aufmerksamkeit auf die westlich gelegene Flügeltür zum Palasthof hin. Dieses Tor trug den Namen „Ich sei nicht fern von ihm" und lag ebenfalls am Kanalufer. Die Nachricht der sich sich nähernden Prozession verbreitete sich im Palast, und kurz darauf erschien Hatschepsut selbst, um den „Gebieter der Götter anzubeten". Im Anblick der Barke warf sie sich bäuchlings auf die Erde und sagte: „Dies ist noch viel größer als die üblichen Pläne Deiner Erhabenheit! O mein Vater, der alles erdacht hat; was willst Du, dass es geschehe? Ich werde ausführen, was Du befiehlst." Das direkte Zugehen der Barke auf Hatschepsut hatte den Anwesenden ihre göttliche Erwählung zum Königtum demonstriert. Im Hinblick auf das weitere Geschehen bleibt der Text rätselhaft und interessant zugleich. Nach zahlreichen Gunstbezeugungen, deren genaue Art und Weise sich unserer Erkenntnis entzieht, soll Amun

Hatschepsut in das Sanktuar geleitet haben. Mit anderen Worten, sie folgte der Prozession in das Innere des Tempels. Dort wurde sie mit den Insignien Ihrer Majestät und der Ausstattung einer Gottesgemahlin versehen. Dabei begegnete sie auch ihrer mythischen Mutter, der Göttin Hathor, die im ägyptischen Königsdogma zugleich die Mutter des regierenden Herrschers war. Anschließend wurden die Insignien „der Gebieterin der Beiden Länder“ in das Sanktuar Thutmosis’ I. gebracht, wobei jedoch im Text die Abstammung von ihm zugunsten der mythisch-fiktiven Vaterschaft Amuns ausgeblendet wird. Auch wird nicht gesagt, um welche Insignien es sich hierbei genau handelte, zumal sie die eigentlichen Ornamente einer Gottesgemahlin erst zu einem späteren Zeitpunkt ablegen wird. Mit dem Sanktuar ihres Vaters ist die bereits erwähnte Säulenhalle hinter dem 4. Pylon gemeint, die später als Papyrussäulenhalle bekannt sein wird. Im Folgenden steht eine Verkündigung, die Amun in den Mund gelegt wurde: Er wird Hatschepsut auf seinem Thron Platz nehmen lassen und für sie die Insignien des Krummstabs und der Geißel ergreifen, um sie nach seinen Wünschen zu formen. Demenstprechend soll sie nach seinem Willen handeln, den Göttern opfern, deren Heiligtümer wiederherstellen und Ägypten schützen. Ferner verkündet ihr der Gott, dass das „Sonnenvolk“ – damit ist die Bevölkerung Ägyptens im religösen Sinne zu verstehen – sich um ihren Thron scharen, während das einfache Volk ihr huldigen wird. Hatschepsut soll „die Gesetze festigen, das Unheil entfernen und den Bürgerkriegszustand unterbinden“. Alle Lebenden sollen die von ihr festgelegte Ordnung befolgen.

Diese Kundgebung Amuns soll die Höflinge in Staunen versetzt haben. Anschließend zog die Prozession außerhalb des Tempels weiter, wobei Hatschepsut der Gottesbarke diesmal voranschritt, indem man durch „die Massen des einfachen Volkes“ ging. Alle Anwesenden wurden, wie es heißt, dabei von einer tiefen, ja fast ekstatischen Ehrfurcht ergriffen, indem sie sich zu Boden warfen, auf ihren Bäuchen lagen und die Erde küssten, bis alle schließlich den Willen Amuns verstanden. Topographisch sind die Informationen der nächsten Zeilen schwer einzuordnen: „Seine Erhabenheit erreichte die erhabene Kapelle und die Doppeltür des Gebieters der beiden Reiche, den Platz der königlichen Gefolgschaft am Tempel des Amun.“[22] Der Gott soll dabei schützend die Arme um sie gelegt und zum Thron geführt haben: „Er geleitete sie zur Treppe des einzigen Herrn, damit sie sich als Wohlstand stiftende Herrscherin darauf niederlasse, und wies ihr ihren Platz auf dem großen Thronsitz zu.“ Nun wird Hatschepsut gemäß ihrer Rolle als König als Horus bezeichnet, worauf im ganzen Land Jubel darüber ausgebrochen sein soll. Dann folgt eine Rede der Uräusschlange; entweder war diese ein Bestandteil der anschließenden Krönungszeremonie, der verlesen oder aufgesagt, oder nur ein ritueller Text, der an der Roten Kapelle angebracht wurde. Nachdem Hatschepsut die Uräus begrüßt hatte, geschah die folgende sehr bezeichnende Handlung: Ihr wurden die Kronen einer Gottesgemahlin abgenommen, damit man ihr die beiden Kronen des Südens und des Nordens, hier „Schmuck des Sonnengottes" genannt, aufsetzen konnte.[23] Damit legte sie zugleich das Amt der Gottesgemahlin nieder, was bald danach ihrer Tochter Neferure übertragen wurde.

Was war nun genau passiert? Es besteht kein Zweifel daran, dass hier ein Prozessionsorakel stattgefunden hat, um Hatschepsuts Königsherrschaft mittels eines göttlichen Ratschlusses zu sanktionieren. Das ganze Ereignis war eine sorgfältig geplante Inszenierung. Die wichtigsten Personen des Hoftstaates und der Amunspriesterschaft, vor allem die Wab-Priester, welche die Gottesbarke tragen mussten, waren in das Unternehmen eingeweiht und wussten, was zu tun war. Traten einzelne Priester und Priesterinnen als Gottheiten verkleidet auf? Das ist keineswegs auszuschließen, weiß man doch, dass beim Krönungszeremoniell Vergleichbares geschah. Tatsache ist, dass mit viel Geschick und einer perfekten Inszenierung die Entscheidung des Amun demonstriert wurde. Alles war bestens organisiert: Hatschepsut erschien zur richtigen Zeit am richtigen Ort, um sich vor der Barke ihres mythischen Vaters Amun, dem König der Götter, niederzuwerfen. Im Anschluss an ihre Erwählung durch das Orakel dürfte sie in das Innere des Tempels von Karnak geleitet und dort zum König von Ober- und Unterägypten gekrönt worden sein.

Bis zu diesem Zeitpunkt war sie im Ornat und den Insignien einer Gottesgemahlin aufgetreten. Diese Gewandung legte sie nun ab, damit sie mit den althergebrachten Elementen eines Königs ausgestattet werden konnte. Jetzt wurde ihr die Kompositkrone aufgesetzt, die aus zwei Teilen bestand: der Roten Krone Unterägyptens und der Weißen Krone Oberägyptens. Nach dieser Zeremonie verlasen Priester gemäß dem üblichen Protokoll ihre fünf kanonischen Königsnamen. Des Weiteren werden auf den erhaltenen Blöcken der Roten Kapelle diverse Zeremonien vor verschiedenen Göttern wiedergegeben. Dabei segnen die einzelnen Gottheiten Hatschepsut und ihr Königtum. Diese Szenen schließen sich nahtlos an das Prozessionsorakel und die kultischen Handlungen im Tempel an. Eine Frage stellt sich hinsichtlich der eigentlichen Krönung Hatschepsuts dennoch. Aus verschiedenen Gründen hatte man die Notwendigkeit dieses ungewöhnlichen Schrittes beschlossen, doch wie erfolgte er genau? Nach dem Tode eines Königs kamen verschiedene Handlungen auf dessen Nachfolger zu. Sie betrafen die Bestattung des Verstorbenen, denn schon bei der Beisetzung spielte der neue König eine entscheidende Rolle. Nun fand aber im Falle von Hatschepsut kein Thronwechsel statt. Thutmosis III. war weiterhin der gekrönte König. Aus diesem Grund ist ein eher reduziertes Krönungsprotokoll anzunehmen.

Bei ihrer Krönung hat Hatschepsut die kanonischen Namen eines ägyptischen Königs erhalten, deren Wurzeln bis in die Frühzeit zurückreichen. In der Vordynastischen und noch am Anfang der Frühdynastischen Zeit definierte sich der König häufig nur durch seinen Horusnamen. Der „Beiden-Herrinnen-Name" bezog sich auf die Kobragöttin Uto (Unterägypten) und die Geiergöttin Nechbet (Oberägypten). Damit wurde zugleich der Dualismus der Vereinigung der Beiden Länder von Ober- und Unterägypten symbolisiert und dementsprechend auf den königlichen Titel „Herr Beider Länder" reflektiert. Dieser Dualismus wurde auch mit den verschiedenen Insignien des Herrschers ausgedrückt. Allen voran ist hier die Doppelkrone zu nennen, die, wie bereits erwähnt, aus der Kombination der Weißen Krone Oberägyptens und der Roten Krone Unterägyptens bestand. Dazu gehörten ferner das Heqa-Zepter – auch Krummstab genannt – und die Geißel. Beide Insignien sind der Viehzucht entlehnt und drückten den pastoralen Aspekt des ägyptischen Königtums vom Herrscher als Hirte seines Volkes aus. Dies dies gilt vor allem für das Zepter, dessen Form wohl auf den Hirtenstab zurückgeht, während die Geißel für die Zwang ausübende Macht des Königs steht. Mit diesen Instrumenten ermutigte und zügelte er symbolisch sein Volk.[24]

Hatschepsuts Horusname lautete „Weiblicher Horus, Stark an Ka-Kräften (Useretkau)". Als Herrinnen-Name wählte sie „Jung an Jahren (Wadjet Renput)" und als Goldnamen „Mit göttlichen Erscheinungen" (Netjeret Khau). Ihren Thronnamen „Maat ist der Ka des Re" (Maatkare) hatte sie ja bereits schon in den zurückliegenden Jahren getragen. Ihr persönlicher Eigenname Hatschepsut, „Die Erste der vornehmen Damen", wurde nun durch den Zusatz „die Amun umarmt" ergänzt. Diese Änderung ist auf ihre religiösen Legitimationsbestrebungen zurückzuführen. Ansonsten fällt jedoch bei der Wahl ihrer Königstitulatur auf, dass hier von direkten programmatischen Aussagen Abstand genommen wird. Vielmehr lehnen sich alle Namen konventionell an die Vorbilder der früheren Herrscher bis zurück ins Alte Reich an.[25]

In den Fällen, in denen eine Frau das Königtum ausübte, musste sie als weiblicher „Herrscher" die Rolle eines Mannes einnehmen und die eigenen weiblichen Attribute nach außen hin weitgehend unterdrücken oder

Abb. 11: Hatschepsut erhält von Amun und Wadjet die Rote Krone (Rote Kapelle Block 145).

zumindest männliche Königsattribute tragen. Dies galt natürlich auch für die Königsnamen, wobei es auch hier gewisse Ausnahmen gab, wie die Bezeichnung Hatschepsuts als „Weiblicher Horus" erkennen lässt. Auch mit anderen königlichen Titeln ging man in ihrem Zusammenhang behutsam um. Ihr Vater Thutmosis I. hatte als Erster die Formel „Starker Stier" in den Horusnamen eingeführt und diesem vorangesetzt. In den nächsten 1500 Jahren blieb dies ein kanonischer Bestandteil. So hatte er sich „Horus Starker Stier, Geliebter der Maat" oder „Horus Starker Stier des Re" genannt. Dass Hatschepsut diese Formel vermied, lässt durchaus auf eine gewisse Sensibilität schließen, denn sie wäre in ihrem Fall sicher als unpassend, wenn nicht sogar anmaßend empfunden worden. Anders als Hatschepsut hatte später Tausret (1188–1186), die letzte Herrscherin der 19. Dynastie, keine Skrupel, das männliche Attribut „Starker Stier" in ihrem Horusnamen zu führen. Hatschepsut schien dieser Schritt vielleicht noch zu gewagt.

Die Geschichte der Jugend und Krönung der Hatschepsut im Mythos[26]

Wenden wir uns nun zum Vergleich wieder dem Bilderfries aus der Geburtshalle von Deir el-Bahari zu, der Fortsetzung der Geschichte von der göttlichen Geburt. Hier geht es zusammenfassend um Hatschepsuts frühe Kindheit und Jugend sowie Krönung zur Mitregentin und Nachfolgerin ihres Vaters Thutmosis' I.; der Schwerpunkt liegt dabei auf der Erwählung zum König und den Krönungszeremonien.[27] Gerade diese Szenen bilden zugleich die ältesten umfassenden Darstellungen des ägyptischen Krönungsrituals, die allerdings auf erheblich älteren Vorlagen basieren.[28] Dadurch lässt sich der ungefähre Ablauf einer Krönungszeremonie rekonstruieren. Im Bildprogramm wird dieses Ritual im Tempel von verschiedenen Göttern begleitet und durchgeführt. Beim tatsächlichen Krönungsritual haben Priester wohl in der Gewandung dieser Gottheiten fungiert.

Eingeleitet wurden die Feierlichkeiten durch Reinigungsriten, denen sich die Krönung mit den beiden Kronen von Ober- und Unterägypten anschloss. In den Tempelreliefs ist dies ein jeweils separater Akt, wobei der König am Ende die beiden Kronen zusammengefügt als Doppelkrone auf dem Haupt trägt. Der Krönung folgen die Thronbesteigung, das „Erscheinen auf dem Thron“ sowie die rituelle Vereinigung der Beiden Länder. Inhaltlich wirken im Folgenden gerade die ersten beiden Szenen wie der Abschluss des Geburtsmythos, nämlich Hatschepsuts rituelle Reinigung zur Vorbereitung auf das Königtum und ihre Vorstellung vor den Göttern durch Amun.

Amun und Horus gießen Wasser über das Kind[29]

In der ersten Szene steht Hatschepsut zwischen Horus und Amun, die sie beide mit Wasser übergießen. Nicht nur ihre Gestalt und ihre Namen wurden vollständig entfernt, sondern auch der Strom des Wassers, der mit aneinandergereihten Anch-Symbolen bildlich umgesetzt wurde.[30] „Du bist rein mit deinem Ka in deiner großen Würde eines Königs von Ober- und Unterägypten“,[31] sagen beide Götter bei dieser Handlung. Amun bestätigt in viermaliger Wiederholung ihre Reinheit und verheißt ihr unzählige Sed-Feste als König.[32]

Horus ist hier als Königsgott präsent. Auch er spricht viermal die Reinigungsformel:[33] „Deine Reinigung ist meine Reinigung, ‚Maat ist der Ka des Re‘ (Hatschepsut), Geliebte.“ Zudem verheißt er ihr die Besitznahme der Beiden Länder, „indem du erscheinst auf dem Thron des Horus und

Abb. 12: Hatschepsut wird mit Wasser in Form von Anch-Symbolen überschüttet (Blöcke 193 und 103 aus der Roten Kapelle in Karnak).

alle Lebenden leitest, wie es dein Vater Amun-Re, der dich liebt, befohlen hat". Die Darstellung des Reinigungsrituals geht auf frühe Vorbilder zurück, wie ebenfalls ein Fund aus Dahschur erkennen lässt. Dort zeigt eine Reliefszene zwei Gottheiten, die ein Kind oder einen jugendlichen König mit diesem Ritual reinigen.

Amun präsentiert den Göttern des Landes den zukünftigen König[34]

Der Gott hat auf seinem Thron Platz genommen, während auf seinem Schoß die kleine Hatschepsut steht und sich mit einem Arm an der Schulter ihres göttlichen Vaters festhält. Sie ist mit männlichem Geschlechtsteil dargestellt. Den beiden gegenüber schreiten auf zwei übereinanderliegenden Bildreihen jeweils drei Gottheiten, die als die Herren von Ober- und Unterägypten bezeichnet werden. Die Beischrift erklärt, dass Amun-Re gekommen ist, um Hatschepsut zu sehen und sie auf die Nase zu küssen sowie sie den anwesenden Göttern zu zeigen. Er richtet eine kurze Rede an sie:[35] „Seht meine Tochter Hatschepsut, wie sie lebt, wie ich sie liebgewonnen habe und zufrieden mit ihr bin." Die Götter huldigen ihr mit einer längeren Rede:[36] „Diese deine Tochter Hatschepsut wird leben, indem wir zufrieden sind mit ihr in einem friedlichen Leben. Vollkommen ist deine Tochter von deinem Aussehen, dein vortrefflicher Same, weil du ihr gegeben hast deinen Geist, deine Macht, dein Ansehen, deinen Zauber, deine Königswürde. Als sie im Leib ihrer Mutter war, da gehörten ihr schon die Flachländer, zu ihr gehörten die Bergländer, und das Übrige war alles, was der Himmel bedeckt, und alles, was das Meer umschließt. Geschaffen hast du sie als dein Ebenbild, als du den Zeitraum erfahren hattest, den wir für sie geben würden: den Anteil des Horus im Leben und die Jahre des Seth im Herrschaftskraft." Dem folgen weitere Segenswünsche.[37]

Die jugendliche Hatschepsut begleitet ihren Vater auf seinen Reisen, wo sie den Göttern des Landes begegnet und vor Atum in Heliopolis tritt[38]

Der nächste Abschnitt des Zyklus fasst ihre Kindheit und Jugend knapp zusammen. So heißt es:[39] „Ihre Majestät wurde größer als alle Dinge, schöner war sie anzusehen als alle Dinge. Ihre Gestalt war die eines Gottes; ihr Wesen war das eines Gottes; sie tat alle Dinge wie ein Gott, und ihre Herrlichkeit war die eines Gottes. Ihre Majestät war eine junge Frau, schön, aufblühend." Ferner wird berichtet, dass Hatschepsut jedes Mal ihren Vater auf seinen Reisen nach Unterägypten begleitet habe.[40] Inwieweit hierin wirklich ein historischer Kern liegt, ist schwer zu bestimmen, zumal die hier beschriebenen Vorgänge zweckbestimmt in eine mythenhafte Handlung eingefasst sind. Es ist aber nicht auszuschließen, dass der König bei seinen Fahrten zur alten Hauptstadt Memphis die engsten Familienangehörigen mitnahm und somit hier ein realistisches Szenario reflektiert wird.

Bei diesen Fahrten, so der Mythos, seien stets die wichtigsten Götter des Landes gekommen, um Hatschepsut zu geleiten und sie mit ihrem Schutz zu umgeben. Allen voran kam „ihre Mutter" Hathor, gefolgt von der unterägyptischen Kronengöttin Wadjet, ferner Amun, der hier als „Herr der Throne der Beiden Länder" tituliert wird, Atum sowie Month und Chnum. Formelhaft wird hier erwähnt, dass alle Götter aus Theben sowie von Ober- und Unterägypten dabei waren. Mit folgender Rede preisen diese Hatschepsut:[41]

„Willkommen, willkommen, o Tochter des Amun, sieh dir deine Ordnung im Lande an. Du richtest es ein, du machst in Ordnung, was an ihm schadhaft ist, du machst deine Denkmäler in unseren Häusern, du versiehst mit Speise die Altäre deines Erzeugers. Du durchziehst die Flachländer, du fängst viele Bergländer; dein Sieg ist in Libyen, dein Arm ist kräftig im Erschlagen der Nomaden mit der Keule. Du schlägst die Köpfe der Heere ab, du packst die Fürsten von Syrien unter dem Schrecken der Hinterlassenschaft deines Vaters. Deine Tribute sind Millionen Männer von der Beute deines Schwertes, deine Lieferung sind Tausende von Männern für die Tempel. Du bringst ein großes Opfer in Karnak."

Der Auflistung dieser kanonischen Taten eines Königs folgt schließlich der Lobpreis der Götter „Wir erkennen das Ei dessen, der uns schuf",[42] womit sie erneut Hatschepsuts Abstammung von Amun-Re bestätigen. Weiter heißt es im Text, dass die Untertanen erkennen, dass sie die Tochter des Kamutef ist, des „Stiers seiner Mutter".[43] Der Kamutef ist hier der ithyphallische Aspekt des Amun, der in dieser Erscheinungsform eine Verbindung mit dem Fruchtbarkeitsgott Min eingegangen ist; daher auch Amun-Min genannt. Doch Kamutef bildet in dieser Form eine eigene Gottheit mit einem engen Zusammenhang zum Königtum. Er steht für die Wesenseinheit eines göttlichen Vaters und eines göttlichen Sohnes, also von Amun und dem König. Bezeichnend ist jedoch die Betonung der Hatschepsut als einer Tochter des Kamutef.

Die Inschrift geht fast fließend in die nächste Szene über, in der Hatschepsut von mehreren Göttern dem Atum vorgestellt wird.[44] Sie wird nun als Erwachsene abgebildet und steht aufrecht in Augenhöhe mit den Göttern. Hier wurde sie von einer nicht mehr zu identifizierenden Gottheit direkt begrüßt, die zwischen ihr und Atum stand. Lediglich eine Hand mit dem Was-Zepter und die Reste eines Fußes sowie eine Hieroglyphe der Sonnenscheibe sind erhalten.[45] Das Relief des Atum am rechten Rand blieb dagegen unbeschädigt. Die Vernichtung dieser Szene lässt darauf schließen, dass hier Amun selbst gestanden hat. Dies ergibt insofern Sinn, da Hatschepsut an der anderen Seite von ihrer mythischen Mutter Hathor flankiert wird.

Atum war einer der bedeutendsten und ältesten Götter Ägyptens. Der Schöpfer- und Sonnengott war nach der Theologie von Heliopolis der Urgott, der „Selbstgezeugte". Er hatte durch Masturbation das erste Götterpaar erschaffen. Eng verbunden mit dieser Tradition ist das Amt der „Gotteshand", das seit dem Neuen Reich von der Gottesgemahlin ausgeübt wurde. Ursprünglich war Atum der Hauptgott von Heliopolis, bis seine Vorrangstellung von Re verdrängt wurde. Mitunter zu Re-Atum synkretisiert, verlor er dennoch nie an Bedeutung. Von den Götterreden beim Besuch bei Atum sind nur die des Gottes selbst sowie einer unbekannten Gottheit erhalten. Atum verheißt ihr:[46] „Ich gebe dir die ewigen Jahre des Horus. Ich gebe dir das Erbe des Geb, den Anteil der beiden Herren, Horus und Seth in Leben und Herrschaftskraft. Du leitest die Flachländer, du versklavst die Bergländer, indem du lebst wie Re."

Die folgenden Szenen sind nur noch anhand weniger Textzeilen zu erschließen.[47] Daraus geht hervor, dass die beiden Kronengöttinen erscheinen, indem sie in ihren Händen die Kronen der jeweiligen Landeshälften tragen, die nach ihnen die „Beiden Herrinnen" genannt wurden. Zu einer Krone vereint wurde daraus „die beiden Mächtigen", die Doppelkrone. Die Vereinigung dieser Insignien wird offenbar durch Horus und Seth, den „beiden Herren" vollzogen. Thot verzeichnet ihren Thronnamen „Maat ist der Ka des Re", während Seschat ihren Goldnamen „Mit göttlichen Erscheinungen" aufschreibt.

Anschließend tritt Hatschepsut nun im Königsornat vor Amun.[48] Der Gott sitzt auf einem erhöhten Thronpodest. Sie ist nun mit der Doppelkrone ausgestattet und hält mit beiden Händen die Insignien des Dualkönigtums, das Heqa-Zepter und die Geißel, über der Brust gekreuzt. Sie ist auf Augenhöhe mit Amun, doch zwischen ihnen steht – im Maßstab deutlich kleiner – der Inmutef-Priester.[49] Auf der linken Seite der Szene knien auf drei Registern je drei Genien mit Schakal-, Falken- und Menschenköpfen, die ihr die Reichsheiligtümer von Ober- und Unterägypten sowie den Gottespalast von Oberägypten übergeben. Thot und Seschat sitzen dahinter und verzeichnen erneut Hatschepsuts Königsnamen. Hervorgehoben seien hier nur die Worte des Amun:[50] „Ich gebe dir alle Gesundheit, alle Freude, ich gebe dir die Speisen, die in diesem Land sind … Ich gebe dir alle Flachländer und alle Bergländer, das was die Sonne umschließt, die im Himmel ist, auch unter deine Aufsicht, indem du lebst, wie ich dich liebe." Hatschepsuts Erscheinen im Königsornat vor Amun-Re bildet bislang den Höhepunkt der Vorbereitungen auf ihr Königtum, die weitgehend in der Sphäre der Götterwelt erfolgten. Im Folgenden geht es nun um ihre Erwählung in der menschlichen Welt.

Thutmosis I. übergibt Hatschepsut die Königswürde[51]

Der wesentliche Aspekt der Herrschaftslegitimation Hatschepsuts bestand darin, dass sie sich als die erwählte Nachfolgerin ihres Vaters Thutmosis I. stilisierte. Damit setzte sie, zumindest im religiösen Bereich und sicher auch darüber hinaus, ihren Anspruch auf die Herrschaft sogar zeitlich wesentlich früher an, um so geschickt von der Tatsache abzulenken, dass eigentlich der unmündige Thutmosis III. nach dem Tode seines Vaters Thutmosis II. König geworden war. Selbst unter dem Aspekt der Koregentschaft mit ihrem Neffen konnte sie sich als die stärkere Hälfte dieser Konstellation darstellen. Hier geht es nun um den eigentlichen Akt von Hatschepsuts Erwählung durch ihren irdischen Vater Thutmosis I. und ist ganz in einer ‚realen' Gegenwart angesiedelt. Am linken Bildrand sitzt der

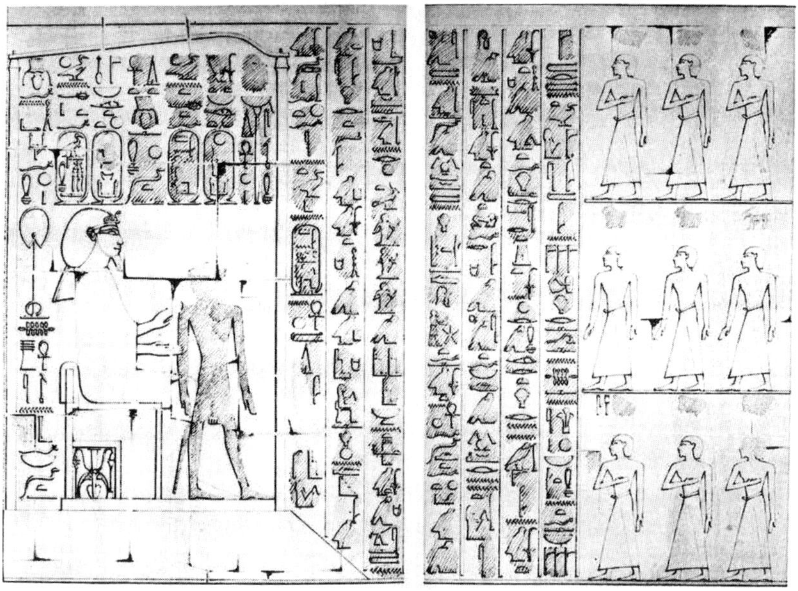

Abb. 13: Thutmosis I. präsentiert Hatschepsut vor dem Hof.

König mit der Chat-Haube bekleidet auf dem Thron. Er streckt beide Arme nach seiner im Maßstab deutlich kleiner abgebildeten Tochter aus, die mit dem Rücken zugewandt vor ihm steht. Anhand der weggemeißelten Silhouette sind noch die königlichen Insignien wie Uräus, Schurz und Stierschweif zu erkennen. Am gegenüberliegenden Bildrand stehen auf drei Reihen verteilt Vertreter der vornehmen Hofleute. Eine umfangreiche Inschrift erläutert das Geschehen. Nachdem Hatschepsut herangewachsen war, erkannte ihr Vater ihr göttliches Wesen, ihre guten Charaktereigenschaften und ferner auch, dass „ihre Krone groß war". Zuerst spricht er mit Hatschepsut:[52]

„Komm nun, Herrliche, die ich in meine Umarmung gelegt habe, damit du deine Ordnung im Palast siehst. Du machst deine herrlichen Kas, du empfängst deine königliche Würde,[53] du wirst vortrefflich durch deinen Zauber, du wirst reich durch deine Stärke, du bemächtigst dich der Beiden Länder, du überwältigst die Rebellen, du erscheinst im Palaste, deine Stirn wird geschmückt mit der Doppelkrone. Du bist glücklich als meine Erbin, die ich gezeugt habe, Tochter der Weißen Krone, geliebt von Wadjet. Dir werden die Kronen gegeben durch den, der vor den Thronen der Götter ist."

Nach dieser Ansprache lässt Thutmosis nun seinen Hofstaat und die „Vornehmsten der Untertanen" herbeiholen. Als die Herbeigerufenen sich in der rechten Seite des Audienzsaales eingefunden haben, richtet der König das Wort an sie, während die anderen Anwesenden auf ihren Bäuchen ausgestreckt auf dem Boden lagen.[54]

„Diese meine Tochter, Hatschepsut, ‚die Amun umarmt', sie lebe, ich setze sie ein als meinen Stellvertreter.[55] Denn sie ist ja meine Thronfolgerin. Sie ist es, die auch sitzen wird auf diesem meinem wunderbaren Thron und den Untertanen an allen Stellen des Palastes befehlen wird. Sie ist es, die euch leiten wird. Ihr hört ihre Worte, ihr haltet euch an ihren Befehl. Wer sie preisen wird, der wird leben, wer etwas Schlechtes sagen wird, indem er Ihre Majestät lästert, der wird sterben. Jeder aber, der hören wird, wie man den Namen Ihrer Majestät proklamiert, der soll sogleich kommen, um es dem Könige zu melden, gleich wie man zu tun pflegt wegen des Namens Meiner Majestät. Denn diese Göttin ist die Tochter eines Gottes. Die Götter sind es, die für sie streiten. Sie umgeben sie mit ihrem Schutze täglich, wie es ihr Vater, der Herr der Götter, befohlen hat."

Als die Anwesenden Thutmosis' Rede vernommen haben, reagieren sie mit der hier zu erwartenden Unterwürfigkeit und Huldigung. Nicht nur küssen sie die Erde zu Füßen des Königs, sondern preisen alle Götter. Anschließend gehen sie unter Jubel hinaus und tanzen vor Begeisterung. Die königliche Proklamation erreicht alle Untertanen selbst im letzten Winkel der Residenz und löst allgemeine Freude aus. So heißt es:[56] „Sie tanzten und hüpften, ihre Herzen waren froh. Sie verkündeten den Namen Ihrer Majestät als König, Ihre Majestät war aber noch Kronprinz." Als der König die freudige Reaktion seiner Untertanen wahrnimmt, lässt er die Vorlesepriester holen, um Hatschepsuts Königsnamen zu verkünden, „die zur Annahme ihrer Würde eines Königs von Ober- und Unterägypten gehören und sie in alle Siegel einzusetzen"[57] und auf Siegeln herstellen zu lassen, die zur Krönungsfeier benötigt werden. Thutmosis listet dabei die bevorstehenden Zeremonien auf: 1. Die Feier der Vereinigung der Beiden Länder, 2. Der Umzug um die Mauern und 3. Das Schmücken aller Götter der Vereinigung der Beiden Länder. Die Krönung wurde auf den Neujahrstag gelegt, der als ein gutes Vorzeichen für den „Anfang friedlicher Jahre" und „Millionen von sehr vielen Jubiläen" empfunden wurde.[58]

An dieser Stelle werden noch mal vier der fünf kanonischen ägyptischen Königsnamen Hatschepsuts aufgeführt. Lediglich ihr eigener Geburtsname ist ausgelassen. Im Text wird betont, dass der Gott diese Namen schuf und ihnen die Namen in die Herzen eingab:[59]

„Ihren großen Namen: Horus (hier männlich geschrieben), ‚Reich an Ka-Kräften' ewiglich; ihren großen Namen: Nebtj, ‚Gedeihlich an Jahren', die gute Göttin, die Herrin des Opferns; ihren großen Namen: Gold ‚Mit göttlichen Erscheinungen'; ihren großen Namen eines Königs von Ober- und Unterägypten ‚Maat ist der Ka des Re' (Hatschepsut), der mit Leben beschenkt. Das war ihr wirklicher Name, den der Gott vorher gemacht hatte."

Während die hier beschriebenen Ereignisse zwar nur auf der Fiktion beruhen, Thutmosis I. habe Hatschepsut zu seiner Mitregentin und Nachfolgerin bestimmt, geben einige Details dennoch einen sehr aufschlussreichen Einblick in das ägyptische Hofzeremoniell. Tatsächlich ist diese Passage aus der Krönungsgeschichte eine wichtige Quelle für die Vorgänge bei einer Thronbesteigung. Besonders bemerkenswert ist der Umstand, dass die anwesenden Personen am Hofe während der königlichen Proklamation auf ihren Bäuchen lagen. Der König war sakrosankt und den meisten außenstehenden Personen war es sogar mitunter nicht gestattet, ihm direkt ins Antlitz zu schauen. Die Umarmung des designierten Thronfolgers vor der Versammlung dürfte zudem ein wichtiger zeremonieller wie auch verbindlicher Akt gewesen sein. Erst nachdem die Rede des Königs beendet wurde und dieser sich zurückgezogen hatte, konnten die Versammelten die Halle verlassen und auf das Geschehen mit Ausgelassenheit reagieren.[60]

Nachdem Hatschepsut bereits zuvor in der göttlichen Sphäre rituell gereinigt und mit königlichen Insignien einschließlich der Doppelkrone ausgestattet worden war, erfolgt nun für den irdischen Bereich eine erneute Reinigung und Krönung.[61] Im Bildprogramm werden diese Zeremonien von den Göttern direkt durchgeführt. Der Gott Inmutef führt sie zur Reinigung in das oberägyptische Reichsheiligtum Per-wer (wörtlich: das große Haus),[62] das in der uralten Königsstadt Hierakonpolis lag, wobei sie von der östlichen Seite her in das Haus eintreten. Bezeichnend ist die ausführliche Datierungsinschrift:

„Erster Monat der Überschwemmungszeit, Neujahr, der Beginn friedlicher Jahre, der Krönung des Königs von Ober- und Unterägypten, der Vereinigung der Beiden Länder,[63] des Umzugs um die Mauern, des Festes des Diadems."

Bei dieser exakt erscheinenden Datumsangabe handelt es sich jedoch nicht um einen bestimmten historischen Zeitpunkt, sondern um eine Fiktion, die ein Ideal widerspiegelt; Thutmosis I. hatte ja in seiner Rede am Anfang die Krönung auf den Neujahrstag gelegt, der als ein günstiges Omen für eine glückliche Herrschaft galt.

Nachdem Hatschepsut von Inmutef in das Reichsheiligtum geführt worden ist, wird sie vom Gott Ha[64] rituell mit Wasser gereinigt, symbolisiert durch zahlreiche kleine Lebenszeichen. Auch das Gefäß, aus dem er die Flüssigkeit über Hatschepsut ausgießt, hat die Form eines Anch-Zeichens. Ha ist ein wenig bekannter, rein anthropomorpher Gott. Er galt als Schutzgottheit gegen auswärtige Feinde, besonders gegen die libyschen Stämme im Westen, und war somit auch ein Beschützer des Königs.

In der nächsten Szene[65] leitet Horus Hatschepsut zur Krönung an einen anderen Ort, dessen Name im Text zerstört ist. Aus dem Zusammenhang geht hervor, dass es sich hier um das unterägyptische Reichsheiligtum von Buto, Per-nu oder Per-neser genannt, handelt. Im Heiligtum von Buto angekommen wird Hatschepsut von Horus und Seth zuerst mit der Weißen Krone der südlichen Landeshälfte gekrönt. Beide Göttern sprechen folgenden Text:[66] „Ich bestätige dir deine Würde eines Königs von Oberägypten, du bist erschienen auf dem Thron des Horus, du leitest alle Lebenden wie Re ewiglich."

Nach der Krönung mit der Weißen Krone zeigt sich Hatschepsut vor dem Palast, während fünf Standarten vor ihr hergehen.[67] Die rituelle Vereinigung der Beiden Länder und der Umzug um die Mauern und der östlichen Seite waren Bestandteile dieser Szene. Im Anschluss an die Erscheinung mit der Weißen Krone wird Hatschepsut ebenfalls von Horus und Seth mit der Roten Krone des Nordens gekrönt.[68] Auch hier rezitieren die Götter jeweils ähnliche Worte:[69] „Ich bestätige dir deine Würde eines Königs von Unterägypten, du bist erschienen auf dem Thron des Horus."

Im Anschluss an diese Krönung tritt Hatschepsut im Krönungsornat erneut vor den Palast; während zwei Standarten vor ihr hergehen.[70] Obwohl ihr Abbild ausgemeißelt wurde, lassen die Umrisse erkennen, dass sie im Gegensatz zu der vorherigen Erscheinung einen engen Mantel sowie einen langen Krummstab trug.

In den hier beschriebenen Szenen ist Thutmosis I. präsent, während er in Krönungsdarstellungen auf der Roten Kapelle weitgehend ausgeblendet wird. Hatschepsut ist als Nachfolgerin ihres Vaters auch auf kultischen Objekten propagiert, wie der Aufschrift auf einem Krugfragment aus dem Britischen Museum (EA 65899 + 43401) zu entnehmen ist; dort stellt sie sich als Tochter des Königs dar.

Abb. 14: Die beiden Koregenten Hatschepsut (links) und Thutmosis III. auf der Roten Kapelle (Block 169b).

Die Personen in Hatschepsuts Umfeld

Hatschepsuts Aufstieg basierte nicht nur auf ihrer sehr hohen Stellung innerhalb der Königsfamilie und den damit verbundenen Rangstufen und Ämtern, sondern in einem wesentlichen Maß trug ihr persönliches Umfeld dazu bei. Ohne die Unterstützung aus den Kreisen des Hofes, der führenden Beamten und der Priesterschaft wäre dies nicht möglich gewesen.

Viele davon füllten unter ihrer Herrschaft leitende Positionen aus. Unser Wissen darüber ist jedoch mitunter dürftig. Die meisten Informationen stammen aus Grabinschriften, in denen in idealisierter Form die jeweiligen Zuständigkeitsbereiche und bestimmte Tätigkeiten erwähnt werden. Genaue Datierungsangaben fehlen meist, was die Einordnung der jeweiligen Laufbahnen in einen größeren Kontext erschwert. In manchen Fällen sind sie lediglich in die Zeit Hatschepsut allgemein datierbar, weitere Informationen über ihren Umgang mit der Königin aber kaum vorhanden. Zudem unterdrücken einige loyale Beamte, die nach ihrem Tode in königlichen Diensten blieben, Erwähnungen über sie in ihren Gräbern und anderen Denkmälern. An dieser Stelle sollen nur einige herausragende Personen eingehender vorgestellt werden.

Neferure

Hatschepsuts eigene Tochter sowie einziges Kind war die wichtigste Person in ihrer Umgebung. Sie begegnet uns in zahlreichen Rundplastiken, Reliefs und Inschriften. Wie allen Königskindern dieser Epoche wurde auch ihr besondere Obhut zuteil, um ihr weiteres Überleben zu gewährleisten. Sehr früh wurde sie auf wichtige Aufgaben und Ämter vorbereitet. Als ihre Mutter schließlich das Königsamt annahm, dürfte sie schon mindestens neun Jahre alt gewesen sein. Neferure war für Hatschepsut daher ein wichtiges Faustpfand, denn es es gibt Indizien dafür, dass sie als Nachfolgerin oder gar Steigbügelhalterin für einen späteren König vorgesehen war; eine Heirat mit ihr hätte einen ranghohen Mann zum Pharao gemacht. Die naheliegendste Lösung wäre die Verheiratung mit Thutmosis III. gewesen. Aber es gibt keinen Hinweis, dass dies beabsichtigt war. Neferure übernahm nach der Krönung ihrer Mutter deren Amt der Gottesgemahlin und wurde auch Gotteshand (S. 142 f.).

Senenmut

Über keinen Beamten aus der Zeit Hatschepsuts sind wir so umfangreich informiert wie Senenmut. Für viele Jahre sollte er eine der prägendsten Personen ihrer Herrschaft sein. Während seiner Laufbahn wurde er – sein Name bedeutet „Bruder der Mutter“ – unter Thutmosis II. und Hatschepsut zu einer der bedeutendsten und einflussreichsten nichtköniglichen Persönlichkeiten seiner Zeit, obwohl er aufgrund seiner sehr einfachen Herkunft in jeder Hinsicht ein Seiteneinsteiger war,[71] dessen Laufbahn vielleicht schon in der Zeit Thutmosis' I. begann. Seine überragende Stellung hat in der modernen Rezeption zu vielen Spekulationen geführt. So wird die Vorstellung von Hatschepsut und Senenmut als einem heimlichen

Liebespaar von vielen Details beflügelt. Der Emporkömmling war seiner Herrin äußerst ergeben, verstand er es doch, ihre Gunst und ihr Vertrauen zu bewahren. Es ist daher verständlich, dass er seine herausragende Stellung an vielen Orten dokumentierte. Aber wie weit ging seine Verehrung wirklich? In seinem Kenotaph in Gebel el-Silsila lässt er Hatschepsut als König mit deutlich männlichen Attributen darstellen. Sie trägt den Königsschurz in schreitender Pose und wird jeweils von dem Gott Sobek und der Göttin Nechbet umarmt.[72] In den Texten dieses Kenotaphs wird ihr grammatisches Geschlecht nicht unterdrückt.[73] So wird sie „erste Königstochter Hatschepsut" genannt,[74] was ein deutlicher Bezug zu Thutmosis I. ist und ihren Anspruch, dessen Nachfolgerin zu sein, unterstützt. Senenmut selbst bezeichnet sich hier als „großer Vermögensverwalter der Gottesgemahlin".[75] Auffällig ist die völlige Ausblendung Thutmosis' II. sowie die Abwesenheit von Neferure.

Als ein weiteres Indiz für ein intimes Verhältnis ist eine Inschrift auf einer von Senenmuts Statuen,[76] auf der er die Königin bittet, dass zu seinen Gunsten der Befehl gewährt werde, für ihn zahlreiche Statuen aus jedem kostbaren Gestein anzufertigen. Sie sollen im Tempel des Amun in Karnak und allen anderen Orten stehen, wo die Majestät dieses Gottes – gemeint ist Hatschepsut – sich hinbegibt. Seine Statuen sollen gleichsam denen der Königin als Gefolge dienen. Für das Wort Statue verwendet Senenmut jeweils die Begriffe für männliche und weibliche Statuen. Im Anbetracht der Tatsache, dass sich Hatschepsut zunehmend als männlicher König darstellen ließ, ist diese Wortwahl bemerkenswert.[77] Dass Senenmut eine tiefe Verehrung für seine Herrin hegte, steht außer Frage. Sie hat seinen Aufstieg ermöglicht, den er ihr durch seine Loyalität dankt. Eine gewisse Verliebtheit aus der Distanz seinerseits ist nicht ganz auszuschließen. Zu nennen ist sein Rebus-Fries, eine Art Kryptogramm von Hatschepsuts Thronnamen, das er in Deir el-Bahari anbringen ließ. Es besteht aus dem Geier der Göttin Mut, der Maat darstellt, und der Uräusschlange, die eine Sonnenscheibe des Re auf Hörnern und einen Königsring trägt. Umrahmt werden diese Elemente von den nach oben weisenden Ka-Armen. Thutmosis III. ließ später die Ka-Hieroglyphen entfernen.[78]

In welchem Maße Senenmuts Zugang zur Macht den Argwohn der Zeitgenossen ausgelöst hat, ist schwer nachzuvollziehen. Die später erfolgte Zerstörung einiger seiner Bilder und Denkmäler mag ein Indiz dafür sein, aber weitere konkrete Hinweise fehlen. Unweit des Tempels von Deir el-Bahari wurden in einer Höhle[79] einige Graffiti und zwei erotische Zeichnungen gefunden. Eine darin stelenartig angebrachte Felsaufschrift des Schreibers Neferhotep stammt aus der Zeit des Baues von Hatschepsuts

Tempel. Darunter ist die krude Zeichnung eines Mannes beim Geschlechtsakt mit einer Person, die durchaus als Frau zu deuten ist, auch wenn nicht alle primären Geschlechtsmerkmale vorhanden sind. Sie ist ihm mit dem Rücken zugewandt und beugt ihren Oberkörper nach vorne, während er von hinten in sie eindringt. Ihr Oberkörper ist männlich und die Brüste fehlen. Sie trägt entweder lange Haare oder eine Perücke. Statt der Haare hat man hier auch das königliche Nemes-Kopftuch sehen wollen, was aber unsicher ist. Allerdings fehlen eindeutig königliche Attribute. Die Perücke ist ohne Uräus. Eine Beischrift dazu fehlt und keiner der anderen Texte in der Höhle steht in einer Beziehung zu diesem Bild. Beide Personen sind als Senenmut und Hatschepsut gedeutet worden.[80] Gerade die Unterdrückung weiblicher und königlicher Attribute könnte man als eine satirische Spitze gegen Senenmut und Hatschepsut oder gar als Kritik am System der Koregentschaft verstehen: eine Frau in der Rolle eines männlichen Königs. Mit anderen Worten, „Pharao" wird hier aufs Derbste verwünscht.[81] Ein Beleg für eine intime Liebesbeziehung der beiden ist dies jedoch nicht. Und sehr wahrscheinlich sind hier weder Senenmut noch Hatschepsut gemeint und die Botschaft dieser Zeichnung ist völlig unpolitisch. Unweit der Inschrift des Neferhotep ist die Zeichnung zweier Männer; einer davon mit übergroßem Phallus. Sie stehen in keinem Zusammenhang mit den anderen Inschriften. Offenbar diente diese Höhle den diensthabenden Priestern der angrenzenden Tempel als ein schattiges Plätzchen, um sich ein wenig zu entspannen, wie einem Graffiti zu entnehmen ist.[82]

Über die Anfänge Senenmuts ist nichts Gesichertes bekannt. Er stammte wohl aus Erment, dem griechischen Hermonthis, südlich von Theben am Ostufer des Nil. Es gibt keine Indizien dafür, dass er verheiratet war oder irgendwelche Nachkommen hatte. Für einen Ägypter in seiner Stellung war dies eine seltene Ausnahme.[83] Auch sein genaues Alter ist nicht einzuschätzen. Im Bildprogramm seiner beiden Grabanlagen wird er alleine oder nur mit seinen Eltern abgebildet.[84] Man kennt die Namen seiner Geschwister. Zwei seiner Brüder, Minhotep und Amenemhat, übten sogar einfache Priesterämter aus. Wahrscheinlich hatten sie ihm ihre Stellung zu verdanken, aber sie blieben ohne nennenswerten Einfluss und bei aller Ergebenheit der Königin gebenüber ohne einen nennenswerten Zugang zu ihr. Ein weiterer Bruder, Pairy, war nur Viehhüter.

Insgesamt liegen Senenmuts Anfänge im Dunkeln. Irgendjemand war auf seine Talente aufmerksam geworden und hatte es ihm ermöglicht, die Schreibkunst zu erlernen; allerdings ist für Senenmut der Titel eines königlichen Schreibers nicht überliefert. Dies war eigentlich die Grundvoraussetzung für den Einstieg in die reguläre Beamtenlaufbahn. Ein anderer Zugang in die Nähe des Königs wäre der Soldatendienst gewesen; aber auch hier fehlen konkrete Informationen. Eine von Senenmut überlieferte Aussage, er habe den König in allen vier Himmelsrichtungen in die Fremdländer begleitet und dafür das militärische Ehrengold erhalten, ist zu vage und kann mit keinem bestimmten datierbaren Anlass in Verbindung gebracht werden.[85] Vielleicht sollte mit dieser schwammigen Formulierung ein gewisser Anschein von militärischer Aktivität suggeriert werden.

Senenmut stieg nie zu einem der wirklich höchsten Ämter im Staate auf; seine Tätigkeit blieb stets auf der mittleren Beamtenebene angesiedelt. Und auch wenn er später in der Verwaltung des Amun-Tempels von Karnak maßgeblich eingebunden war, gehörte er dennoch nicht der Priesterschaft an.[86] Einer der Schlüssel zu seinem Erfolg war offenbar seine enorme Begabung und Anpassungsfähigkeit. In jedem der ihm zugewiesenen Aufgabenbereiche hat er sich erfolgreich eingearbeitet, wobei es ihm oft gelang, neue Wege zu beschreiten. In der Entwicklung neuer Typen von Statuen – vor allem aus Hartgestein – war er äußerst innovativ. Zahlreiche Bildnisse zeigen ihn alleine in diversen Funktionen oder zusammen mit Hatschepsuts Tochter. Auch im Bereich der Religion und der damit verbundenen Astronomie arbeitete er sich ein und setzte Maßstäbe für kommende Generationen. Noch viel grundlegender für seinen Erfolg war seine Nähe zur Königsfamilie. In ihren Diensten bewährte er sich und sollte sich zu einem wichtigen und zuverlässigen Berater entwickeln. Im Gegenzug wurden ihm enorme Privilegien zugestanden, die der Aufsteiger bis zum Äußersten auszureizen verstand. Unter Thutmosis II. wurde er zu Hatschepsuts Haushofmeister und Vermögensverwalter eingesetzt. In dieser Tätigkeit muss sich Senenmut bewährt haben, denn schon bald vertraute man ihm eine weitere verantwortungsvolle Aufgabe an: Er wurde „väterliche Amme“ von Hatschepsuts Tochter Neferure.[87] In den folgenden Jahren sollte er sich um die Angelegenheiten der heranwachsenden Königstochter kümmern und wurde dementsprechend von Amts wegen auch ihr Vermögensverwalter.

Die Betreuung der Neferure muss dem Verwalter sehr am Herzen gelegen haben. So sind allein zehn Statuen bekannt, die ihn gemeinsam mit seinem königlichen Zögling zeigen. Deren Anfertigung durch die Tempelwerkstätten bedurfte der königlichen Genehmigung. Die ungewöhnliche Darstellung der Ammen beiderlei Geschlechts muss vor dem Hintergrund gesehen werden, die Königskinder in einer geschützten Umgebung aufwachsen zu lassen und vor allem ihr Überleben zu sichern. Das von Senenmut inspirierte Bildprogramm setzte allerdings gleich mehrere Konventionen der ägyptischen Bildhauerei außer Kraft. Allein die Art und Weise der Abbildung einer nicht-königlichen Person mit einem Mitglied der Königsfamilie war bis dahin ohne Beispiel. In allen Fällen ist Senenmut entweder größer oder proportional gleich groß wie Neferure dargestellt. Dies ist ungewöhnlich, weil der König oder eines seiner Familienmitglieder – und sei es auch nur ein Kind – im Verhältnis immer größer gezeigt wurde als jeder nicht Ebenbürtige. Nicht minder problematisch war dabei die Berührung einer königlichen Person. Im Bildprogramm war sie bis dahin nur Ebenbürtigen und Göttern vorbehalten. Wie tabu die Person des Königs oder eines seiner Familienmitglieder seit alters her war, veranschaulicht ein singulär überlieferter Zwischenfall des Sem-Priesters Rewer aus der 5. Dynastie. Bei einer religiösen Zeremonie stolperte dieser versehentlich über einen langen Stab in den Händen des Königs Neferirkare. Der Herrscher erkannte jedoch die Ungeschicklichkeit und gab umgehend durch seine Reaktion zu erkennen, dass alles wohl sei und Rewer deswegen kein Leid widerfahren möge.[88] Die unerlaubte Berührung des Pharaos war ansonsten ein todeswürdiger Akt. Selbstverständlich durften ausgewählte Beamte und Diener den König und seine Angehörigen berühren, aber es wurde nicht in bildlicher Form wiedergegeben.

Ungeachtet dieser uralten Restriktionen propagierte Senenmut also seine ihm anvertraute Fürsorge mit einer alle Regeln sprengenden Intimität. Die ungewöhnliche Ausführung dieser Skulpturen deutet auf die Gunst hin, in der er tatsächlich zu dieser Zeit bei Hatschepsut stand. Diese bildliche Nähe zur Prinzessin hat aber auch zu markanten Fehldeutungen geführt; hat man doch fälschlicherweise sogar eine Vaterschaft Senenmuts sehen wollen. Aber auch anderen Personen wurde es seitdem erlaubt, ihre Tätigkeit als königliche Amme in ähnlicher Form auszudrücken. Und der Rahmen, in dem Senenmut dies tat, war vergleichsweise eingeschränkt. Die Bildnisse, die ihn mit Neferure zeigen, wurden im Bereich seiner Grabkapelle[89] in den Fels gehauen oder weitgehend im Tempel von Karnak aufgestellt. Die wohl früheste Skulptur, die ihn als Erzieher wiedergibt, ist eine Dioritstatue aus der Zeit der Regentschaft. Der Nährvater sitzt hier aufrecht und hält Neferure vor sich auf dem Schoß. Sein Mantel umhüllt sie bis auf ihren Kopf, während er seine linke Hand schützend vor ihren Körper hält und die Faust der rechten Hand darunter liegt. Neferure trägt hier noch nicht den Uräus. Die Art und Weise der fast völligen Umhüllung der Prinzessin findet ihre Weiterentwicklung in den späteren Würfelhockern Senenmuts. Ebenfalls einzigartig in der ägyptischen Kunst ist eine andere Erzieherstatue. Senenmut trägt Neferure vor sich her, während sie ihren rechten Arm auf seine Schulter legt. In der linken Hand hält sie ein Zepter, das mit der Göttin Hathor verbunden wird. Auf der Statute steht geschrieben: „Ich zog auf die älteste Königstochter, die Gottesgemahlin Neferure, sie lebe. Dann gab man mich ihr als ‚Vater der Göttin' bei, weil meine Nützlichkeit für den König so groß war."[90] Senenmut verwendet hier die weibliche Entsprechung eines „Gottesvaters", mit dem im Neuen Reich die Kronprinzenerzieher tituliert wurden. Nach Senenmuts Aussage war er zunächst „männliche Amme" gewesen und wurde dann zum Gottesvater, genauer Vater der Göttin, befördert, nachdem Neferure für eine intellektuelle Erziehung herangewachsen war.[91]

Am bekanntesten ist die Erzieherskulptur in Form eines Würfelhockers, in der Neferure mit einbezogen wird. Bei dieser Statuenform, die im Mittleren Reich aufkam, hockt der Abgebildete auf dem Boden, wobei seine Arme die angewinkelten Knie umfassen. Ein langes Gewand überspannt den ganzen Körper und die hervorstehenden Füße. Nur der Kopf ragt unverhüllt aus dem Block hervor. Diese Form war vor allem deshalb sehr beliebt, weil sie auf fünf Flächen genügend Platz für ausgiebige Inschriften bot. Senenmut erweiterte den Würfelhocker dahingehend, dass er Neferures Kopf vor dem seinen setzte. Sie ragt nur knapp aus dem Umhang hervor, mit dem ihr Mentor sie umarmt, und ist mit den typischen Kindheitsmerkmalen versehen, der Seitenlocke am Kopf und dem Gestus des Zeigefingers am Mund. Sie trägt dabei die Uräusschlange auf der Stirn. Eine andere Statue wurde von der traditionellen Pose des auf dem Boden hockenden Schreibers angeregt. Doch statt einer Schriftrolle hält Senenmut Neferure, die seitlich auf seinem Schoß sitzt, schützend mit beiden Händen fest.

Bei diesem Typus wird eine seit dem Alten Reich bekannte Haltung adaptiert, nämlich die der Mutter mit ihrem Kind auf dem Schoß. Ein bekanntes Beispiel ist die Alabasterstatue des jungen Pepi II. (2278–2184) auf dem Schoß seiner Mutter Anchnespepi II., die für ihn die Regentschaft ausübte. Von dieser Tradition und auch den Neuerungen Senenmuts ist gleichermaßen die Sandsteinstatue von Hatschepsuts Amme Sit-Re inspiriert, deren Trümmer in den zwanziger Jahren des letzten Jahrhunderts in Deir el-Bahari gefunden wurden.[92] Aus der Beischrift geht hervor, dass dieses Bildnis als ein Zeichen der Gunst des Königs „Maat ist der Ka des Re" (Hatschepsut) gewährt wurde, weil sie die Herrin der Beiden Länder gestillt habe. Ganz im Sinne der Propagierung ihres Königtums sitzt Hatschepsut als männlicher Pharao seitlich auf dem Schoß ihrer Amme, ist aber im Verhältnis zu ihr deutlich kleiner dargestellt. Sit-Res Statue wurde wahrscheinlich postum gestiftet, während es Senenmut und anderen zu Lebzeiten gestattet wurde, in Tempeln und Gräbern an ihre Tätigkeit als

Erzieher zu erinnern. Die bereits erwähnte Szene in Paheris Grab, die ihn mit dem Prinzen Wadjmose auf dem Schoß zeigt, dürfte in der frühen Zeit der Regentschaft für Thutmosis III. und als Erinnerung an das schon mehrere Jahre zurückliegende Amt angefertigt worden sein. Der innovative Stil entspricht ganz dem anderer Erzieherbildnisse: Paheri hält schützend die rechte Hand hinter den Kopf seines Zöglings, während Wadjmose ihm mit einer Hand an der Brust berührt. Das Erstaunliche an diesen Bildnissen ist jedoch, dass sie von höchster Stelle erlaubt wurden.

Die Gunst, in der Senenmut stand, wirkte sich auch auf seine Familie aus. Als im 7. Jahr bald nach der Krönung Hatschepsuts seine Mutter Hatnefer verstarb, ließ er sie aufwendig bestatten und seinen bereits verstorbenen Vater Ramose in ihr kleines Grab in Schech Abd el Gurna umbetten. Darin befanden sich auf engsten Raum auch sechs weitere Mumien, offenbar Geschwister und Verwandte Senenmuts. Hatnefer wurde mit einer vergoldeten Mumienmaske und einen in Gold eingefassten Herzskarabäus an einer Kette ausgestattet, Ramose lediglich in ein neues Leichentuch gehüllt, auf dem Neferures Name steht. Und auf einigen Grabbeigaben befinden sich die Namen Hatschepsuts, ihrer Mutter Ahmose und ihres Gemahls Thutmosis' II. Auf einem Skarabäus, der an Hatnefers Hand gebunden war, trägt Hatschepsut noch den Titel der Gottesgemahlin. Thutmosis III. wird dagegen nirgendwo erwähnt. Das Begräbnis seiner Mutter und die Umbettung seiner Angehörigen erfolgten offenbar mit Anteilnahme der königlichen Familie. Durch die Gabe eines wertvollen Leinentuches tritt Senenmuts Zögling Neferure gleichsam persönlich in Erscheinung.

Bis heute ist nicht bekannt, wer Hatschepsuts Gedächtnistempel in Deir el-Bahari in all seinen Einzelheiten entworfen hat. Lange Zeit hielt man Senenmut für den Architekten dieses „Millionenjahrhauses", weil er auch den Titel „Vorsteher aller Arbeiten des Königs" trug. Dies reicht aber als Beweis nicht aus. Eine führende Person beim Bau war der Hohepriester des Amun, Hapuseneb, und tatsächlich waren mehrere Beamte für die Errichtung dieser Anlage zuständig,[93] darunter auch Senenmut, der seine privilegierte Stellung hier an vielen Stellen manifestierte. In allein über 60 Darstellungen hat er sich in Schreinen und Kammern in knieender Gebetshaltung abbilden lassen. Eigentlich war es nur dem König vorbehalten, beim Umgang mit den Göttern gezeigt zu werden. Seltener war der Herrscher dabei von Mitgliedern seiner Familie begleitet. Normalsterbliche waren bestenfalls in verkleinerter Form als Entourage abgebildet. Senenmuts Vorgehen geschah aber nicht zu auffällig. Der Trick war nämlich der, dass seine Bilder stets links und rechts von den Eingängen dieser Kammern angebracht wurden, die mit hölzernen Flügeltüren verschlossen waren. Da die Türen stets nach innen aufgingen, waren die Darstellungen nach ihrem Öffnen verdeckt. Für bestimmte Zeremonien wurden die Kammern geöffnet und danach sofort wieder verschlossen und versiegelt. Diese vermeintliche Anmaßung hat man lange als Auslöser für seinen Sturz vermutet, doch er erwähnt selbst, dass Hatschepsut es ihm erlaubt habe, sein Abbild in diesem und allen anderen Tempeln Ägyptens anzubringen.[94] Dies schloss auch die zahlreichen Statuen mit ein. Ein Großteil seiner Reliefs wurde später entfernt – von wem ist unbekannt.

Auch bei der Errichtung seiner Grabstätten genoss Senenmut weitgehende Privilegien. So durfte er für sich ein Kenotaph mit Kapelle in Gebel El-Silsila und zwei Grabanlagen in Deir El-Bahari anlegen. Der Eingangsbereich des größeren Grabes liegt in dem Steinbruch nordöstlich von Djeser-djeseru.[95] Von dort führt ein über 80 Meter langer Gang zu den drei Grabkammern, die unter dem Vorhof des Tempelbezirks liegen, also unter dem Heiligtum seiner Königin selbst. Somit hätte er praktisch Anteil am Totenkult Hatschepsuts gehabt. Das kleinere Grab liegt etwas südwestlich der Tempel und sollte vielleicht nur seinem Totenkult dienen.[96] In ihm fand man die Trümmer seines Sarkophags, der aus Quarzit in Form einer Kartusche angefertigt war; solches Material und die Form war den Königen vorbehalten. Es gibt keinen Hinweis darauf, dass er je in einem der beiden Gräber bestattet war. In der Nähe dieser Anlagen ruhten seine Eltern und andere Verwandte. Zwei bemerkenswerte Einzelheiten sind im Zusammenhang mit Senenmuts Bauten zu erwähnen: die Darstellung von Gabenbringern aus der Ägäis im kleinen Grab[97] und die astronomische Decke im Hauptgrab.[98] Kontakte zur minoischen Kultur reichen bis ins Mittlere Reich zurück, und selbst während der Hyksos-Zeit blieben sie mit dem Norden Ägyptens bestehen. Die Abbildung Senenmuts bezeugt die fortgesetzten Handelsbeziehungen, zu denen eine weitere Dokumentation leider fehlt. Die astronomische Decke mit Dekan-Sternbildern und Planeten lässt dagegen auf die wissenschaftliche Tätigkeit des Verwalters schließen. Ihre Konzeption war prägend für die Grabausstattung der späteren Könige des Neuen Reiches.

Nach dem 16. Regierungsjahr Hatschepsuts verschwindet Senenmut in der Überlieferung. Möglicherweise war er zu diesem Zeitpunkt verstorben. Obwohl später einige seiner Bilder und Namenszüge in seinem größeren Grab teilweise zerstört wurden, gibt es keinen Hinweis darauf, dass er bei Hatschepsut in Ungnade gefallen wäre. Auch das Ableben der Prinzessin und Gottesgemahlin Neferure um diese Zeit, deren Vermögensverwalter und Erzieher er war, kann schwer der ausschließliche Grund für ein

Ausscheiden aus dem Amt sein. Man vermutete sogar sein Weiterleben über die Zeit Hatschepsuts hinaus, als vor einigen Jahrzehnten eine Senenmut-Statue in Deir el-Bahari im Tempel Thutmosis' III. gefunden wurde. Dieses Gebäude mit dem Namen „Heiliger Horizont" (Djeser-Achet) lag eingeengt zwischen den Tempeln Hatschepsuts und Mentuhoteps II. Auf der rechten Schulter dieser Plastik ist eine Kartusche mit dem Thronnamen „Mencheperre" angebracht. Eine weitere Statue Senenmuts ist bekannt, die zudem den Namen dieses Tempels trägt.[99] Hatte Hatschepsuts ergebener Gefolgsmann am Ende seine Loyalität von ihr auf den eigentlichen König übertragen? Das Vorhandensein dieser Bildnisse ist jedoch kein gesichertes Indiz für sein Weiterleben, sondern vielmehr für deren Duldung an bestimmten Orten. Erst sehr viel später wurden seine Abbildungen, einschließlich derer in seinem Kenotaph in Gebel El-Silsila, verfolgt. Dabei fällt auf, dass Hatschepsuts Namen mitunter unangetastet blieben. Dies gilt vor allem für die beiden Gräber Senenmuts.

Senimen

Senimen stand Senenmut recht nahe, war aber nicht sein Bruder, wie früher oft vermutet wurde. Für Hatschepsut erfüllte er die unterschiedlichsten Aufgaben. Für eine kurze Zeit übte er auch das Amt des Erziehers und Vermögensverwalters der Neferure aus. Ein Würfelhocker auf einem Felsblock in der Nähe seines Grabes[100] in der thebanischen Nekropole zeigt ihn mit der Prinzessin in einer ähnlichen Pose wie Senenmut. Einer der Grabziegel nennt ihn als den Erzieher der Gottesgemahlin Neferure, ein anderer als Erzieher der Gottesgemahlin Hatschepsut; letztere Tätigkeit bleibt rätselhaft.[101]

Hapuseneb

Von nicht geringerem Einfluss war Hapuseneb, der unter Hatschepsut Hohepriester des Amun wurde. Sein Vater Hapu gehörte bereits der Priesterschaft an und hatte den Rang des dritten Vorlesepriesters des Amun, während seine Mutter Ahhotep aus dem königlichen Harim kam. Auch drei seiner Geschwister waren im Tempeldienst und in der Verwaltung tätig. Wann genau er zum Hohenpriester des Amun, dem höchsten Priesteramt Ägyptens, investiert wurde, ist nicht genau datierbar, aber es spricht einiges dafür, dass dies erst unter Hatschepsut geschah. Doch schon vor diesem hohen Amt war er in der Verwaltung des Karnaktempels tätig. Auf seiner biographischen Statue wurden später die Namen Hatschepsuts durch die ihres Bruders ersetzt. Dies mag zugleich als ein Indiz für den Respekt sein, den Hapuseneb auch nach seinem Tode, ungeachtet seiner

Loyalitat gegenüber der Königin, widerfuhr. Im Gegensatz zu Senenmut hat der Hohepriester seinen Aufstieg nicht so intensiv in Denkmälern dokumentiert. Tatsächlich sind die wenigen erhaltenen Inschriften zu seiner Person vergleichsweise konventionell, denn er war kein Aufsteiger. Hapuseneb kontrollierte alle Angelegenheiten des Amuntempels von Karnak. Dabei oblag ihm auch die Aufsicht über Baumaßnahmen, Handwerksarbeiten und Magazinbestände im Tempelbezirk. Auf seiner im Louvre befindlichen Granitstatue[102] hebt er seine Inspektion bei der Anfertigung der großen Flussbarke für Amun, verschiedener Tore und Türflügel aus Erz, einem Schrein und diversem Tempelgerät sowie den Bau einer Kapelle aus Kalkstein hervor. Zu den Handwerksarbeiten unter seiner Ägide zählte auch der Wagenbau.[103] Ein weiterer Bereich war die genaue Vermessung der im Tempel gelagerten kostbaren Rohstoffe, Edelmetalle und -steine. Auf dieser Statue betont Hapuseneb stets, dass dies „durch die Ihre Majestät, den König von Ober- und Unterägypten, den Herrn Beider Länder, ‚Maat ist der Ka des Re‘ (Hatschepsut)" geschah. Schließlich war er es, der den Bau von Hatschepsuts beiden Grabanlagen unweit des Tales der Könige beaufsichtigte. Wie Senenmut und anderen Hatschepsut nahestehenden Hofleuten wurde auch ihm die Errichtung einer Felskapelle in Gebel el-Silsila gestattet. Erwähnenswert ist eine Opfergabe seiner Frau Amenhotep an Hatschepsuts Tempel in Deir el-Bahari, über die ein Ostrakon berichtet. Leider ist das exakte Jahr nicht mehr bekannt, doch an einem 23. Tag im dritten Wintermonat wurden von ihr zwei Säcke mit nicht näher bekanntem Inhalt, ein Krug Bier, ein großer und einer kleiner Vogel, verschiedene Backwaren und fünf Töpfe Räucherwerk überstellt.[104]

Ineni

Im Vergleich zu Hapuseneb war Ineni vornehmlich Baumeister. Nebenbei war er Vorsteher der Scheunen des großen Amuntempels und Bürgermeister von Theben. Einige seiner beachtenswerten Leistungen wurden bereits im Zusammenhang mit der Regierung Thutmosis' I. aufgeführt. Sein Einfluss auf Hatschepsuts späteres Wirken war prägend. In den frühen Jahren ihrer Regentschaft wurde er seitens der Krone mit Aufmerkamkeit und Zuwendung bedacht und um seinen erfahrenen Rat gebeten. Unter Thutmosis II. hatte er sich hoch betagt aus dem öffentlichen Leben zurückgezogen. Seine Grabinschrift zur Regentschaft für Thutmosis III. gehört zu den wichtigsten Dokumenten von Hatschepsuts Aufstieg zur Macht.

Abb. 15: Hatschepsut und Amun im Satet-Tempel auf Elephantine.

Amenhotep

An der Art und Weise, wie Hatschepsut während der Koregentschaft bildlich dargestellt wurde, war ein Mann besonders beteiligt: Amenhotep. Sein Name wurde später aus seinem Grab in Theben vollständig entfernt.[105] Die Gründe dafür liegen im Dunkeln, aber vielleicht dürfte dies mit seiner Ergebenheit der Königin gegenüber zu tun haben. In der Frühzeit der Regentschaft war er Priester der Triade von Elephantine gewesen und hatte dort den Tempel für die Göttin Satet erbaut.

Viele Jahre später war Amenhotep Bauleiter bei der Aufstellung der beiden Jubiläumsobelisken im 16. Jahr. Die Inschrift aus seinem Grab, die seine Loyalität zur Königin bekundet, legt nahe, dass er für die Durchführung dieser Aufgabe wohl von Hatschepsut die überreichliche Belohnung von 50 Deben Silber erhalten haben soll; dies wären um die viereinhalb Kilo nach unseren Maßen gewesen.[106] Ferner war Amenhotep Verwalter der Rinder des Amun und trug die Titel Fürst und Graf. Unter seine Zuständigkeit fiel die Oberaufsicht über die Herstellung sämtlicher Pretiosen, Kultgegenstände und Insignien für den Palast, wörtlich Pharao, sowie die Anfertigung unterschiedlichster Statuen der Königin und der Götter.

Dazu gehörten ferner Schreinerarbeiten aus Edelhölzern, die mit Gold, Elektron, Elfenbein, Lapislazuli, Türkis und anderen wertvollen Materialien verziert waren. Diese Dinge habe Amenhotep zum Palast „seines Herrn, des Königs von Ober- und Unterägypten, der Herrin der Beiden Länder ‚Maat ist der Ka des Re' (Hatschepsut)" gebracht, „um das Herz der Herrin der Beiden Länder zu erheitern und um den Palastbewohner (König) wohl ergehen zu lassen".[107] Aufschlussreich sind einige Darstellungen in seinem Grab, welche die Übergabe unterschiedlichster Objekte zeigen. Genannt werden ein vergoldetes und mit Lapislazuli ausgelegtes Zepter aus Ebenholz, ein mit Gold beschlagener Wagen aus Akazienholz, ein Bogen aus Elektron mit Köcher, ein Kasten aus Alabaster, eine Sphinx Hatschepsuts aus Granodiorit und eine Alabasterstatue des Amun mit der Beischrift „der gute Gott ‚Maat ist der Ka des Re' geliebt von Amun, dem Herrn der Throne der Beiden Länder". Ferner gehörte dazu eine Statuengruppe aus Alabaster, die Hatschepsuts Krönung durch Amun zeigt, während Atum von Heliopolis ihnen gegenübersitzt. Sie kniet vor dem Gott, der sie mit folgenden Worten anredet:[108] „Meine geliebte leibliche Tochter, Herrin der Beiden Länder, ... ich gebe dir das Erscheinen als König der Beiden Länder." Zwei weitere Statuengruppen – das Material wird nicht mehr genannt – gelten der Triade von Elephantine. Die Göttin Anukis hält in Anwesenheit ihres Vaters Chnum eine kleine Hatschepsut auf dem Schoß. In der anderen Gruppe ist Hatschepsut zwischen Amun und Satet dargestellt. Diese wenigen Beispiele geben nur einen idealisierten Abriss der tatsächlichen Arbeiten Amenhoteps wieder. Es ist daher nicht auszuschließen, dass er die Entwicklung von einem immer weniger weiblichen zu einem deutlich männlichen Abbild Hatschepsuts vor allem in der Rundplastik geprägt hat.

Die meisten dieser Rundplastiken stammen aus dem Tempel in Deir el-Bahari. Frühe Sitzstatuen zeigen sie noch mit deutlich weiblichen Attributen. Dabei trägt Hatschepsut Frauenkleidung, aber bereits das Nemes-Kopftuch, was nur dem Herrscher vorbehalten war. Auf einer Granitstatue (heute in Leiden und New York) trägt sie noch ein langes Kleid, auf einer ähnlichen Statue aus Kalkstein dagegen bereits einen männlichen Schurz, wirkt aber immer noch weiblich. Auch die Gesichtszüge ihrer Osiris-Pfeiler in Deir el-Bahari wirken noch recht feminin. In den späteren Statuen, besonders bei den Sphingen, wird schließlich auch ihr Aussehen zunehmend männlicher.[109] Gegen Ende seiner Laufbahn war Amenhotep schließlich Vermögensverwalter des Königs, also Hatschepsuts geworden und damit an die Stelle Senenmuts getreten. Als „Vertrauter des Königs" war Amenhotep nun einer, „der sich dem Gottesleib" nähert, also direkten

Zugang zu Hatschepsut selbst hatte. Er sagt, dass er einer sei, der „freien Schrittes ist im Königshaus“.

Djehuti

Über den Oberschatzmeister und Vorsteher aller Arbeiten Djehuti sind wir gut informiert[110] und kennen viele seiner Ämter und Titel.[111] Er stammte ursprünglich aus dem mittelägyptischen Hermopolis, der Stadt des Gottes Thot, nach dem er auch benannt wurde. In seiner Heimatregion war er Hohepriester des Gottes, Oberhaupt von Antinoe und Vorsteher der Hathorpriester von Qusae. Aus seiner Biographie geht hervor, dass er früh das Amt eines Zöllners ausgeübt hatte.[112] Sein weiterer Aufstieg brachte ihn in die direkte Nähe des Königs, also Hatschepsuts. Zu seinen Hauptaufgaben gehörten die Verwaltung der wichtigsten Schatzhäuser sowie die Aufsicht über die Kunsthandwerker vor allem für die Tempel in Theben. Schließlich war er Fürst und Graf, Königlicher Siegelbewahrer, Vertrauter des Königs, Verwalter der beiden Silber- und Goldhäuser sowie Hüter der Rinder des Amun in Diensten der Krone.

Auf einer Stele aus seiner Grabanlage in Dra Abu'l Naga sind einige der von ihm beaufsichtigten Arbeiten aufgelistet.[113] Dabei wird jeder Abschnitt mit folgender, meist gleichlautender Formel eingeleitet: „Ich war ein Vorgesetzter, der Anweisungen erteilt. Ich leitete die Handwerker, dass sie arbeiteten entsprechend der Arbeitsaufgaben …“ Nach jeder Beschreibung der Arbeit wird dann stets erwähnt, dass dies der König von Ober- und Unterägypten Hatschepsut als sein Denkmal für seinen Vater Amun machte.

Als Erstes nennt Djehuti die Arbeit an der großen Flussbarke des Amun, „Userhat Amun“ (Mächtig ist die Vorderseite des Amun) genannt. Aus dem Kontext geht nicht genau hervor, ob es sich hierbei um eine Neuanfertigung der schwimmenden Götterbarke oder lediglich um Restaurationsarbeiten handelte. Das vergoldete Schiff fuhr bei den Götterfesten auf dem Nil und anderen Wasserläufen der Region und dürfte dementsprechend häufige Wartungsarbeiten benötigt haben. Djehuti war auch für die Herstellung von Tempelmobiliar und kostbaren Gewändern für den König sowie die Errichtung verschiedener Kapellen und Schreine – vor allem in Deir el-Bahari – verantwortlich. So erfahren wir, dass unter seiner Leitung die großen Holztüren des Tempels aus Schwarzkupfer mit Figurenornamenten aus Elektron angefertigt wurden. Ferner ließ er Türen mit dem Namen „Höhe und Ansehen“ für den Tempel in Karnak herstellen. Sie waren mit Bronze und Kupfer beschlagen sowie mit Elektron-Ornamenten versehen. Ein Tor aus Elektron trug den Namen „(Hatschepsut) ist es, der die Maat aufsteigen lässt“, während ein weiteres Tor und das dazugehörige Bildprogramm zu Ehren Amuns aus einer einzigen Kupferplatte getrieben worden war. In einem anderen Tempel für Amun mit dem Namen „Haus des Amun“ ließ er den Fußboden mit sehr dünngehämmertem Blech aus Gold und Silber überziehen. Interessant und zugleich rätselhaft ist die Arbeit an zwei großen Obelisken. Djehuti benennt ihre Höhe mit 108 Ellen. Dies entspräche nach unseren Maßen etwa 56 Meter. Das ist jedoch physisch in jeder Hinsicht unrealistisch. Entweder handelt, es sich hier um eine allgemeine ideologische Übertreibung[114] oder hier ist die Höhe der beiden Pfeiler einfach zusammenaddiert worden. Um welche Obelisken Hatschepsuts es sich genau handelt ist nicht auszumachen. Ganz offensichtlich war Djehuti nicht zuständig für die Steinbrucharbeiten, den Transport und deren Errichtung, sondern lediglich für die Vergoldung der beiden Steinpfeiler.[115] Sie waren komplett mit Blattgold aus Elektron überzogen. „Die Beiden Länder sind voll von ihren Strahlen“, heißt es im Text.

Wegen seiner Treue und Zuverlässigkeit wurde ihm schließlich auch die Leitung der Palastverwaltung übertragen Wie hoch seine Stellung war, ist einem Relief in der Punthalle von Deir el-Bahari zu entnehmen, wo er beim Wiegen der Myrrhen und anderen „Tributen“ aus Punt neben den einfachen Arbeitern und Göttern dargestellt wurde. Sein Abbild wurde später restlos entfernt.

Senemiach

Ähnlich wie Djehuti gehörte Senemiach zu den führenden Schreibern in der ägyptischen Verwaltung, wo er sich bewährte und durch seinen direkten Zugang zu Hatschepsut auch ihr Vertrauen besaß. Zu seinen Aufgaben gehörte die Schatzhausverwaltung, wobei nicht mehr zu erkennen ist, welchen Anteil er tatsächlich in der Administration dieser Einrichtung hatte. Ihm oblag zugleich das Rechnungswesen über die Rinder auf den Domänen des Amun. Aber im Wesentlichen war seine Hauptaufgabe die Buchführung über alle Ernteerträge des Landes; dazu zählten auch die Erträge durch Geflügelzucht und Fischfang. Ferner kontrollierte er die Verwaltung und Weiterverarbeitung der kostbaren Duftharze, die Ägypten aus der Region in der Nähe des Horns von Afrika importierte. In seiner biographischen Grabinschrift berichtet er ausführlich über die Lieferung der Rohstoffe und Güter von Hatschepsuts Punt-Expedition, die etwa zwei Jahre nach ihrer Krönung erfolgte – also im 9. Jahr ihrer Regierungszählung. Er habe mit eigenen Augen gesehen, wie die Königin bei der Präsentation der Myrrhen ein ungewöhnliches Ritual vor allen Anwesenden vollzog. Dieser einzigartige Augenzeugenbericht ist eines der wenigen Zeugnisse zu Hatschepsut in einer konkreten Alltagssituation (vgl. S. 125ff.). Senemiach führte den Titel eines Fürsten und Reichsgrafen, während er Verwalter des Month-Tempels in Erment war.[116] Zusätzlich zu seinen Verwaltungsaufgaben war Senemiach Sem-Priester sowie Hohepriester im „schönen Haus"; mit diesem euphemistischen Begriff wird im Ägyptischen die Balsamierungsstätte für die Verstorbenen bezeichnet.

Duaunechech[117]
Duaunechech war schon früh in königliche Dienste getreten, da er auch Hatschepsuts Mutter, die Große Königliche Gemahlin Ahmose, in seinem Grab erwähnt. Er trug die üblichen Hofrangtitel wie Fürst und Graf und einziger Freund und war auch Königlicher Siegelbewahrer. Ihm oblag in leitender Stellung die Verwaltung der Schatzhäuser und der Scheunen des Amuntempels. Seine Tätigkeit als Vorsteher der Handwerksbetriebe des Amun hebt er besonders hervor. In einer Bildszene beaufsichtigt er dabei Handwerker der Tempelwerkstätten bei verschiedenen Arbeiten. Die abgebildeten Objekte – eine Säule, ein Tor, eine Scheintür und eine Holztruhe – sind nur eine symbolische Zusammenfassung von seinen Inspektionen. Sein wohl wichtigstes Amt war das des Ersten Herolds der Königin. Er schreibt, dass er „mit günstigen Meldungen eintritt beim Herrn der Beiden Länder und der als Gelobter und ein Geliebter herauskommt".[118] An anderer Stelle ist er sogar deutlich als „Erster Herold der Herrin der Beiden Länder" tituliert.[119]

In seinem Grab respektiert der Grabherr Hatschepsut mit einer gewissen Zurückhaltung. An keiner Stelle tituliert er sie als König von Ober- und Unterägypten. So schreibt er: „Es lebe die gute Göttin, die Herrin der Beiden Länder[120] ‚Maat ist der Ka des Re' (Hatschepsut), geliebt vom großen Gott, dem Herrn der Ewigkeit." An anderer Stelle sind die Titel der Königin männlich, während die Götterformel hinter ihrem Namen lautet „geliebt von Amun, dem Herrn der Throne der Beiden Länder". Das Bemerkenswerte bei dieser Variante ist, dass Hatschepsuts Thronname und die Formel von einer Kartusche umrahmt sind. Ansonsten ist Duaunechech recht vage, wenn er den König meint. Dies erklärt sich aus der Tatsache, dass auch Thutmosis III. in seinem Grab erwähnt wird.

Minnacht
Über ihn ist wenig bekannt. Als Schreiber diente er in der Palastverwaltung und hatte so einen näheren Zugang zur Herrscherin. Zugleich war er auch Leiter der Hörigen, also der Aufseher der Arbeiter auf den Tempel-

gütern. Als einer der loyaleren Anhänger Hatschepsuts wurde auch ihm die Anlage einer Felskapelle in Gebel el-Silsila erlaubt.[121]

User-Amun (auch User)

User-Amuns Vater Ahmose, der auch Ametju genannt wurde, übte für eine unbestimmte Zeit das Amt des Wesirs unter Hatschepsut aus. Im fünften Jahr ihrer Regentschaft für Thutmosis III. löste ihn sein Sohn User-Amun in diesem Amt ab. Beide hatten eine eigene Felskapelle in Gebel El-Silsila.[122] Das Wesiramt war in Ägypten in die Zuständigkeitsbereiche des Südens und des Nordens geteilt;[123] der Amtsträger war auch oberster Richter und Priester der Maat. User-Amun blieb nach Hatschepsuts Ableben im Amt und war noch im 28. Thutmosis' III. Jahr tätig. Im 34. Jahr war bereits sein Neffe Rechmire Wesir. User-Amuns Gräber entstanden in den Jahren nach dem Tod der Königin, so dass er es nicht mehr für angebracht hielt sie überhaupt zu erwähnen.[124] Seine priviligierte Stellung spiegelt sich in der Dekoration seiner beiden Gräber. An den Wänden der unterirdischen Sargkammer seines kleineren Grabes wurde der vollständige Text des Amduats – „dessen was in der Unterwelt ist" – angebracht. Dieses Unterweltbuch war königliches Privileg und behandelt die zwölfstündige Nachtfahrt des Sonnengottes in der Unterwelt. User-Amun ist die einzige nicht-königliche Person im Neuen Reich, der diese Ausnahme gestattet wurde.[125] Aber er ging noch einen Schritt weiter; mehrfach ist er in diesen Szenen mit den Göttern auf der Sonnenbarke abgebildet, wobei er selbst anstelle des Horus oder des Königs das Ruder führt. Er trägt dabei das übliche Gewand eines Wesirs mit der Beischrift „Wesir User".[126] In seinem anderen Grab sind ähnlich wie bei Senemnut und Puiemre Gabenbringer aus Kreta dargestellt.[127]

Puiemre

Zu den Beamten, die über die Zeit von Hatschepsuts Herrschaft hinaus in königlichen Diensten blieben, gehört Puiemre. Zu seinen frühen Aufgaben zählte zunächst die Verwaltung der Viehherden und Felder des Amun.[128] Er war mit Seniseneb, einer Tochter des Hohepriesters Hapuseneb, verheiratet und zugleich zweiter Prophet des Amun. Eine Inschrift auf seiner Statue aus dem Mutempel in Karnak berichtet von einigen Arbeitsvorhaben unter seiner Aufsicht an diesem Ort. Unter Hatschepsut erfuhr der Mutbezirk eine deutliche Vergrößerung. Puiemre schildert die Aufrichtung eines großen, mit Weißgold verzierten Ebenholzschreines sowie den Bau zweier Tore aus weißem Kalkstein. In beiden Fällen erwähnt er, dass Hatschepsut dies für ihre Mutter Mut tat.[129] Als Bauleiter wirkte er auch am Bau ihres Gedächtnistempels in Deir el-Bahari mit; ein beschrifteter Votivstein trägt die Kartusche Hatschepsuts und seinen Namen.[130]

Puiemre war für die Registrierung der Kriegsbeute und Tribute zuständig, die aus den von Ägypten kontrollierten Gebieten dem Amuntempel überstellt wurden. Ähnlich wie in Senenmuts kleinerer Grabanlage werden auch in Puiemres Grab Tributbringer aus der Levante und Ägäis abgebildet.[131] In einer Szene nimmt er die Güter aus Punt entgegen; es sind Puntiten dargestellt, die Elfenbein, Ebenholz, Gold aus Omau, süße Kräuter, Tierfelle, lebende Paviane, Gefangene sowie lose Myrrhen und Myrrhenbäume bringen. Solche Bilder sind denen aus der Punthalle Hatschepsuts nachempfunden. Mehrere Schreiber assistieren Puiemre dabei.[132] Der Begleittext ist neutral gehalten. Während er in seinem Grab stets den König namentlich hervorhebt, scheint er bei der Punt-Szene anfänglich zögerlich gewesen zu sein; spricht er doch nur von dem, was „Seine Majestät von seinen Siegen heimbrachte."[133] Puiemres ursprüngliche Gestalt neben den Tributsszenen wurde zunächst entfernt und durch eine Standarte mit dem Namen Thutmosis' III. ersetzt; später wiederum wurde sein Abbild erneut angebracht.[134] Es handelt sich hier offenbar um Hatschepsuts legendäre Expedition, die in Puiemres frühe Laufbahn fiel. Auch wenn er dieses Ereignis in ein achtes oder neuntes Jahr datiert, schrieb er es nachträglich Thutmosis zu.[135] Hatschepsut bleibt an diesem Ort namentlich unerwähnt. Unter der Alleinherrschaft Thutmosis' III. stieg Puiemre zu höheren Aufgaben auf, blieb aber weiterhin zweiter Prophet des Amun. Für den König stellte er zwei große Obelisken auf.[136]

Ahmose Pennechbet

Wie viele aus dem Umfeld Thutmosis' I. kam auch Ahmose Pennechbet aus El-Kab. Seit den Tagen des Reichseinigers Ahmose hatte er sich als Soldat im Gefolge des Königs bewährt und war wiederholt ausgezeichnet worden. Er hatte es bis zum „Siegelbewahrer des Königs von Unterägypten" gebracht und den höchsten Hofrangtitel Fürst und Graf sowie verschiedene leitende Aufgaben in der Verwaltung erhalten. Sein biographischer Text ist dahingehend aufschlussreich, dass er zwar Hatschepsut überlebte, denn er nennt ihren Namen mit der üblichen Formel für Verstorbene, sie aber nur als Gottesgemahlin und Große Königliche Gemahlin tituliert. Ihre Regentschaft und die Koregentschaft verschweigt er. Noch unter Thutmosis II. wurde ihm die Fürsorge für Hatschepsuts Tochter Neferure in ihren ersten Jahren anvertraut.

Weitere Personen in Hatschepsuts Umfeld

Viele der bekannten Namen aus der Zeit Hatschepsuts sind überwiegend aus isolierten Situationen bekannt. Grundsätzlich ist davon auszugehen, dass die gesamte Beamtenschaft die Koregentschaft unterstützte. Dass Einzelne sich dennoch damit schwertaten, lassen die oben genannten Varianten erkennen. Die Aufsteiger sind voll der Hingabe, andere wissen nicht so recht, wie weit sie gehen können oder wollen und tasten sich an diese ungewohnte Situation heran. Duanechech ist ein gutes Beispiel dafür. Wieder andere, die wohl aus alteingesessenen Familien stammten, aus denen sich die Spitzen der Staatsvervaltung und des Amuntempels in Karnak rekrutierten, passen sich nach Bedarf an die Königin an, blenden sie aber nach ihrem Tod fast völlig aus. Sie sind auch keine Aufsteiger, so dass ihre biographischen Inschriften im Vergleich nüchtern und konventionell sind.

Der Name eines Nehesi bedeutet „Nubier" und deutet auf eine nubische Abstammung. Er leitete die Schiffsexpedition nach Punt. In der Punthalle ist er einer der wenigen Beamten, die namentlich hervorgehoben werden. Er hatte die Hofrangtitel Fürst und Graf, Siegelbewahrer des Königs von Unterägypten, einziger Freund und war Schatzmeister.[137] Sein Einfluss am Hofe muss darüber hinaus sehr beachtlich gewesen sein, denn auch er durfte sich eine Felskapelle in Gebel El-Silsila errichten.[138]

Durch einen Würfelhocker, den er als Gunstbeweis von Hatschepsut und Thutmosis III. erhielt, ist Inebeni bekannt.[139] Sein Titel eines Königssohnes wird dahingehend gedeutet, dass er vielleicht Vizekönig von Kusch war.[140] Auf jeden Fall war er Bogenoberst und Vorsteher der Waffen des Königs während der Koregentschaft und ist dem König auf seinen Reisen, gemeint sind Feldzüge, in die Fremdländer gefolgt. Auf dem Hocker wird Hatschepsut als „gute Göttin" und „Herrin der Beiden Länder" tituliert, Thutmosis ist ihr Bruder, der „gute Gott" und „Herr des Kultes"; ihre Kartusche wurde später entfernt.

Allerdings ist nur ein Vizekönig von Kusch unter Hatschepsuts Herrschaft durch Felsinschriften in Nubien zwischen den Jahren 12 bis 20 gesichert. Er hieß Amenemnechu. Sein Name wurde später entfernt.[141]

Satepetichu war Bürgermeister und Vorsteher der Priester von Thinis. Zusammen mit dem Verwalter der Getreidespeicher, Minmose, und dem Verwalter „der königlichen Gemahlin" Tetiemre ist er auf dem Bug des Obelisken-Transportschiffs im Tempel von Deir el-Bahari abgebildet.[142] Über Minmose wissen wir zudem, dass er auch einer der führenden Aufseher beim Bau von Hatschepsuts Gedächtnistemepel war. Ein Ostrakon aus dem 10. Regierungsjahr bestätigt, dass er die Arbeiter zum Frondienst des Steineschleppens zusammenstellte.[143]

Zu Hatschepsuts Umfeld gehörte schließlich Nebamun, denn er wurde bereits unter Thutmosis II. Vorsteher des königlichen Büros. Seine späteren Ämter lassen sich nur schwer in die Zeit der Koregentschaft verorten, weil er auch nach dem 22. Regierungsjahr tätig war und Hatschepsut mit keinem Wort in seinem Grab erwähnt. Später war er Schiffsoberster, Leibwächter am Hofe und Hausverwalter der königlichen Gemahlin Nebtu, einer der Frauen Thutmosis' III.

Andere Beamte verhielten sich weitgehend konform gegenüber der Koregentschaft. So sind hier der große Vermögensverwalter Wadjrenput[144] und der Expeditionsleiter Cheriuef[145] zu nennen. Beide waren zu Steinbruchexpeditionen oder -inspektionen ausgesandt worden und nennen beide Herrscher in ihren Inschriften. Cheriuef nennt nur Hatschepsut als König von Ober- und Unterägypten, während Wadjrenput beiden Herrschern diesen Titel zugesteht.

Hatschepsuts Regierung

Hatschepsut datierte ihre Herrschaftsjahre vom Beginn ihrer Regentschaft an, der identisch war mit demjenigen Thutmosis' III. Ihr Neffe wurde durch die Krönung seiner Tante Mitregent, aber formell keineswegs von der Herrschaft verdrängt. Allerdings dominierte Hatschepsut bei der Ausübung aller Regierungsgeschäfte. Zugleich wurde nach außen hin die Fassade einer gleichwertigen Koregentschaft der beiden Herrscher aufgebaut. Unser Wissen über diese neue Machtkonstellation basiert weitgehend auf den Texten und Bildern aus den Tempeln, wobei es nur wenige Hinweise gibt, in welcher Form Thutmosis in diesen frühen Jahren praktisch an der Herrschaft beteiligt war. In zahlreichen Bildszenen in Karnak und Deir el-Bahari werden beide Könige gemeinsam bei diversen Kulthandlungen gezeigt, wobei Thutmosis gelegentlich auch alleine auftritt. Ein gutes Beispiel ist der Bericht von der Rückkehr der Expedition nach Punt, wo er in einer Darstellung dem Gott Amun Gaben darbringt. In den überwiegend von ihr errichteten Bauten nimmt Hatschepsut verständlicherweise meist eine wesentlich deutlichere Präsenz ein. Dies gilt vor allem für ihren Gedächtnistempel in Deir el-Bahari. Aber aus den erhaltenen Bildquellen ist keineswegs zu schließen, Hatschepsut habe ihren Mitregenten gezielt verdrängt.

Die meisten Zeitgenossen scheuten sich nicht, Hatschepsut als „König von Ober- und Unterägypten" zu titulieren.[146] Bemerkenswert ist auch der sensible Umgang der ägyptischen Administration mit der Koregentschaft.

So wurde in Alltagsdokumenten und zum Teil auch in Bauten nun der Begriff „Pharao“ verwendet. Er galt für beide Könige und verschleierte geschickt, wer genau gemeint war.

Schon bald nach der Krönung begann Hatschepsut mit dem Bau ihres Gedächtnistempels, ein Millionenjahrhaus, im Talkessel von Deir el-Bahari. Sein vollständiger Name lautet „Großes Gotteshaus der Millionen an Jahren, der Tempel *Djeser-djeseru* des Amun, an seiner trefflichen Stätte des ersten Males“ – kurz genannt „Djeser-djeseru“ („Heiligtum der Heiligtümer“).[147] Bei der Planung dieses terrassenförmig angelegten Tempels diente der danebenliegende Grabkomplex Mentuhoteps II. in Grundzügen als Vorbild, doch sollten seine Dimensionen weit übertroffen werden. Immerhin verwendete man für das „Heiligtum der Heiligtümer“ weitgehend den gleichen Kalkstein wie beim Bau des Reichseinigers. Zahlreiche Beamte waren mit diesem gewaltigen Projekt betraut. Einen wichtigen Beitrag dazu leistete Senenmut, der hier zahlreiche Spuren hinterlassen hat.

Zu den frühen Bautätigkeiten der Koregentschaft gehörte auch die Errichtung des heutigen 8. Pylonen von Karnak. Im Gegensatz zu den älteren Pylonen des Amunbezirks wurde diese große Toranlange an der nach Süden führenden Prozessionsstraße erbaut, die zum nahegelegenen Mut-Bezirk und dem heutigen Luxortempel führt. Es war somit der 1. Pylon entlang der transversalen Achse, die zwischen dem 3. und 4. Pylon ihren Ausgang nahm. Viele spätere Könige haben diesen Weg mitgestaltet, so dass heute nicht mehr alle Absichten Hatschepsuts bei dieser Anlage erkennbar sind. Mit dem Bau dieses Pylonen aus Sandstein sollte dem Prozessionsweg in Richtung Süden eine größere Bedeutung zukommen, denn er war ein Bestandteil der Feierlichkeiten zum „Opet-Fest“. Auf dem Weg nach Luxor befand sich alle 450 Meter eine Barkenstation, insgesamt waren es sechs. Sie erfüllten mehrere Funktionen. An den Festtagen konnten die Priester, welche die Barke trugen, so eine Ruhepause einlegen und gegebenenfalls ausgewechselt werden. Während der Gott in der Barke im Schrein verweilte, fanden umfangreiche Kult- und Opferhandlungen statt, die von einer großen Menschenmenge beobachtet wurden. Nachdem der Gott eine ihm zustehende Portion erhalten hatte, wurden anschließend die Opfergaben wie üblich verteilt, zuerst an die anwesenden Priester und Beamten, dann an das Volk. Hierbei dürfte es sich hauptsächlich um Speisen und Lebensmittel gehandelt haben, die entweder direkt vor Ort oder daheim verzehrt werden konnten. Möglicherweise gab es auch Gaben in Form von Stoffen oder Gefäßen. Im einfachsten Fall dürfte es sich bei dieser Volksspeisung um einen Imbiss gehandelt haben, der sicher großzügig ausgerichtet wurde. Diese Art der Festprozessionen gehört zu den bedeutendsten Innovationen der Zeit Hatschepsuts. Zum ersten Mal konnte die Bevölkerung, die zwar nur die Barke mit dem darin verborgenen Gott sah, zumindest eine bis dahin nie dagewesene Gotteserfahrung erleben. Später war es sogar möglich, dass bei diesen Gelegenheiten Personen aus dem Volk einfache Orakelfragen an den Gott richten konnten.

Der 8. Pylon zeichnet sich durch weitere Besonderheiten aus. Ein einmaliges Element ist der Umstand, dass er von einer niedrigen Kalksteinmauer umgeben war. Auffällig war ferner die Aufstellung mehrerer kolossaler Sitzstatuen königlicher Ahnen. Jeweils drei aus Kalkstein oder Granit flankierten auf jeder Seite den Pylon. Zwei der erhaltenen Kolosse tragen die Namen Thutmosis' II., ein weiterer wurde wohl später von Amenophis II. usurpiert und einer war Amenophis I. gewidmet.

Hatschepsut benutzte diesen Pylon aber auch zur Manifestation ihres Anspruches, der Thronerbe ihres Vaters Thutmosis' I. zu sein. Eine umfangreiche Inschrift verherrlicht das Königtum des verstorbenen Herrschers. Dieser dankt in einer Lobrede Amun, dass er Hatschepsut die Herrschaft über Ägypten gegeben hat:[148] „Ich komme zu dir, o Herr der Götter, ich küsse die Erde vor Deiner Majestät dafür, dass du Ägypten und die Wüste meiner Tochter, dem König von Ober- und Unterägypten ‚Maat ist der Ka des Re' (Hatschepsut) gegeben hast, wie du es Meiner Majestät getan hast." Ferner erwähnt Thutmosis ein Orakel, das Amun ihm wegen Hatschepsut gab:[149] „... den König von Ober- und Unterägypten, die du wolltest, die sich mit dir vereinigt, die von den Göttern Geliebte." Ferner bittet Thutmosis I. den Gott, ihr ein langes Königtum zu gewähren. Doch Hatschepsut ging mit ihrer Selbstdarstellung noch einen Schritt weiter. Auf dem Westturm des Pylonen befindet sich ein monumentales Relief, das einen aufrecht schreitenden König in der kanonischen Szene zeigt, wie er mit der einen Hand ein ganzes Bündel von Feinden beim Schopf packt und mit der Keule in der anderen Hand zum Schlag ausholt. Ursprünglich zeigte diese Darstellung Hatschepsut, wobei sie nicht mit einer Krone, wohl aber mit einer Kurzhaarperücke und Uräus abgebildet war. Die Szene wurde später von Amenophis II. usurpiert, der ebenfalls eine Perücke trägt.

Eine weitere Änderung im Bildprogramm lässt sich von nun an beobachten. In nahezu allen Reliefs, die in der Folgezeit entstehen, zeigt sich Hatschepsut als männlicher König. Auch in den Szenen der Jugendlegende und der Krönung in Deir el-Bahari werden sichtbare weibliche Attribute gezielt vermieden. In den Begleittexten wird ihr Geschlecht dagegen keineswegs unterdrückt. Sie ist zwar grundsätzlich „König" und „der gute Gott", aber auch die „Herrin Beider Länder". In einigen Darstellungen wohl aus der frühen Phase ihrer Regierung sind mitunter noch mögliche Kompromisse zwischen ihrer Rolle als Mann und ihrer Person als Frau zu erkennen. Im Tempel von Buhen in Unternubien kann man an den wenigen Resten noch erkennen, wie dies ausgesehen haben könnte; hier sind nur noch die unteren Körperhälften abwärts des Bauchnabels erhalten. Zunächst ließ sich Hatschepsut im weiblichen Gewand mit einem Schritt wiedergeben, der allerdings noch deutlich knapper ausfiel als bei einem König. Normalerweise war es üblich, Frauen und eben auch Königinnen mit eng beieinanderstehenden Beinen zu zeigen. Mit dem Schritt drückt Hatschepsut ihre Rolle als König aus. Neben einem langen weiblichen Gewand trug sie offenbar gleichzeitig einen männlichen Schurz. Hierbei griff sie auf ein Vorbild aus der Vergangenheit zurück. Neferusobek, der letzte „König" der 12. Dynastie, hatte die Kombination von weiblicher und männlicher königlicher Gewandung getragen, zumal es als unangemessen empfunden wäre, ihren Oberkörper unbekleidet zu zeigen.[150] Hatschepsut besaß da offenbar weniger Skrupel. Es deutet einiges darauf hin, dass sie diese Szenen in Buhen ändern ließ. Der Saum ihres Gewandes wurde entfernt und ihr Schritt deutlich vergrößert. Ihre Beine wurden als die eines Mannes ausgearbeitet und auch der männliche Schurz wurde entsprechend betont.[151]

Hatschepsut als kriegerischer Pharao

In den verbleibenden eineinhalb Jahrzehnten ihres Lebens bemühte sich Hatschepsut, alle Aspekte, welche die Rolle eines Pharaos betrafen, auszuführen und nach außen hin zu repräsentieren. Dazu gehörten auch militärische Aufgaben. In der Vergangenheit hat man ihrer Herrschaft einen dezidierten Pazifismus unterstellen wollen. Doch das Gegenteil ist der Fall. Schon als junge Königstocher hatte sie ihren Vater Thutmosis I. auf dessen großen Feldzug bis nach Obernubien begleitet und die vernichtende Schlagkraft der ägyptischen Armee erleben können. Diese Erfahrung erwies sich als sehr wertvoll. Denn kaum hatte ihr Gemahl Thutmosis II. den Thron bestiegen, da erreichte die Nachricht vom Aufstand einiger nubischer Fürsten den Hof. Hatschepsut dürfte ihren Bruder bei der Delegation und Planung der Gegenmaßnahmen beraten und unterstützt haben. Während der Regentschaft hatte das Risiko bestanden, dass auswärtige Mächte diese Situation als eine Schwächung des Landes wahrnehmen konnten. Aus dieser Zeit sind aber bislang keine militärischen Aktionen bekannt.

Dagegen liegen ab dem siebten Jahr verschiedene Belege zu insgesamt sechs Feldzügen unter ihrer Regierung vor. Bemerkenswert ist ein Graffito auf einem Felsen der Nilinsel Sehel bei Assuan, das der Beamte Ti anbringen ließ: „Der Fürst und Graf, Schatzmeister des Königs von Unterägypten, Einziger Freund, oberster Schatzmeister, der für die Beute zuständig ist, Ti." Er sagt:[152] „Ich folgte dem guten Gott, dem König von Ober- und Unterägypten, ‚Maat ist der Ka des Re' (Hatschepsut), der Leben gegeben ist. Ich sah ihn die nubischen Nomaden unterwerfen. Ihre Fürsten wurden ihm als Gefangene gebracht. Ich sah ihn das Land Nubien zerstören, während ich Seiner Majestät folgte." Über die Größenordnung dieser Kampagne wie auch das Operationsgebiet ist nichts bekannt. In der Vergangenheit wurde dieser Inschrift wenig Bedeutung beigemessen. Wichtig ist die Aussage Tis, dass Hatschepsut persönlich an diesem Feldzug teilnahm und nur sie in dem Graffito genannt wird. Allerdings ist auch von der Anwesenheit Thutmosis' III. in Nubien auszugehen, da er schon früh an die zentralen Aufgaben eines Königs herangeführt werden sollte. Und dazu gehörte vor allem die Kriegsführung. Hatschepsut dürfte dabei an ihre eigenen Erfahrungen gedacht haben, als sie dereinst ihren Vater bis nach Obernubien begleitete und das Kriegsgeschehen aus gesicherter Entfernung beobachten konnte. Aus den wenigen Bruchstücken einer Inschrift aus ihrem Tempel von Deir el-Bahari geht hervor, dass Hatschepsut bei ihrer eigenen Kampagne tatsächlich auf den großen Nubienfeldzug Thutmosis' I. Bezug nahm: „... wie es von ihrem siegreichen Vater, dem König von Ober- und Unterägypten, ‚Groß an Gestalt und Ka, ein Re' getan wurde." Anschließend erwähnt der Text ihr eigenes Handeln, die „Zerstörung der südlichen Länder", die nun unter ihre Füße gebracht worden sind.[153] Ansonsten finden sich nur sehr allgemein gehaltene Andeutungen auf ihr Vorgehen gegen Nubien in den Gräbern der Beamten, die in ihren Diensten standen. Der Oberschatzmeister Djehuti erwähnt: „Ich besichtigte das Messen der Beute dieses starken Königs aus dem elenden Kusch, wie Feigen gemessen werden."[154] Und dem Würfelhocker des Heerführer Inebeni ist zu entnehmen, dass er seiner Herrin auf ihren Reisen in das südliche und nördliche Fremdland Gefolgschaft leistete.[155]

In den Tempeln, die Hatschepsut in der Folgezeit errichten ließ, wird ihre Rolle als kriegführender Pharao keineswegs unterdrückt, obwohl Hinweise auf bestimmte Ereignisse eher dürftig sind. Zwar folgen diese Bildszenen ganz den konventionellen Vorlagen, aber durch die Aussage des Schatzmeisters Ti erhalten sie zumindest eine gewisse Berechtigung. In Deir el-Bahari ist es eine Darstellung des nubischen Gottes Dedun, der gefesselte nubische Kriegsgefangene zu Hatschepsut führt. Eine andere,

Abb. 16: Der 8. Pylon von Karnak mit den Kolossalstatuen der Vorfahren. Rechts hinter der großen Statue ist Hatschepsut/Amenopis II. beim Erschlagen der Feinde zu sehen.

ganz kanonische Szene zeigt sie als männliche Sphinx, wie sie ihre Feinde unter ihren Füßen niedertrampelt.[156] Wie erwähnt, ließ sie sich auf dem 8. Pylon in einem großformatigen Relief beim Erschlagen der Feinde abbilden.[157]

Feldzüge nach Syrien waren militärische Säuberungsaktionen, um die ägyptische Präsenz in der Levante zu festigen.[158] Wahrscheinlich hat Hatschepsut diese an zuverlässige Generäle delegiert. Dass Thutmosis III. so bald wie möglich an militärische Aufgaben herangeführt wurde, ist dem Nubienfeldzug aus dem 12. Regierungsjahr zu entnehmen. In einer Felsinschrift aus Tangur-West liegt hier zugleich die bislang früheste Doppeldatierung von Hatschepsut und Thutmosis vor:[159]

„Regierungsjahr 12, dritter Monat der Peret-Zeit, Tag 12, unter der Majestät des guten Gottes ‚Maat ist der Ka des Re' (Hatschepsut), mit Leben versehen, unter der Majestät des guten Gottes. ‚Mit bleibender Gestalt ein Re' (Thutmosis III.), als er südlich zog beim Niederschlagen des elenden Kusch."

Dies ist der einzige Beleg zu dieser Kampagne, die bis südlich des 2. Nilkataraktes ging. Hatschepsut wird hier im Protokoll zuerst genannt, was ihre vorherrschende Stellung in der Koregentschaft bestätigt. Allerdings geht aus dem kurzen Text deutlich hervor, dass Thutmosis diese Operation selbst durchführte. Bemerkenswert ist jedoch der Umstand, dass die Inschrift nur 25 Meter entfernt von dem Text des Heeresschreibers Ahmose, dem Sohn der Ibana, aus dem 2. Jahr Thutmosis' I. angebracht wurde. Also bereits fünf Jahre nach Hatschepsuts Krönung war Thutmosis III. in der Lage, eine militärische Operation selbst zu leiten oder zumindest daran teilzunehmen. In den verbleibenden Jahren der Koregentschaft sind noch drei Aktionen unter seiner Führung belegt. So zog er acht Jahre später erneut nach Nubien, wie aus einer lückenhaft erhaltenen Felsinschrift aus Tombos hervorgeht:[160]

„Jahr 20. Der gute Gott, der den Angreifer niederschlägt … der errichtet das Haus seines Vaters, damit er Stärke gebe … ‚Mit bleibender Gestalt ein Re', (Thutmosis III.) der König gebe ein Opfer für Amun-Re, dem Herrn der Throne der Beiden Länder und der Götter-Enneade in Nubien, damit sie geben Tapferkeit, Wachsamkeit …" Aus dem weiteren Text ist zu erkennen, dass der Stifter der Inschrift, der „Vorsteher der Südländer" – sein Name wurde später entfernt – dafür sorgte, dass das Haus seines, also des Königs unter anderem mit rotem Jaspis, Elfenbein, Ebenholz, Holz vom Kampferbaum, Balsam und Weihrauch der Medjai und „den Herrlichkeiten des elenden Kusch" gefüllt wurde. Hierbei handelt es sich weniger um die eigentliche Kriegsbeute, sondern vielmehr um reguläre Tribute oder Handelsgüter, die aus dieser Region regelmäßig erworben wurden.

Nach der Inschrift war Thutmosis ganz offensichtlich mit der alleinigen Durchführung dieser Kampagne betraut gewesen. In der Vergangenheit hat man in seinen Feldzügen während der späten Jahre der Koregentschaft eine deutliche Stärkung seines Königtums vermutet, da er als eigentlicher König das Militär auf seiner Seite habe. Doch darf man die Nichterwähnung Hatschepsuts in diesem Text nicht als Schwächung ihrer Stellung am Hofe ansehen. Allerdings lässt die spätere Entfernung des Stifternamens darauf schließen, dass es sich um einen ihrer Günstlinge gehandelt hat.[161] In den verbleibenden zwei Jahren Hatschepsuts nahm der junge König noch weitere militärische Aufgaben wahr. So erfolgte ein weiterer Feldzug bis in die „südliche Wüste Nubiens" in die Gegend von Miu. Bei dieser Gelegenheit erlegte der König mit Pfeilschüssen ein Nashorn.[162] Die Region von Miu ist bis heute nicht eindeutig lokalisiert: Entweder lag sie in der Gegend von Firka – bei Amara genau zwischen dem 2. und 3. Nilkatarakt – oder sogar südlich des 5. Kataraktes.[163] Auf jeden Fall kam Thutmosis bis an die äußersten Grenzen des ägyptischen Einflussgebietes. Und spätestens um sein 22. Jahr eroberte er Gaza. Am Anfang seiner Alleinherrschaft war Thutmosis III. also bereits ein erfahrener Feldherr, als er gegen einen Aufstand syrischer Fürsten nach Megiddo ziehen musste und dort durch eine mutige List seine Gegner verblüffte, die ihn offenbar völlig unterschätzt hatten.

Die Expedition nach Punt

Spätestens in ihrem siebten oder frühen achten Regierungsjahr ließ Hatschepsut eine aufwendige Handelsmission zum Gottesland Punt ausstatten, um kostbare Rohstoffe, Waren und seltene Tiere zu beschaffen. Man kann davon ausgehen, dass mit der Planung bald nach ihrer Krönung begonnen worden war. Es ist zugleich die wohl programmatischste Aktivität ihrer frühen Regierung. Auch hier ging ein Gottesorakel dem Ereignis voraus, und es ist davon auszugehen, dass die Amun-Priesterschaft erneut für eine günstige Entscheidung sorgte. Zu den zu beschaffenden Rohstoffen gehörten vor allem kostbare Duftharze sowie Edelmetalle, darunter Gold und Elektron. Besonders begehrt war das Elektron, ein natürlich vorkommendes Gold mit Anteilen von Silber und Kupfer und wesentlich heller als pures Gold. Zu Blech und Blattgold verarbeitet wurden damit die Spitzen von Obelisken, Tempelpforten, Fahnenmasten und andere Gebäudeelemente belegt, die so das Sonnenlicht mit einem mitunter blendenden Glanz reflektierten. Schon im Alten Reich hatte man damit die Pyramidenspitzen verkleidet. In Punt konnte außerdem das „grüne Gold aus Omau" erworben werden, das wohl aus der Gegend des 3. Kataraktes stammte. Auch hier handelte es sich um eine natürliche Goldlegierung mit Silber- und Kupferanteilen. Seine grau-grünliche Färbung gab ihm seinen Namen. Punt war vor allem wegen seiner diversen Duftharze berühmt, die zu Räucherwerk für den Tempeldienst oder zu kostbaren Salben und Duftölen verarbeitet wurden, die ebenfalls für kultische Zwecke Verwendung fanden. Das Land war nicht nur direkter Rohstofflieferant, sondern diente zudem als ein Umschlagplatz für Güter, die weit aus dem Inneren Afrikas kamen.

Die Düfte aus Punt wurden seit alters her stets mit göttlicher Gegenwart assoziiert. So war der wahrnehmbare „Gottesduft" eines der wichtigen Wesensmerkmale ägyptischer Götter – allen voran Amuns, ihres Königs. In der ägyptischen Vorstellungswelt war Punt deshalb das „Ta Netjer" – „das Gottesland", wo Amun und seine mythische Gemahlin Hathor mitunter verweilten. Hatschepsut beabsichtigte mit ihrer Expedition auch Antiu-Bäume zu erwerben, um diese daheim in Ägypten anzupflanzen. Auf diese Weise hoffte man die Myrrhenharze selber zu ernten, um Räucherwerk, Salben und Duftöle frisch anfertigen zu können. Bereits König Sahure (2487–2475) hatte Bäume aus Punt kommen lassen. Allerdings war diesen Absichten kein dauerhafter Erfolg beschieden, da diese Bäume nur in einer bestimmten Region gedeihen.

Die genaue Lage von Punt ist bis heute nicht eindeutig bestimmt. Auf jeden Fall lag es in einer Region am Horn von Afrika, wo besonders kostbare Duftharze heimisch sind. Sehr wahrscheinlich ist die Küste des heutigen Eritrea oder nördlichen Somalia, allerdings ist auch die Rote-Meer-Küste des Sudan nicht auszuschließen. Der Landepunkt der ägyptischen Expedition könnte nach neuesten Forschungen zwischen Port Sudan und Asmara gelegen haben. Als idealer Hafen böte sich Adulis an.[164]

Aufgrund der weiten Entfernung erfolgte der größte Teil der Reise mit dem Schiff. Die ägyptischen Quellen überliefern nicht die einzelnen Stationen des Seeweges. Die Fahrt bestand aus einer Kombination von Schiffstransport über den Nil, Karawanenweg von Oberägypten über das Wadi Hammamat zum Roten Meer sowie anschließender Seefahrt von dort nach Punt. Die frühesten Punt-Fahrten sind für das Alte Reich belegt. Erst vor wenigen Jahren hat man im Pyramidenkomplex des Sahure in Abusir Reliefdarstellungen heimkehrender Puntschiffe gefunden. Auch hier fehlen genaue Details zu Reiseweg oder -dauer, doch ist der große Aufwand des Unternehmens zu erkennen. Mindestens fünf seetüchtige Schiffe sind auszumachen. Interessant ist die Anwesenheit zweier Beamter während der Reise, die als Aufseher für die Steinbrüche und die Prospektion von Bergwerken fungierten.[165] Im Mittleren Reich wurden diese Fahrten fortgesetzt und fanden besonders häufig während der gesamten 12. Dynastie mit großem Aufwand statt. Dabei wurden die benötigten Schiffe in Einzelteile zerlegt, vom Niltal über den Landweg zum Roten Meer transportiert und dort für die anschließende Seefahrt wieder zusammengesetzt. Auf dem Rückweg erfolgte wohl das gleiche Prozedere.

Ein Papyrus über die Zeit Ramses' III. (1184–1153) gibt einige interessante Einblicke. In diesem ausführlichen Text wird an einer Stelle über den Transport von Waren und Menschen aus Punt berichtet, was als Illustration des Unternehmens der Hatschepsut dienen kann:[166]

„Ich (Ramses III.) baute große Schiffe und Barken, sie alle versehen mit zahlreichen Mannschaften und Begleitern … Sie wurden ausgesandt hinaus auf das große Meer des umgekehrten Wasser (damit ist das Rote Meer gemeint)[167], sie erreichten das Land von Punt … Ihre Schiffe und Barken wurden beladen mit den Produkten des Gotteslandes, mit allen

Wunderdingen ihres Landes, mit zahlreichen Wohlgerüchen aus Punt, beladen zu zehntausend, ohne Zahl. Ihrer Fürsten Kinder des Gotteslandes gingen an der Spitze ihrer Tribute voran nach Ägypten. Sie kamen sicher zum Wüstenland von Koptos (gemeint ist hier der Landepunkt am Roten Meer bei der Karawanenstraße). Sie landeten in Frieden mit den mitgebrachten Dingen. Sie (die Güter) wurden auf Esel und Menschen für den Landweg geladen und umgeladen auf Schiffe auf dem Nil am Hafen von Koptos."

Anschließend wurden die Fracht aus Punt und die mitgebrachten Puntiten stromabwärts zur Residenz nach Pi-Ramesse im östlichen Nildelta transportiert. Aus dieser Beschreibung wird der Karawanentransport vom Roten Meer durch Packesel und Lastenträger ebenso erwähnt wie das anschließende Verschiffen der Güter und Menschen – sowie sicher auch Tiere – zur Fahrt auf dem Nil.

Weitere Expeditionen aus dem Alten und Mittleren Reich[168] sind bekannt. Aus der 6. Dynastie ist die Beschaffung von Tanzzwergen aus Punt zu erwähnen. Besonders berühmt ist die Inschrift des Karawanenleiters Herchuf, der einen solchen Zwerg für den sehr jungen Pepi II. mitbringt. Daraus geht auch hervor, dass der Zwerg so ähnlich sei wie derjenige, der zu König Djedkare Isesi (2414–2375) rund anderthalb Jahrhunderte zuvor gebracht worden war.[169] Der König war von der Aussicht, einen solchen Tanzzwerg an seinen Hof zu bekommen, so angetan, dass ihn dessen sichere Herbeischaffung mehr interessierte als der „Tribut von Punt".[170] Ebenfalls in der Zeit Pepis' II. erhielt Pepinacht den königlichen Auftrag, die sterblichen Überreste des Aufsehers Anchti nach Ägypten zurückzubringen. Dieser sollte ein Schilfboot für die Reise nach Punt bauen, als er mit seinen Truppen von Wüstenbewohnern erschlagen wurde.[171] In einer Inschrift aus der gleichen Zeit im Grab des Huy in Assuan vermerkt ein gewisser Chnumhotep, dass er seinen Herrn mehrfach nach Kusch und Punt begleitete.[172] Aus dem Mittleren Reich lassen sich weitere Expeditionen unter Mentuhotep III. (2004–1992), Sesostris I. (1965–1920), Amenemhat II. (1922–1878), Sesostris III. (1874–1855) und Amenemhat IV. (1808–1799) nachweisen.[173]

Ähnlich wie bei Sahure wurden für Hatschepsuts Fahrt fünf große Schiffe benötigt – kleinere Beiboote nicht mitgerechnet.[174] Die Königin beauftragte Nehesi, den Siegelbewahrer des Königs von Unterägypten, mit der Leitung der Expedition. Sein nubischer Hintergrund machte ihn für diese Mission durchaus geeigneter als einen Ägypter. Wie viele Personen insgesamt daran teilnahmen, kann bestenfalls geschätzt werden, da die genaue Zusammenstellung der Beteiligten nicht auf den Denkmälern dokumentiert wurde. Immerhin ist davon auszugehen, dass ein Teil davon nur bis zum Roten Meer mitkam und dort die Rückkehr der Flotte abwartete. Dies gilt besonders für den Umstand, dass der Hafen zu dieser Zeit nicht permanent besiedelt war.

Allein für die Schiffe wurden immerhin insgesamt mindestens 150 Ruderer – 30 Mann pro Schiff – benötigt, Ablösung und Ersatzleute nicht mitgerechnet. Hinzu kamen Schreiber, Übersetzer, Seeleute, Handwerker und Soldaten. Hatschepsut lässt dieses Unternehmen in der Punthalle von Deir el-Bahari als eine militärische Aktion darstellen, wobei die in Punt erworbenen Güter als Tribute bezeichnet werden. Aber im ägyptischen Verständnis – und besonders dem von Hatschepsuts offiziellen Stellungnahmen während ihrer gesamten Herrschaft – wurde Punt als ein Teil Ägyptens angesehen: „Meine südliche Grenze reicht bis zu den Ufern von Punt, das Gottesland ist in meiner Faust", verkündet sie später im 15. Regierungsjahr.[175] Dies erscheint merkwürdig, lagen doch zwischen beiden Ländern ausgedehnte Gebiete, die nicht unter ägyptischer Kontrolle standen. Doch aufgrund der früheren Handelsexpeditionen glaubte man eine eigene Präsenz, wenn nicht sogar Kontrolle in Punt errichtet zu haben. Unter diesem Gesichtspunkt erscheint es sogar einleuchtend, warum Ägypten das Gottesland als tributpflichtig ansah.

Es ist daher schwer, Hatschepsuts Punt-Fahrt als einen bloßen Beutezug abzutun. Immerhin hatten diese Reisen ja schon seit über einem Jahrtausend viele Male stattgefunden und allein die Anwesenheit von Übersetzern in frühester Zeit lässt auf die friedlichen Absichten der Ägypter schließen. Auf welche Weise die Kommunikation mit den Puntiten erfolgte, lässt sich nur erahnen. Sehr wahrscheinlich handelte es sich bei den Übersetzern um Kontaktpersonen aus dem Inneren Afrikas, die über die nötigen Sprachkenntnisse verfügten; oder es waren Personen, die aufgrund eines lang überlieferten Wissens in diesen Sprachen geschult waren. Auf den Reliefs des Sahure wird ausdrücklich ein Übersetzer erwähnt.[176] Die Anwesenheit von Hatschepsuts Soldaten erfüllte dagegen mehrere Zwecke. Zum einen konnten sie bei verschiedenen logistischen Aufgaben zur Hand gehen. Zum anderen dienten sie natürlich zum Schutz der gesamten Mannschaft und zur Bewachung der kostbaren Fracht auf der Rückreise. In Punt war durchaus mit unerwarteten Entwicklungen zu rechnen. Dies gilt vornehmlich für die Begegnungen mit anderen ethnischen Volksgruppen bei einer Reise in das Landesinnere Afrikas. Die Anwesenheit der Soldaten sorgte daher sicherlich auch für einen gewissen Nachdruck, was die Durchführung der Expeditionsziele angeht.

Für eine reibungslose Durchführung war man dennoch auf die Koope-

J'espérais secrètement qu'il se trompait, mais comme il savait beaucoup de choses, il devait forcément avoir raison.

De retour au camp, mon père a allumé un feu pour réchauffer un ragoût qu'il avait apporté. Je contemplais le grand soleil africain qui commençait à disparaître à l'horizon et la lune qui éclairait la zone où nous étions assis, autour du feu. J'adorais regarder le ciel africain constellé d'étoiles scintillantes et de planètes brillantes. Du moins, j'adorais ça jusqu'à ce que mon père décide de nous enseigner le nom et l'emplacement des planètes. Il nous a indiqué la constellation des Sept Sœurs, expliquant qu'elles s'appelaient en réalité les Pléiades et qu'il s'agissait des sept filles d'Atlas le titan. Je me suis rapidement désintéressée de l'explication détaillée, me raccrochant à l'idée des sept sœurs, mais mon père me posait un tas de questions pour voir si j'avais bien écouté et il s'emportait si je ne me souvenais pas de tout ce qu'il venait de dire. J'ai donc vite appris à réciter les noms des Pléiades, comme un perroquet, pour ne pas le contrarier.

— Voyons un peu qui verra en premier une étoile filante, ai-je chuchoté à Sean.

Aussi effrayés que nous ayons été la veille, nous nous trouvions une fois encore au beau milieu d'un endroit magique.

Soudain, nous avons entendu un craquement bien distinct de l'autre côté du camp, près des toilettes.

— Chut ! Vous avez entendu ?

Mon père s'est levé d'un bond et a balayé le camp de sa torche. Dans la brousse dense et sombre s'est dessinée la silhouette du troupeau d'éléphants que nous avions croisé dans la journée. C'était difficile de bien distinguer, de loin, mais on aurait dit qu'ils étaient en train d'arracher l'écorce des arbres, épluchant les troncs sans le moindre effort, comme on épluche une banane.

ration der einheimischen Bevölkerung angewiesen. Schon allein aus diesem Zweck führten die Ägypter für ihre Kontaktpersonen in Punt und darüber hinaus verschiedene Waren und Objekte als Geschenke und Tauschgaben mit. Aus den Flachreliefs der Punthalle ist zu entnehmen, dass es sich hierbei hauptsächlich um Waffen und vor allem Halsketten und -kragen handelte. Die im Bild abgebildeten Mengen sind nur symbolisch zu verstehen – es war mit Sicherheit viel mehr, was die Ägypter tatsächlich mitbrachten.

Und eine weitere, ganz besondere Gabe wurde der Expedition mitgegeben: eine eigens aus harten Gestein angefertigte Doppelstatue des Gottes Amun und Hatschepsuts selbst. Bei dieser Rundplastik war Hatschepsut kniend vor dem Gott dargestellt. Die Anfertigung einer derartigen Plastik geschah nicht von ungefähr, denn es gab in der Region von Punt ein ägyptisches Heiligtum, dessen Anfänge wohl bis in die Zeit der ersten Punt-Fahrten im Alten Reich zurückreichten. Es dürfte den ägyptischen Missionen als Basislager gedient haben und war zugleich auch ein offizieller Treffpunkt mit den Puntiten, die erst aus der näheren oder weiteren Umgebung herbeikommen mussten. Dieser Ort ist zugleich ein Indiz dafür, dass sich im Laufe der Zeit ein eingespielter Modus für die Begegnungen zwischen Ägyptern und Einheimischen entwickelt hatte, der unabhängig von der Frequenz der einzelnen Expeditionen war: Wenn die Ägypter ihre Kontaktpersonen nicht unmittelbar nach der Landung antrafen, kamen sie hierher, um dort deren Eintreffen abzuwarten. Nehesi begab sich mit seinem Gefolge offenbar zügig dorthin und ließ seine Ankunft – vor allem dem Fürsten von Punt – durch Boten verkünden. Wie lange die Ägypter dort warten mussten, ist nicht bekannt, aber es könnte mitunter einige Tage gedauert haben. Ob jedoch die Kontakte mit anderen Volksgruppen in dieser Region immer so friedlich verliefen wie mit den Puntiten, mag dahingestellt sein.

Nach dem Aufbruch von einem Hafen am Roten Meer musste die Punt-Flotte im Durchschnitt mindestens eine Strecke von 1100 bis 1400 Kilometer zurücklegen – wenn nicht sogar weit mehr –, um ihr Ziel zu erreichen.[177] Die Reiseplanung wurde letztendlich auch von den Meeresströmungen bestimmt. So fand die Hinfahrt in der Regel in den Monaten Juni bis September statt, während die Heimfahrt nach Norden von November bis März erfolgte. Die ägyptischen Schiffe legten am Tag eine Strecke von etwa 40 bis 50 Kilometern zurück. Das erscheint aus heutiger Sicht als eher wenig, aber es gilt zu bedenken, dass nur bei Tageslicht in Sichtweite der Küste gesegelt wurde. Gerudert wurde meist bei schlechten Windverhältnissen, auch wenn dies in der bildlichen Darstellung selbst unter vollem Segel geschieht.[178] In diesen Breitengraden sind die Tage ohnehin kürzer. Für die Nacht legte man daher an einem günstigen Punkt in Ufernähe an, wobei die Vorbereitungen dafür deutlich vor Anbruch der Dämmerung angegangen wurden. Für die Hinfahrt kann in etwa eine Dauer von 20 bis 40 Tagen veranschlagt werden.

Die Abbildungen von diversen Meeresfischen und -tieren in der Punthalle legen nahe, dass die Begegnung mit dem Fürsten von Punt vielleicht noch in Küstennähe erfolgte. Zu den bemerkenswerten Details gehört in diesem Zusammenhang die Wiedergabe eines gewissen Lokalkolorits der besuchten Region. In der Punthalle kann man mehrere Pfahlbauten der Einheimischen sehen, wie man sie noch heute in einigen Gegenden Ostafrikas findet. Die Hütten sind abwechselnd von Dattelpalmen und Weihrauchbäumen umgeben. Dazwischen sind verschiedene Nutztiere zu sehen, vor allem Rinder und an einer Stelle auch ein Hund.[179]

In diesen Darstellungen sticht jedoch vor allem die Gestalt der Iti, der Gattin des Fürsten von Punt, wegen der krankhaften Korpulenz deutlich hervor. Ihre extreme Körperfülle ist mit einem für ägyptische Reliefs dieser Zeit ungewöhnlichen Realismus wiedergegeben. Fast wirkt diese Abbildung wie eine Karikatur. Aufgrund der anatomischen Details – der stark gekrümmten Wirbelsäule und extremen Fettleibigkeit, besonders an den Armen und Beinen – hat man hier die Dercum'sche Krankheit oder Elephantiasis diagnostizieren wollen. Aus älteren Grabungsberichten wissen wir jedoch, dass es in der Punthalle mindestens sogar zwei Darstellungen von offiziellen Begegnungen mit dem Fürstenpaar gab. Bald nach der Landung der ägyptischen Schiffe kam es zu einem ersten Zusammentreffen. Bei dieser Gelegenheit kamen nicht nur der Fürst und seine Frau, sondern auch deren beiden Söhne und die Tochter. Das Mädchen ist zwar als junge Frau deutlich schlanker als ihre Mutter wiedergegeben, doch lassen gewisse anatomische Details erahnen, dass sie die gleiche Veranlagung besaß, um später genauso korpulent wie ihre Mutter zu werden. Möglicherweise reflektierte jedoch diese Beleibtheit nicht so sehr eine bestimmte Krankheit als vielmehr ein in dieser Region verbreitetes Schönheits- und Wohlstandsideal. Wie nicht anders zu erwarten, hatte die Fürstin von Punt aufgrund ihrer Leibesfülle große Probleme, sich über längere Strecken zu Fuß zu bewegen, denn in den Punt-Reliefs wird ausdrücklich der Esel hervorgehoben, der die Frau des Fürsten trägt. Die Ägypter hatten bei dieser ersten Begegnung ihre mitgebrachten Gaben ausgebreitet. Im Gegenwert zu den zu erwerbenden Rohstoffen und Gütern erscheinen ihre Mitbringsel jedoch fast wie „Glasperlen für die Eingeborenen".[180]

Im Bildprogramm von Deir el-Bahari tritt die Fürstenfamilie mit erhobenen Armen ihren Besuchern zur Begrüßung entgegen. In den ägyptischen Quellen wird den Gastgebern ein gewisses Erstaunen über die Ankunft der Expedition in den Mund gelegt. So ist davon die Rede, dass bisher noch niemand – zumindest von Ägypten aus – zu ihnen gekommen sei. Dies ist ein topischer Gebrauch, denn ein derartiges Unternehmen wird immer so dargestellt, als hätte es vorher noch nie so etwas Vergleichbares gegeben. Jeder König stellt seine Taten stets als etwas Einmaliges dar. Doch auch andere Aussagen sind überliefert. Hier erkundigen sich die Einwohner von Punt nach dem Reiseweg und ob die Ankömmlinge „auf dem Wasser oder zu Lande“ gereist seien.[181] Diese Äußerungen reflektieren ein sehr realistisches, ja selbstverständliches Szenario. Bei einem zweiten, späteren Treffen begrüßten sich Ägypter und Puntiten wie Gleichrangige – der Grußgestus ist bei beiden Gruppen gleich.

Bei dieser Gelegenheit richtete der Expeditionsleiter Nehesi ein Festmahl für seine Gastgeber aus. Dafür wurde ein Zelt errichtet und eigens aus Ägypten mitgebrachte Speisen serviert. Wir erfahren, dass es sich dabei um Brote, Bier, Wein, Fleisch, aber auch um Früchte und andere Nahrungsmittel handelte. Die erwähnten Brote wurden aus ägyptischem Getreide, welches direkt vor Ort gemahlen wurde, frisch gebacken. Bei diesem Treffen trugen die Ägypter Einzelheiten ihrer Absichten vor und planten das weitere Vorgehen. Da die Länge des Aufenthalts in Punt nicht überliefert ist, ist es sogar möglich, dass die Ägypter noch weiter in das Landesinnere reisten, um weitere Waren herbeizuschaffen oder andere Handelsposten aufzusuchen. Auf der Darstellung dieser Szene in Deir el-Bahari fällt auf, dass die Puntiten bereits diverse Güter und Rohstoffe herbeibringen. Erwähnt werden dabei das grüne „Gold aus Omau“ und Myrrhen. In dieser Zeit, die sich einige Wochen hinzog, haben die Ägypter mit tatkräftiger Unterstützung der einheimischen Bevölkerung die unterschiedlichsten Dinge einträchtig zusammengetragen, wie die Reliefs der Punthalle erkennen lassen. Das Hauptaugenmerk galt den 31 Antiu-Bäumen, die für den Transport mit ihren Wurzeln in besondere Tragekörbe verpackt und mit Hilfe einer Stange von bis zu sechs Männern getragen wurden.[182] Ägypter und Puntiten werden gemeinsam bei dieser Arbeit gezeigt. Zu den weiteren Tätigkeiten gehörte auch das Fällen einer großen Anzahl von Ebenholzbäumen. Auf den Fragmenten dieser Szenen sieht man, wie die Äxte in die Bäume geschlagen werden und unzählige Holzspäne zu Boden fallen.[183]

Die in Punt erworbene Fracht wurde anschließend mit erheblichem Aufwand zur ankernden Flotte am Roten Meer gebracht und auf die Schiffe verladen. Dazu gehörten auch einige exotische Tiere. Auf den Reliefs sind vornehmlich Paviane zu erkennen, die in Ägypten mit dem Gott Thot assoziiert wurden und somit als heilig galten. Bereits Sahure hatte Paviane und Meerkatzen aus Punt bringen lassen. Anschließend erfolgte die Rückreise der Flotte zum Ausgangshafen. Von dort ging es mit Lasttieren über den Landweg weiter bis zum Nil nördlich von Koptos, um dann die letzte Etappe nach Theben erneut auf Schiffen fortzusetzen. Der Schiffstransport nach Theben hatte mehrere praktische Gründe. Zum Einen konnte die umfangreiche Ladung recht zügig und einfach zur königlichen Residenz gebracht werden. Zugleich setzte man die Rückkehr der Expedition eindrucksvoll in Szene, denn die Ankunft der Schiffe wurde an beiden Seiten des Nils von der Bevölkerung begleitet. Vorauseilende Boten dürften die baldige Ankunft sowie einen Vorabbericht in Theben verkündet haben. Eine solche Nachricht verbreitete sich wie ein Lauffeuer, so dass der Hof und die Einwohner der Region herbeieilten, sobald sich die Flottille der Stadt näherte. Die Schiffe erreichten über einen Kanal einen kleinen Hafen direkt vor dem Amun-Tempel von Karnak und konnten dort ihre Fracht entladen.

Die religiöse Propaganda Hatschepsuts in der Punthalle verkündet, dass sie die „Wunderdinge aus Punt" gemeinsam mit den „Tributen" der südlichen Fremdländer dem Amun weihte. Die Gaben von Punt sollten zügig nach ihrer Ankunft im Hof des Tempels, zweifelsohne der unter Thutmosis II. vor dem 4. Pylon erbauten Festhof, präsentiert werden. Dazu gehörten Ringe von Elektron, Elfenbein, Leopardenfelle, in Beuteln verpackte schwarze Augenschminke, Wurfhölzer, Ebenholz, Elefantenstoßzähne, die lebenden Tiere sowie seltene Gesteinsarten und Mineralien. Zudem hatte man auch einige Puntiten mit deren Familien mitgebracht. In den Texten werden sie als Hörige bezeichnet. Doch die Hauptattraktion bildeten alle Erzeugnisse, die mit Duftharzen in Verbindung standen, allen voran die einunddreißig Myrrhenbäume, die mit ihren Wurzeln behutsam verstaut und den weiten Weg über sorgfältig gepflegt worden waren. Sie sollten im Tempel des Amun eingepflanzt werden.[184]

Der Empfang der „Wunderdinge aus Punt" war als ein wichtiges und großangelegtes Ereignis gestaltet. Im offiziellen ägyptischen Sprachgebrauch ist hierbei von Steuern und Tributen die Rede. Das mag auf die von Ägypten kontrollierten Gebiete in Nubien und Kusch auch zutreffen. Es muss allerdings offenbleiben, ob die Erzeugnisse aus Punt tatsächlich zum gleichen Zeitpunkt dem Amun geweiht wurden, wie die Tribute aus den anderen Gebieten, wie eine Inschrift vermuten lässt. Aber da Hatschepsut bei diesem Anlass sogar einige Elefantenstoßzähne, die ihr Vater Thutmosis I. bei der Jagd in Ni am Euphrat erbeutet hatte, mit in die Weihung einbezog, ist es nicht auszuschließen, dass für die Präsentation all dieser Gaben im Tempel des Amun in Karnak ein gemeinsamer Termin gewählt wurde. Wesentlich grundlegender als die Weihung unterschiedlicher Dinge war die Herbeischaffung von Myrrhenbäumen und diversen Duftharzen; waren sie doch für den ägyptischen Kult von immenser Wichtigkeit. Allein die Tatsache, dass man Antiu-Bäume aus Punt mitgebracht hatte, um sie in Ägypten in Hatschepsuts eigenen Tempel und anderen Heiligtümern einzupflanzen, erfüllte einen enormen propagandistischen Zweck – auch den Göttern gegenüber. Dabei schien die Frage, ob diese Bäume im ägyptischen Umfeld wirklich gedeihen und einen Ertrag bringen konnten, eher nebensächlich.

Neben den einunddreißig Myrrhenbäumen waren auch große Mengen an geernteten Baumharzen mitgebracht worden, die zu verschiedenen Produkten weiterverarbeitet und veredelt werden konnten. Diese Harzklumpen wurden nun haufenweise im Vorhof des Karnak-Tempels in Anwesenheit der beiden Könige ausgeladen und gewogen. Die schiere Menge hat mit Sicherheit große Freude unter der Priesterschaft ausgelöst. Aus dem Text von Deir el-Bahari geht hervor, dass Hatschepsut beim Messen der Myrrhen persönlich mit Hand anlegte und dabei selbst in eine Art Verzückung geriet. Dieses Ereignis wird von zwei unterschiedlichen Quellen überliefert. In der Punthalle ihres Tempels in Deir el-Bahari heißt es:[185]

„Ihre Majestät selbst vollbringt es mit ihren beiden Armen, die besten Myrrhen sind auf allen ihren Gliedern, ihr Geruch ist der Wohlgeruch des Gottes, ihr Duft vermischt sich mit dem von Punt, ihre Haut ist mit Elektron vergoldet und strahlt wie die Sterne inmitten des Festhofes vor dem ganzen Land. Jubeln aller Untertanen, sie preisen den Herrn der Götter, sie ehren ‚Maat ist der Ka des Re' (Hatschepsut) in ihrer Göttlichkeit, weil die Wunder, die ihr geschehen sind, so groß sind. Niemals war dergleichen geschehen unter den Göttern, die seit der Urzeit der Erde existiert haben. Möge ihr Leben gegeben werden wie Re ewig."

Noch eindrücklicher wird das Geschehen in der biografischen Grabinschrift des Schreibers Senemiach wiedergegeben, der als Augenzeuge dabei war. Ihm oblag die Aufsicht über die gesamte Agrarproduktion Ägyptens, denn einer seiner vielen Titel lässt sich mit „Verwalter aller Pflanzen" übersetzen.[186] Zu Hatschepsuts Weihung der Güter aus Punt schreibt er:[187]

„Jedes Fremdland kam auf seinem Bauche (in unterwürfiger Haltung) und enthüllte das in ihm Verborgene zum Himmel. Gold trat heraus und Silber trat zum Vorschein … Punt, es erkannte alles, als sie (Hatschepsut) die gute Zeit eines gesegneten Königs verbrachte, nachdem sie den Thron ihres Erzeugers bestiegen hatte. Es war ihr bestimmt, Myrrhe mit Sand zu mischen[188] … Ihre Spitzen stachen in den Himmel und vermischten sich mit den Sternen. Ich sah dies tatsächlich mit meinen eigenen Augen, und es ist keine Lüge dabei. Der König (Hatschepsut) selbst trug das Scheffelmaß und ließ es herumgehen für das, was man ihn von den Myrrhen nehmen ließ. Eine Wolke von Dienern kam hinter ihm heraus. Die Herzen hüpften, als die Myrrhe über seine Glieder quoll … müde waren ihre Rücken, und die Arme waren schlaff, doch das Herz freute sich, und er (Hatschepsut) dachte nicht an Müdigkeit. Die Aufseher des königlichen Hofstaates spendeten Beifall und priesen Ihre Majestät, als sie hörten, wie die Zahl der Myrrhen gerufen wurde … Ich schwöre: Sie bestellte einen Augenzeugen. Sie beauftragte die Ausführenden zu überweisen … Man fand meinen Namen als ersten der schriftlich festgehaltenen. Man gab mir eine Palette in die Hand … Ich maß die Ernte der Myrrhen als jährliches Aufkommen. Ich war es auch, der sie für Salbe auswählte … und herrliche Salben … Ich spreche die Wahrheit, und man ist zufrieden damit."

Senemiach bestätigt also, dass Hatschepsut unter großem Jubel beim Messen der geernteten Myrrhen ein beeindruckendes Ritual vollzog. Beide Texte scheinen vergleichsweise zurückhaltend, was Hatschepsuts eigenes Agieren angeht. Es besteht aber kein Zweifel daran, dass sie hier in irgendeiner Weise selbst Hand angelegt hat. Vielleicht tauchte sie das Scheffelmaß in den Haufen frischer Myrrhen ein. Doch der Kontext deutet mehr an. Immerhin scheint sie dabei in ekstatische Verzückung geraten zu sein. Was ist genau passiert? Fast entsteht der Eindruck, als wäre sie hier scheffelweise mit Myrrhenklumpen überschüttet worden. Hatte der rötliche Staub der Myrrhenklumpen ihre Haut golden erscheinen lassen? Oder hatte sie sich mit frischer Myrrhe selbst eingerieben? Folgendes war wohl geschehen: Aus einem Teil der frischen Myrrhen war bereits kurzfristig eine duftende Salbe oder gar ein Öl hergestellt worden, womit sich Hatschepsut nun die Glieder einrieb – möglicherweise hatte sie dabei Unterstützung vom Personal des Tempels und wurde sogar ganz damit übergossen. Bei diesem religiösen Ritual dürften diese Essenzen großzügig aufgetragen worden sein. Durch den Myrrhenbalsam bekam ihre Haut in der gleißenden ägyptischen Sonne sofort ein goldglänzendes Aussehen. In der ägyptischen Vorstellung bestand das Fleisch der Götter aus Gold. Als König von Ober- und Unterägypten war Hatschepsut ohnehin der göttlichen Sphäre zugehörig und man kann hier auch einen sakralen Akt der Tochter des Amun erkennen. Denn Amun wird in seiner Rede in der Punthalle in den Mund gelegt, dass aus den reinen und makellosen Duftharzen, die Hatschepsut darbringen wird, Salbe für die „göttlichen Glieder“ gepresst werden und zeremoniell überreicht werden soll.[189] Die Salbe war somit nicht nur für die göttlichen Glieder Amuns bestimmt, sondern in diesem Fall auch für Hatschepsuts eigenen göttlichen Körper. Bei dieser Handlung verströmte sie einen sehr starken Duft, der die Anwesenden in ihrer unmittelbaren Umgebung tief beeindruckt haben muss. Ihr Verhalten drückte in dieser Situation zugleich die Freude über den glücklichen Ausgang dieser nicht einfachen Expedition aus.[190] Die Mitwirkung Thutmosis’ III. wird hier völlig ausgeblendet, aber es ist davon auszugehen, dass er bei dieser Gelegenheit ebenfalls gesalbt wurde.

Die immense Bedeutung der feierlichen Weihung all dieser Gaben an Amun machte die persönliche Gegenwart des Gottes selbst notwendig. Die Priester brachten Amun auf seiner Tragbarke herbei. Hier nahm nun auch der junge Thutmosis aktiv am Geschehen teil. Es ist schwer vorstellbar, mit welchen Impressionen der Knabe, dessen Alter nun zwischen zehn bis zwölf Jahren betrug, dieses Geschehen wahrnahm. Allerdings dürften ihn die vielen exotischen Güter sehr beeindruckt haben. So wurde ihm eine bedeutende rituelle Aufgabe zugewiesen, die seine Tante später in der Punthalle festhalten ließ: Er brachte dem Gott zwei Gefäße mit Myrrhen dar.[191]

Bereits die Ankündigung der Rückkehr der Punt-Schiffe hatte in Theben emsige Vorbereitungen ausgelöst. Viele Beamte, die für die unterschiedlichen Ressorts der königlichen Verwaltung und der Tempel zuständig waren, hatten diesen Tag erwartet und waren nun im Festhof Thutmosis’ II. präsent. Sieht man von dem Expeditionsleiter Nehesi ab, so wird nur noch der Schatzhausvorsteher Djehuti in Deir el-Bahari bei diesem Anlass erwähnt. Zu seinem Aufgabenbereich gehörte besonders die Aufsicht über alle metallverarbeitenden Werkstätten, vor allem diejenigen für Edelmetalle.[192] Sein Name und Abbild wurden später aus der Punthalle entfernt. In einer Inschrift aus seinem Grab gibt es eine Passage, die sich diesem besonderen Tag zuordnen lässt:[193]

„Seine Majestät befahl, … aus Elektron vom Besten der Fremdländer zu machen, gemessen mit Scheffeln für Amun angesichts des ganzen Landes. Zugehöriger Betrag: 88,5 Heqat Elektron, dass macht in Deben[194] 8592,5 zugunsten von Leben, Heil und Gesundheit des Königs von Ober- und Unterägypten ‚Maat ist der Ka des Re‘ (Hatschepsut), der ewig lebe.“ Die etwa 781 kg Elektron stellen eine ungeheure Menge dar.

Hatschepsuts Herrschaftsanspruch und Legitimation im dreiteiligen Bilderzyklus in Deir el-Bahari: Die Expedition nach Punt[195]

Kehren wir nochmal zu dem dreiteilgen Bilderzyklus Hatschepsuts von Deir el-Bahari zurück. Auf die Szenen von ihrer göttlichen Geburt, Jugendlegende und Krönung folgt nun zum Abschluss der Zyklus in der südlichen Säulenhalle mit der Expedition nach Punt. An dieser Stelle soll nochmals die Umsetzung eines bestimmten Vorganges im Bildprogramm mit dem historischen Ereignis verglichen werden. Die Szenen der Punthalle unterscheiden sich in vielerlei Hinsicht von den vorherigen. Während die beiden ersten Zyklen in der Geburtshalle jeweils am Eingang der Portikus ihren Anfang nehmen, muss der Betrachter erst die gesamte Punthalle durchqueren, um von der Südwand aus die chronologische Abfolge der Bilder und Inschriften zu erschließen. Dabei sind einige Darstellungen nicht unproblematisch. Zwar ist die Historizität dieses Unternehmens nicht zu bezweifeln, aber seine Wiedergabe muss mit einer gewissen Zurückhaltung bewertet werden. Es handelt sich dabei nicht um eine genaue Reportage, denn was hier von Menschen und Göttern in den Texten gesagt wird, gehört zur Fiktion von Hatschepsuts Erwählung durch Amun. Zudem verwendete man bei der Anfertigung aller drei Zyklen Text- und Bildvorlagen, die teilweise bis ins Alte Reich zurückgingen. Diese wurden nun auf Hatschepsuts Situation weitgehend angepasst – und das gilt auch für die Fahrt nach Punt. Dies erfolgte keineswegs mit gleichbleibender Gründlichkeit, denn gelegentlich wurden einzelne Vorlagen analog übernommen. Anders ist das Vorhandensein sprachlicher Formen, die bereits schon im Mittleren Reich kaum noch verstanden wurden, nicht zu erklären.

Grob gefasst ist die Ereignisabfolge nach Betreten der Punthalle wie folgt:[196]

Hatschepsut verkündet dem Hofstaat die gelungene Expedition nach Punt
Hatschepsut vor Amun-Re: Der Gott spricht mit ihr über die Punt-Fahrt
Thutmosis III. opfert der Tragbarke des Amun-Re Weihrauch
Hatschepsut empfängt die „Tribute“ aus Punt und von anderen Völkern und weiht sie dem Amun-Re
Völkerschaften aus Afrika bringen Tribute und unterwerfen sich Hatschepsut
Die Reise nach Punt und die Rückkehr
Der Aufenthalt im Gottesland

Diese umgekehrte Anordnung ist nicht auf Anhieb zu verstehen. Im Vergleich mit der Gesamtkomposition macht sie aber durchaus Sinn, denn die einzelnen Abschnitte stehen in einem genauen Verhältnis zu den beiden Zyklen in der Geburtshalle. Hatschepsuts Ansprache an den Hofstaat steht auf einer Stufe mit zwei Szenen, in denen Amun eine entscheidende Rolle spielt: 1. seine Ankündigung, die Königin Ahmose zu schwängern, sowie 2. die Präsentation Hatschepsuts vor den Göttern Ägyptens. Hatschepsuts Erscheinen vor Amun ist dagegen parallel zu den Zeugungsszenen in der Geburtslegende und den Passagen aus ihrer Jugend zu sehen, in denen sie in den Norden fährt und den Göttern Ägyptens begegnet. Die Weihung der mitgebrachten Güter aus Punt und anderen Orten steht in Verbindung zu Hatschepsuts Geburt und der Ankündigung Thutmosis' I., dass er seine Tochter als seine Thronfolgerin vorgesehen hat. Und Hatschepsuts frühe Kindheitsszenen und ihre Krönung sind mit der eigentlichen Fahrt nach Punt gleichzusetzen.[197]

Wie in den beiden Zyklen zuvor, sollen die Bildszenen dennoch hier chronologisch aufgeführt werden. An dieser Stelle geht es nicht so sehr um die historischen Ereignisse, als vielmehr darum, was in der Punthalle suggeriert werden soll. Dabei ist zu beachten, dass einige Darstellungen sogar überhaupt nichts mit der Expedition zu tun haben. Im Mittelpunkt steht die üppige Weihung verschiedener Kostbarkeiten und Gaben an Amun. Damit soll Hatschepsuts Anspruch auf das Königtum als würdige Tochter des höchsten Gottes bekräftigt werden. Die Erzeugnisse aus Punt sind nur ein Teil davon. Zusätzlich werden verschiedene Völkerschaften aus Afrika abgebildet, darunter auch Puntiten, wie sie Tribute bringen und der Königin huldigen. Dieses reflektiert sicher ein reelles Szenario, ist wohl aber nicht die Wiedergabe eines historischen Ereignisses im Anschluss an die Punt-Fahrt. Ferner weiht Hatschepsut die Elefantenstoßzähne, die ihr Vater einst erjagt hatte. Vorwegzunehmen ist die Tatsache, dass die Reise nach Punt selbst nur einen sehr kleinen Teil der Dekoration der Halle ausfüllt. Hatschepsuts Erscheinen vor Amun und ihre Ansprache an den Hof nehmen dagegen fast die Hälfte des gesamten Platzes in Anspruch.

Die Fahrt nach Punt und der Aufenthalt im Gottesland[198]

Wenden wir uns der Bildfolge des Zyklus und einigen der Texte zu, die ihren Anfang mit der eigentlichen Reise unter Leitung des gebürtigen Nubiers Nehesi nimmt. Die Reliefs zeigen die Schiffe beim Auslaufen und der Fahrt übers Meer. An Bord ist keine Fracht zu sehen. Jedes Schiff hat einen Mast mit Quersegel und wird zum Manövrieren zusätzlich von dreißig Männern gerudert, fünfzehn auf jeder Seite.

Im Wasser sind unter den Schiffen verschiedene Seefische und andere

Abb. 17: Ägyptische Schiffe auf dem Weg nach Punt (historisches Foto 1893).

Meerestiere aus dem Roten Meer sowie dem Indischen Ozean aneinandergereiht. Dazu gehören auch Rochen, Langusten, Meeresschildkröten und Süßwasserfische. In ihrer eher schemenhaften und detailarmen Ausfertigung sind sie weniger naturgetreu als zum Beispiel Fischdarstellungen aus dem Alten Reich. Dennoch ist ihre Wiedergabe mitunter genau genug, um heute noch einige davon bestimmen zu können.[199] Auf die Lage von Punt geben die Fischarten aufgrund ihrer weiten Verbreitung jedoch keinen Hinweis. Ebenso muss offenbleiben, ob diese Bilder auf zeitgenössische Beobachtungen oder gar ältere Vorlagen zurückgehen.[200]

Die Darstellung der Hinfahrt und der Heimreise befindet sich in den unteren Registern am südlichen Ende der Nordmauer. Die Reise wird knapp beschrieben:[201] „Aufs Meer fahren, Einschlagen des besten Weges zum Gottesland, Landen in Frieden in dem Fremdland Punt durch das Heer des Herrn der Beiden Länder gemäß des Ausspruches des Herrn der Götter, Amun." Dies war nicht für andere Könige der ägyptischen Vergangenheit geschehen, heißt es weiter im Text. Die Ankunft in Punt ist durch Weihrauchbäume am Ufer zu erkennen. Der Aufenthalt dort war auf vier Registern an der kurzen südlichen Mauer der Punthalle angebracht. Kaum die Hälfte der ursprünglichen Wand ist heute erhalten. An

Abb. 18: Die beiden Begegnungen der Fürstenfamilie von Punt. Von der unteren Reihe sind die rechte Seite bis einschließlich des Fürsten und der Esel erhalten.

dieser Stelle befand sich auch ein Relief, auf dem der nubische Gott Dedun die südlichen Fremdvölker und Troglodyten Hatschepsut zuführt.[202]

In den beiden unteren Bildreihen trifft Nehesi zweimal auf die Puntiten. Der erste Kontakt war auf dem darunterliegenden Register angebracht. Als Auguste Mariette seinen Tafelband zu Deir el-Bahari 1877 publizierte, klafften bereits große Lücken in den Punt-Szenen.[203] Die unterste Reihe konnte er jedoch noch vollständig dokumentieren. Zwei Jahrzehnte später fehlten davon mehrere Blöcke, so auch die Reliefs mit der Fürstin von Punt und ihren Kindern.[204]

Diese beiden Szenen sind, wie bei den Schifffahrten selbst, durch zwei Bildstreifen mit Meeresfauna eingerahmt, die das Rote Meer darstellen. „Ankommen des königlichen Boten im Gottesland zusammen mit dem Heer, das ihm folgte, vor das Angesicht der Fürsten von Punt“, sagt die Inschrift. Dem Text nach waren die Ägypter mit allen guten Dingen aus dem Palast ausgestattet „für Hathor, die Herrin von Punt“.[205] Es handelt sich hierbei um ägyptische Waren, die als Tauschgaben vor Nehesi auf einem Tisch aufgestapelt sind: Halskragen und -ketten sowie ein Schwert und eine Streitaxt. Dieser Gabentisch stellt symbolisch die mitgebrachten Tauschgüter dar. Von der linken Seite nähern sich die Puntiten. Dazu heißt es:[206]

„Kommen der Fürsten von Punt in Verbeugung mit gesenktem Haupt, um dieses Heer des Königs zu empfangen. Sie preisen den Herrn der Götter, Amun-Re, den Urgott der Beiden Länder, der die Fremdländer durchzieht. Sie sagen, indem sie um Frieden bitten: ‚Wie seid ihr hierhergekommen zu diesem Land, das die Menschen bisher nicht kannten? Seid ihr auf den oberen Wegen herabgestiegen? Seid ihr auf dem Wasser oder zu Lande gereist? Wie glücklich ist das Gottesland, das ihr betreten habt, als ob ihr Re wäret! Der König von Ägypten[207] aber, gibt es denn keinen Weg zu Seiner Majestät, damit wir von dem Atem, den er gibt, leben?'"

Fürst Parahu und seine Familie haben die Hände zum Gruß erhoben. Er trägt einen langen Spitzbart, eine Halskette und einen Schurz mit zwei Laschen; ein Dolch steckt im Gürtel. Hinter ihm steht seine Frau Iti, trotz ihrer Figur mit einem engen über die Knie reichenden Trägerkleid. Eine kostbare Kette ziert ihren Hals, ein Diadem ist um ihren Kopf gebunden. Ihr folgen ihre beiden Söhne und die Tochter. Ebenfalls Bestandteil dieser Szene ist der Esel, der hinter der Fürstenfamilie geführt wird.[208] „Der Esel, der seine Frau trägt",[209] steht in der Beischrift. Im Anbetracht der Fürstin reflektiert dies sicher den Humor der ägyptischen Künstler, denn das Reittier ist auffällig klein. Doch fällt bei näherer Betrachtung der Punt-Szenen auf, dass – ganz im Sinne ägyptischer Konventionen – die einzelnen Bildkomponenten nicht maßstabsgerecht wiedergegeben sind. So ist der Lastesel in der Reihe darüber genauso groß wie Itis Reittier. Im darüberliegenden Register wird eine spätere Begegnung mit dem Fürstenpaar und den Ägyptern gezeigt. In der Silhouette eines Zeltes bestätigt eine Inschrift, dass Nehesi und sein Heer, wie es wörtlich heißt, das Zelt aufgeschlagen haben, um auftragsgemäß die Fürsten „dieses Fremdlandes zu empfangen und um ihnen Brot, Bier, Wein, Fleisch, Früchte und alles, was es in Ägypten gibt, zu überreichen".[210] Nehesi steht alleine vor dem Zelt. Vor ihm liegen ein großer Haufen Myrrhenharz sowie zahleiche Goldringe und Wurfhölzer. Hierbei handelt es sich um die symbolische Abbildung dessen, was die Puntiten nun als Gegenleistung den Ägyptern geben:[211] „Kommen des Fürsten von Punt mit seinem Tributen zum Meer vor den königlichen Boten … um für den Palast … Gold, Myrrhen darzubringen." Parahu und seiner Frau Iti folgt eine größere Eskorte, die weitere Gaben, zum Teil auf Packtieren, herbeibringt. Diesmal hat das Fürstenpaar eine andere, weniger demütige Haltung eingenommen. Der jeweils linke Arm ist gesenkt, während die rechte Hand über die Brust gelegt ist. Etwa dreihundert Jahre nach der Errichtung der Punthalle ließ sich ein Besucher, offenbar ein Künstler aus dem Dorf der Nekropolenarbeiter, vom Abbild der Fürstin inspirieren und zeichnete sie auf einem Ostrakon.[212]

Dabei fallen einige Unterschiede zu den bereits erwähnten Vorlagen auf. Iti trägt hier einen anderen Halskragen und hat zudem beide Arme gesenkt.

Abb. 19: Begegnung Nehesis mit den Puntiten (historisches Foto von 1893).

Vergegenwärtigt man sich den Verlust an Bildszenen an dieser Wand, so könnte durchaus eine weitere, heute verlorene Darstellung dem Künstler als Vorlage gedient haben. In Anbetracht der bereits erwähnten Funde aus Abusir muss man erneut zur Vorsicht mahnen. Schon aufgrund der Tatsache, dass Hatschepsuts Reliefs von der Punt-Expedition Sahures teilweise inspiriert sind, ist die Frage berechtigt, inwieweit die Darstellungen aus Deir el-Bahari in allen Einzelheiten ein wirkliches Ereignis wiedergeben. Es ist daher nicht auszuschließen, dass selbst die berühmte Begegnung Nehesis mit den Puntiten eine Kopie oder Adaption älterer Vorlagen ist.

Von den beiden oberen Bildreihen ist wenig erhalten. Sie zeigen die Tätigkeiten der Ägypter in Punt, die mit Hilfe der Einheimischen Myrrhenbäume ausgraben und Ebenholzbäume fällen. Den Männern werden verschiedene Sprüche in den Mund gelegt. So tragen an einer Stelle mehrere Puntiten einen der Myrrhenbäume zum Meeresufer. Einer der vorderen Träger ruft den Hintermännern zu: „Eilt euch, Leute! Seht die Last ist … sehr schwer.“ Diese erwidern: „Wir wollen es für den starken König tun.“[213] An einer anderen Stelle fordern die Träger den Baum auf, mit ihnen zu gehen:[214] „Komm mit uns, Myrrhenbaum im Gottesland, zur Domäne des Amun. Dein Platz ist dort. Du wirst wachsen für ‚Maat ist der Ka des Re‘ (Hatschepsut) in seinem Garten zu beiden Seiten seines Tempels, wie es dir ihr Vater befohlen hatte.“

Aus den Inschriftenresten[215] geht Hatschepsuts Anordnung hervor, eine Doppelstatue aus Granit von ihr mit ihrem Vater Amun nach Punt zu bringen. Amun wird hier als Herr des Medjai-Fremdlandes (Nubien) und Herrschers von Punt tituliert.[216] Auf der Myrrhenterrasse von Punt solle diese Statue auf alle Zeiten ihren Platz haben.[217] Erneut wird betont, dass frühere Könige kein Heer zu diesem Fremdland ausgesandt hatten und Hatschepsuts das erste sei, das seit Urzeiten dorthin gelangte.[218] Das Ernten von Myrrhen und besonders das Heimbringen von frischen Myrrhenbäumen werden gesondert genannt ebenso wie die Huldigung der Fürsten von Punt: „Sie kamen wegen des Schreckens vor ihr und folgten ihr hündisch, wie Hunde tun, während ihre Schultern beladen waren mit Tributen. Sie baten um Frieden von Ihrer Majestät.“[219]

Beladen der Schiffe in Punt und Heimreise[220]

An der Westwand setzt sich der Zyklus fort. Im mittleren Register wird das Beladen zweier Schiffe gezeigt, während drei andere bereits zur Heimfahrt abgelegt haben. Jeweils sechs Männer tragen einen frischen Myrrhenbaum, dessen Wurzeln in einem Transportkorb verpackt sind, über eine Planke an Bord. Auf dicken Tauen, die oberhalb der Decks der Schiffe gespannt sind, klettern oder sitzen einige Paviane, von denen einer angebunden ist. Die Heimfahrt und Landung in Theben werden ebenfalls mit allgemeinen Worten umschrieben.[221] Programmatisch heißt es: „Sie brachten mit, was für keine anderen Könige bisher gebracht worden ist, nämlich die Wunderdinge des Fremdlandes Punt." Das Ausladen der Güter ist nicht abgebildet.

Völkerschaften aus Afrika bringen Tribute und unterwerfen sich Hatschepsut

Über den Schiffsszenen an der Westmauer wird auf mehreren Registern die Huldigung der Häuptlinge aus Punt und anderer Südländer gezeigt. Wenn hier ein wirkliches Ereignis wiedergegeben ist, waren sie wohl entweder im Rahmen der Expedition als Gesandte ihrer Völker mit nach Ägypten gebracht worden oder hatten sich zu diesem Anlass eingefunden. In jeder Reihe haben sich hier die ersten zwei Personen zum Kniefall niedergeworfen und huldigen der Königin, während die Männer hinter ihnen Gaben tragen oder lebende Tiere herbeiführen. Hatschepsut ist nicht durch ihr Abbild präsent, sondern nur durch ihre Namen, die oberhalb eines Sema-Taui-Zeichens großformatig geschrieben stehen. Das Sema-Taui stellt die symbolische Vereinigung von Ober- und Unterägypten in Form der miteinander verknoteten Wappenpflanzen Papyrus und Lotus dar. Bemerkenswert ist die Beschreibung dieses Vorganges und welche Worte den Fürsten in den Mund gelegt werden:[222]

„‚Maat ist der Ka des Re' (Hatschepsut) preisen, die Erde vor ‚Stark durch ihre Kas'[223] küssen durch die Fürsten von Punt. … Die Troglodyten von Henet-hen-nefer (ein Gebiet südlich des 2. Nilkatarakts), jedes Fremdland südlich von Ägypten, die in Verbeugung mit gesenktem Haupt mit ihren Tributen zu dem Ort kommen, an dem Ihre Majestät ist … auf Wegen, die durch andere bisher nicht betreten worden sind. … Jedes Fremdland ist Untertan Ihrer Majestät. Man berechnet ihre Steuern für den Tempel des Amun-Re, des Herrn von Karnak, als eine jährlich aufzubringende Leistung."

Die Fürsten von Punt im unteren Register sind an den Stirnbändern und langen Kinnbärten zu erkennen. Sie sagen:[224] „Gegrüßt seist du, König von Ägypten, weiblicher Re, der leuchtet wie Aton (gemeint ist die Sonnenscheibe), unsere Gebieterin, Herrin von Punt, Tochter des Amun, des Königs der Götter, dein Name reicht bis zum Umkreis des Himmels, die Macht der ‚Maat ist der Ka des Re' (Hatschepsut) umkreist die ganze Welt."

Darüber machen die Fürsten anderer afrikanischer Völker ihre Aufwartung. Auch von dieser Szene sind nur wenige Reste erhalten. Man kann noch die Fürsten der Nemi[225] und von Irem sehen. Es handelt sich um afrikanische Ethnien, die sich deutlich von den Puntiten abheben. Ihre Heimatregionen sind bislang nicht lokalisiert worden, dürften aber im heutigen Sudan und vielleicht im nördlichen Äthiopien gelegen haben. Die Vereinigung der diversen afrikanischen Fremdvölker bei dieser Tributszene ist aufschlussreich im Hinblick auf die regionalen Erzeugnisse, Rohstoffe und lebenden Tiere.

Hatschepsut empfängt die „Tribute" aus Punt und anderer Völker und weiht sie dem Amun-Re[226]

Im zentralen Abschnitt der Punthalle ist das Geschehen auf mehrere Register verteilt.[227] Am linken Bildrand steht großformatig Hatschepsut bei der Weihung der empfangenen Gaben. Dazu heißt es:[228]

„Der König selbst, der König von Ober- und Unterägypten ‚Maat ist der Ka des Re' (Hatschepsut). Empfangen der Wunderdinge von Punt, der Kostbarkeiten des Gotteslandes zusammen mit den Tributen der südlichen Fremdländer, dem Besten der Steuern des elenden Kusch, den Erzeugnissen vom Land der Neger für Amun."

Hatschepsut trägt eine Krone mit zwei gedrehten Widderhörnern und zwei großen Straußenfedern. In der linken Hand hält sie einen langen Stab und eine Keule, in der rechten Hand das Sechem-Zepter, zugleich Symbol der königlichen Macht. Das erhobene Zepter drückt den Weihungsakt aus. Vor ihr sind die Gaben symbolisch abgebildet; präzise Mengenangaben fehlen. Der obere Teil des Bildes zeigt die Erzeugnisse der südlichen Fremdländer. Die Beischrift nennt Elektron in Form von Ringen und in Kästen abgepackt. Des Weiteren sind Pantherfelle, Straußenfedern und -eier, Ebenholz, Wurfhölzer und Bogen abgebildet. Zu den lebenden Tieren gehört ein „lebender Leopard, den Ihre Majestät aus den südlichen Fremdländern mitgebracht hat".[229] Ferner sind zwei Geparden, ein Stelzvogel und eine Giraffe dargestellt.[230]

Hatschepsut weiht hier die Elefantenstoßzähne ihres Vaters Thutmosis I. Eine Beischrift erklärt die Hintergründe:[231] „Der Ruhm des Königs (Thutmosis I.), des Gerechtfertigten, hat diese Elefantenzähne gebracht, bei seinen Siegen in den südlichen und nördlichen Ländern ... Seine Majestät jagte selbst ... Elefanten im Lande Naharin (Mitanni), indem er auf einem Pferdegespann war ... Seine Majestät gelangte zu dem Lande Ni und fand Elefanten dort. Niemals ist ähnliches geschehen früheren Königen. Diese Elefantenzähne aber, die Seine Majestät aus diesem Lande brachte, gab er in das Haus seines Vaters Amun."

Im unteren Bild sind drei Myrrhenbäume bereits im Boden eingepflanzt.

Abb. 20: Lebende Tiere werden als Tribute gebracht. zu sehen sind eine Giraffe, zwei Geparden und daüber ein Leopard. Ganz rechts in der Mitte ist noch das Hinterteil eines Stelzvogels zu sehen (historisches Foto von 1893).

Sie wirken ausgewachsen und sind übergroß im Vergleich zu den darunter grasenden Rindern. Zwischen den Bäumen liegen Erzeugnisse aus Punt, die alle ohne Mengenangabe beschriftet sind: Elektronringe, Beutel mit schwarzer Augenschminke, Wurfhölzer, Ebenholz, Elefantenstoßzähne sowie Klumpen von *Kat*, einer nicht zu identifizierenden, seltenen Gesteinsart.

Die Szene setzt sich auf der rechten Seite fort. Wie in den beiden Zyklen zuvor, verschmilzt hier erneut die Götterwelt mit der menschlichen. In Anwesenheit einiger Gottheitem werden die Gaben gewogen, gemessen und verzeichnet. Auf einer Waage im oberen Bildfeld liegen die Elektron- und Gold-Ringe.[232] Hier kommt die „richtige und wahrhaftige“ Waage des Thot zum Einsatz, die Hatschepsut für ihren Vater Amun-Re anfertigen ließ, um darauf Edelmetalle und Edelsteine zu wiegen.[233] Die Gewichte haben die Form von Stieren oder Stierprotomen. Horus bedient die Waage,[234] während hinter ihm der nubische Gott Dedun steht. Dieser sagt, dass er Hatschepsut die südlichen Fremdländer „wie ein Einziges“ für ihren Ka gebracht hat.[235] Auf der rechten Seite der Waage steht die Göttin Seschat und führt Buch. Ihre Tätigkeit wird mit diesen Worten zusammengefasst:[236] „Verewigen in den Akten. Berechnen der Zahlen. Insgesamt sind es Millionen, Hundertausende, Zehntausende, Tausende und Hunderte.“ Auch hier finden sich keine genauen Mengenangaben; lediglich im Falle des einzelnen Leoparden oder der Myrrhenbäume werden Stückzahlen genannt.

Im Register darunter werden die losen Myrrhen zum Wiegen aufgehäuft. Über den beiden Myrrhenhaufen sind symbolisch sieben der mitgebrachten Bäume in ihren großen Körben aufgereiht:[237]

„Einunddreißig frische Myrrhenbäume, die als Wunder von Punt gebracht wurden, für die Majestät dieses Gottes Amun, des Herrn der Throne der Beiden Länder. Man hat dergleichen nicht gesehen seit der Urzeit der Erde.“

Parallel zu Seschat steht darunter Thot in der gleichen Pose beim Schreiben. Vor ihm liegen zwei verschieden große Haufen roter Myrrhenklumpen. Vier Arbeiter sind damit beschäftigt, sie mit Scheffeln zu messen. Hinter ihnen befand sich einst die Abbildung des Oberschatzmeisters Djehuti, der das Messen realiter überwachte.[238] Sein Relief sowie seine Titel samt Namen wurden später entfernt. Es ist eine amüsante Übereinstimmung, dass er den theophoren Namen Djehuti trägt, der dem des Thot entspricht. Beide führen hier Buch, der eine in der menschlichen, der andere in der göttlichen Sphäre. Thot verkündet das gleiche Ergebnis wie Seschat.

Abb. 21: Das Abmessen der losen Myrrhen. Ganz rechts steht Thot. Name und Bild des Djehuti sind kaum mehr auszumachen. Der Steinblock links über den Arbeitern ist deutlich tiefer gemeißelt, um das Abbild des Schreibers zu entfernen. Darüber sind die Myrrhenbäume in ihren Körben. Weiter oben ist noch das Abwiegen von Gold und Elektron-Ringen mit den Gewichten aus Stierprotomen zu sehen (historisches Foto von 1893).

Am rechten Bildrand berichtet eine Inschrift von dem Ereignis, das sich während dieser Präsentation der aufgehäuften Myrrhen ereignete,[239] als Hatschepsut beim Darbringen der Salben aus reinem und makellosem Duftharz ein sehr eindrucksvolles Ritual am eigenen Körper vollzog.

Thutmosis III. opfert Myrrhen vor der Tragbarke des Amun

Die beiden folgenden Abschnitte beanspruchen die gesamte nördliche Hälfte der Westwand. Hier opfert Thutmosis III. der Gottesbarke, und Hatschepsut verkündet dem Amun die erfolgreiche Expedition. Bei der Weihung der „Wunderdinge aus Punt" wurde die Tragbarke des Amun aus ihrer Barkenstation beim Allerheiligsten von vierundzwanzig Priestern herbeigebracht und Thutmosis entgegengetragen. Er steht – im Maßstab deutlich größer als die Barke – mit der Chepresch-Krone und opfert Amun zwei Gefäße mit frischen Myrrhen.[240]

Hatschepsut vor Amun-Re

Amun thront am rechten Bildrand, Hatschepsut steht ihm gegenüber. Eine große Inschrift trennt beide.[241] Der Text schildert die Macht der Königin und erwähnt das Orakel, welches der Expedition vorausgegangen war. Dazu heißt es:[242] „Der Königs selbst, der König von Ober- und Unterägypten ‚Maat ist der Ka des Re', … wandte sich zur Tempelterrasse des Herrn der Götter, um beim großen Thron den Befehl anzuhören, den Orakelspruch des Gottes selbst: ‚Suche die Wege nach Punt! Erschließe die Straßen zur Myrrhenterrasse! Führe das Heer auf dem Wasser und auf dem Lande.'"

Im Folgenden spricht Amun zu Hatschepsut:[243] „Willkommen, willkommen, meine süße Tochter, mein Liebling, König von Ober- und Unterägypten ‚Maat ist der Ka des Re', die mir schöne Denkmäler stiftet, die den Thron der großen Götterneunheit reinigt, die meinen Tempel mit Gedenken an ihre Liebe füllt. Du bist der König, der die Beiden Länder ergreift ‚Hatschepsut, die Amun umarmt', groß an Opfern, rein an Opferspeisen, du erfreust mein Herz zu jeder Zeit. … Ich gebe dir ganz Punt bis hin zu den Ländern der Götter, das Gottesland, das bisher niemals betreten worden war, die Myrrhenterrassen, die die Menschen bisher nicht gekannt hatten."

Erneut wird betont, diesmal durch Amun, Punt wäre früher noch nie wirklich von Ägyptern erreicht worden, nur Hatschepsuts Kundschaftern sei dies gelungen. Weiter sagt der Gott: „Ich habe die Myrrhenterrasse betreten, es ist ein besonderes Gebiet des Gotteslandes, denn es ist mein Platz der Erheiterung. Ich habe es für mich geschaffen, um mich zu erfreuen zusammen mit deiner Mutter Hathor, der Herrin der Krone von Oberägypten, der Herrin von Punt, der Herrin des Himmels, der Zauberreichen und Gebieterin aller Götter."

Zur Verwendung der Weihrauchbäume ordnet er an: „Deine Majestät soll sie im Garten neben meinem Tempel pflanzen, um mich inmitten von ihnen zu erheitern. Mein Name soll der erste unter den Göttern sein, dieser dein Name soll der erste unter allen Lebenden ewig sein. Himmel und Erde sollen mit Weihrauch[244] überfließen, der Duft soll im Fürstenhaus sein. Du sollst sie mir rein und makellos darbringen, damit Salbe für die göttlichen Glieder ausgepresst wird, damit Myrrhen dargebracht, Salbe zeremoniell überreicht werden und mein Kultbild mit den Halskragen festlich gemacht wird. Nun aber mache ich dir den Nini-Gestus, denn mein Herz jubelt, weil es dich sieht, ich erstaune sehr, sehr über dich wegen deines schönen Antlitzes, Herrin der Liebe. Ich sehe deine Schönheit gerne. Ich lebe um deinetwillen." Der Nini-Gestus ist eine Begrüßungsformel, die im religiösen Zusammenhang unter anderem den Gruß einer Göttin an den König als ihren Sohn ausdrückt.[245] Er bedeutet in etwa „Komm zu mir, komm zu mir“. In der Rede Amuns bekommt der Gruß eine umgekehrte Bedeutung, weil hier der Gott ihn an seine Tochter, den weiblichen König Hatschepsut, richtet, gibt dies der Szene durchaus eine gewisse sexuelle Anspielung. Die korrespondierenden Parallelhandlungen in den beiden früheren Bildzyklen sind immerhin Amuns eigene amouröse Aktivität, als er Ahmose schwängert, sowie Hatschepsuts Heranwachsen zu einer unvergleichlichen, fast gottgleichen Schönheit.[246]

Hatschepsut verkündet dem Hof die Expedition nach Punt

Die letzte Szene in der Punthalle ist an der kurzen Südwand entlang der Rampe und gilt Hatschepsuts Ansprache an die Großen ihres Hofes. Der Inschrift zufolge erschien sie im 9. Regierungsjahr mit der Atef-Krone auf dem Thron aus Elektron. Auf der rechten Bildseite ist noch ihre Silhouette auf dem Thronpodest zu erkennen. Sie hält ein Zepter und einen langen Stab in den Händen, während sie von dem Zweck der erfolgreichen Expedition berichtet. Dabei ermahnt sie ihre Gefolgsleute, für weiteren Nachschub an kostbaren Salben und Duftstoffen für Amun zu sorgen:[247]

„Befehl des Königs an seine Edlen, an die Gottesväter und die Freunde des Königs: ‚Ich erfreue euch ewig, so wie es mein Vater gewünscht hat. Ich habe aber die Absicht, dass etwas Großes getan werden soll. Ich will den, der mich zeugte (Amun), reich machen, wie er es prophezeit hat. Ich will alle seine Opfer prächtig machen, wie es meine Väter, die Vorfahren, nicht kannten. … Ich will mehr tun, als früher getan worden ist. Ich werde veranlassen, dass man in Zukunft sagt: ‚Wie schön ist dies, was durch sie geschah!‘, weil ich so vortrefflich für ihn bin. Mein Herz ist willig zu dem, was er angeordnet hat. Ich bin sein Sonnenglanz seines Thrones, wenn ich eintrete in der Art eines erhabenen Gottes. Er vertraut mir … Er hat mich ausgezeichnet, denn er kennt meine Nützlichkeit. Ich spreche Großes, und ich veranlasse, dass ihr es hört. Ich strahle für euch auf der Erde zum Leben … Ihr sollt meine Angelegenheiten anpacken. Ich bin ein Gott, der bestimmt, und es geschieht. Es wird nichts beeinträchtigt von dem, was aus meinem Mund herauskommt.‘“

Hatschepsut verkündet, die Kultstätte Amuns prächtiger zu gestalten, als es je geschehen ist. Auch soll mehr Salbe für die Gottesglieder herbeigeschafft und erzeugt werden. Dazu soll auch Salböl von reinem Rind gehören. Durch Amuns Befehl seien nun die Wege der Myrrhenterrasse geöffnet, deren Umgebung bekannt und deren Straßen erschlossen. Von dort sollen die kostbaren Zutaten, vor allem lose Myrrhen kommen, um die

Salbe für den Gottesleib herzustellen. Ferner sollen Bäume in Punt ausgegraben werden, um „im Garten des Königs der Götter" angepflanzt zu werden. So soll Punt im Innern von Amuns Tempelbezirk ein zweites Mal entstehen. Dieser Garten dürfte entweder in Karnak oder in Deir el-Bahari gestanden haben. „Er hat mich als seinen Liebling offenbart, denn alles was er wünscht, weiß ich", sagt Hatschepsut. Unter dieser Inschrift stehen drei Männer, die symbolisch die Großen des Hofstaates repräsentieren.[248] An erster Stelle steht der Fürst, Graf, Königlicher Siegelbewahrer, einziger Freund und Schatzmeister Nehesi, der die Expedition geleitet hatte. Hinter ihm steht Senenmut als „Vermögensverwalter des Amun". Die dritte Person bleibt namenlos.

Die Gottesgemahlin Neferure

Nicht nur der junge Thutmosis III., sondern auch Hatschepsuts Tochter, Prinzessin Neferure, erhielt bald wichtige Aufgaben. Als König konnte Hatschepsut das wichtige Amt der Gottesgemahlin, mit dem sie die Regentschaft hatte an sich ziehen können, nicht mehr ausüben. Nach ihrer Krönung war es auf Neferure übergegangen. Eine weitere Funktion der Gottesgemahlin war das der Gotteshand. Neferure hatte auch dieses Amt innegehabt. In der Roten Kapelle sind die Gottesgemahlin und die Gotteshand mehrfach namenlos abgebildet. Hier müsste es sich eigentlich um Neferure handeln. Da aber ihr Name nicht genannt ist, hat man daraus geschlossen, dass sie zu diesem Zeitpunkt bereits verstorben war. Das Amt der Gotteshand erscheint rätselhaft. Es steht in einer sexuellen Verbindung mit dem Schöpfergott Atum. Nach der wohl ältesten Überlieferung hatte dieser durch Masturbation in seine Faust das erste Götterpaar Schu und Tefnut erschaffen,[249] aus dem schließlich die übrige heliopolitanische Götterneunheit hervorging.[250] Seine Hand diente dem Gott praktisch als Partnerin. Diese Funktion wurde nun rituell durch die Gottesgemahlin repräsentiert. In der Roten Kapelle wird die Gotteshand zudem bei einem symbolischen Feindvernichtungsritual gezeigt: Sie empfängt einen Spieß an dessen Ende sich ein fächerförmiges Stück Stoff befindet, auf dem die Feind-Hieroglyphe abgebildet ist. Dieser Gegenstand wird später dem Feuer überantwortet.[251]

Wie weitreichend Neferures Aufgaben gingen, ist einer Inschrift aus dem Hathorthempel von Serabit el-Chadim auf dem Sinai zu entnehmen. Daraus geht hervor, dass Neferure sich an diesem Ort aufgehalten haben muss. Der Text ist datiert „Jahr 11 unter der Majestät der Gottesgemahlin

Abb. 22: Die Gottesgemahlin und Gotteshand in der Roten Kapelle (Block 37).

Neferure, der Leben gegeben ist".[252] Sie ist im weiblichen Gewand einer Königin mit Uräus und hoher Federkrone beim Brotopfer vor der Göttin Hathor zu sehen. Hinter ihr steht Senenmut und hält ein großes Wedel über sie. Da weitere Informationen zu diesem Besuch fehlen, kann man davon ausgehen, dass Neferure vielleicht ohne Begleitung ihrer Mutter diese Reise unternommen hat, die offenbar zur Inspektion der Kupfer- und Türkisminen in dieser Gegend diente. Tatsächlich ist ihr Besuch im Sinai das letzte datierbare Zeugnis zu ihrer Person.

Offenbar war Neferure für Höheres vorgesehen. In einer Opferszene im Allerheiligsten von Deir el-Bahari ist sie an dritter Stelle hinter ihrer Mutter und Thutmosis III. abgebildet. Die Beischrift tituliert sie als:[253] „Die leibliche Tochter des Königs, die er liebt, die Herrin der Beiden Länder, die Herrscherin von Ober- und Unterägypten, die Gottesgemahlin und herrrliches Abbild des Amun, Neferure, geliebt von Hathor, sie möge ewig leben." Mit dem König ist hier nur Hatschepsut gemeint. Die weiteren Herrschaftstitel deuten darauf hin, dass sie als Nachfolgerin ihrer Mutter aufgebaut wurde.

Zwei Gräber

Schon unter der Regierung Thutmosis' II. wurde im Wadi Sikket Taqet el-Zaid südlich vom späteren Tal der Königinnen ein Felsengrab für Hatschepsut angelegt.[254] Es liegt in einem sehr schwer zugänglichen und nicht einsehbaren Terrain und wurde erst 1916 von Howard Carter entdeckt. Der Eingang liegt in über 70 Meter Höhe vom Grund des Wadis und etwa 28 über einer Felsklippe. Eine kleine Treppe führt in einen 17 Meter langen Korridor, der in eine Vorkammer mündet. An deren rechten Seite geht ein kurzer Gang in die eigentliche Grabkammer. Von dort führte ein weiterer Gang in einen unvollendeten Raum hinab. Hatschepsut wurde nie hier bestattet. In der Grabkammer befand sich ihr rechteckiger Quarzitsarkophag, der mit allen Titeln versehen war, die ihr als Große Königliche Gemahlin zustanden.

Nach ihrer Thronbesteigung ließ sie sich ein neues Grab[255] in einem abgelegenen Winkel im Ostteil des Tales der Könige anfertigen. Wie der Vorgängerbau fällt es durch seine ungewöhnliche Lage und Ausführung auf. Es enthielt ebenfalls einen Quarzitsarkophag, diesmal in Form einer Königskartusche. Dennoch wirft dieser Bau bis heute einige Rätsel auf, da hier zwei Sarkophage gefunden wurden. Einer davon hatte die gleiche Form wie der aus dem ersten Grab, das nie benutzt wurde. Er wurde jedoch umgestaltet und trägt die Namen Thutmosis' I. Allerdings wurde ein weiterer Sarkophag mit diesem Namen in einem anderen Grab[256] im Tal der Könige entdeckt. Offenbar hat Thutmosis III. später seinen Großvater dort erneut bestattet. Die ursprüngliche Grablege von Thutmosis I., der als Erster ein Felsengrab in dieser Gegend anlegen ließ, ist bis heute nicht eindeutig lokalisiert. Nach einer These hatte Hatschepsut ihn in ihr Grab umgebettet, um sich selbst damit aufzuwerten. Nach anderen Deutungen wurde Hatschepsuts Grab zunächst von Thutmosis I. oder Thutmosis II. begonnen und später von ihr selbst erheblich erweitert. Ihr Grab ist das längste im Tal der Könige. Von oben betrachtet hat der über 213 Meter lange Gang die Form eines Halbovals. Die Grabkammer liegt etwa 91 Meter tiefer vom Eingang. Sie war mit Kalksteinplatten verkleidet, auf denen Texte aus dem Totenbuch angebracht waren. Neben dem wiederverwendeten Sarkophag für Thutmosis I. fand man dort ihren eigenen Quarzitsarkophag sowie Reste der Grabbeigaben, darunter ihren steinernen Kanopenkasten für die Eingeweide.

Sed-Fest

Für das 16. Regierungsjahr wird für Hatschepsut ein Sed-Fest überliefert. Dieses uralte Fest, Heb-Sed genannt, war eine Art Herrscherjubiläum und wurde traditionsgemäß im 30. Regierungsjahr gefeiert und danach in kürzeren Zeitabständen wiederholt. Tatsächlich haben aber viele Könige nicht die kanonischen 30 Jahre abgewartet und ihr Heb-Sed oft viel früher gefeiert.[257] Es diente der rituellen Erneuerung der Kräfte des Herrschers und war von diversen Zeremonien begleitet. In uralter Zeit wurde der König oder Häuptling, wenn seine Kräfte nachließen, oft rituell ermordet und sein jüngerer Nachfolger übernahm daraufhin die Herrschaft. Spätestens seit der Frühdynastischen Zeit ließ man von dem Ritualmord ab und richtete dieses Fest ein. Bei diesem Anlass sollte der König seine körperliche Leistungskraft bei einigen Kultläufen demonstrieren, wodurch seine Kräfte zugleich magisch erneuert wurden. Ein derartiges Ereignis war aber mehr als nur die Durchführung von Kulthandlungen und Zeremonien – es wurde wirklich ein Fest gefeiert, wie zahlreiche beschriftete Gefäße bestätigen, die mit Wein oder anderen Flüssigkeiten für diesen Anlass abgefüllt worden waren. Allerdings betrifft dies die Sed-Feste anderer Könige, während für Hatschepsut solche Belege bislang fehlen. Ob sie wirklich ein Sed-Fest gefeiert hat, lässt sich nicht mit Bestimmtheit sagen, denn die offiziellen Texte und Szenen in ihren Tempeln reichen als Beweis dafür nicht aus. Es fehlt jegliche Parallelüberlieferung, etwa durch Hinweise in den Privatgräbern der Beamten, die unter ihr gedient haben. Sollten die Darstellungen von Hatschepsuts Sed-Fest am Ende nichts anderes sein als eine magische Beschwörung, mit der dieser Anlass zur Realität werden sollte?[258] Das ist nicht auszuschließen. Ob nun tatsächlich ein derartiges Fest gefeiert wurde oder nicht – Hatschepsut manifestierte ihr Jubiläum zumindest in den Tempeln und ließ es in den Inschriften als begangen dokumentieren. Und im Falle der Roten Kapelle wurde sie bei Handlungen gezeigt, die traditionell mit diesem Fest in Verbindung standen.

Obelisken zum Jubiläum

Die Verkündung von Hatschepsuts Sed-Fest wurde von mehreren Baumaßnahmen im Tempel von Karnak flankiert. Dazu gehörte die Errichtung zweier Obelisken zwischen dem 4. und 5. Pylon. Bei dieser Gelegenheit traute sich Hatschepsut an etwas Größeres heran. Es sollten die bis dahin höchsten Obelisken werden – plante man doch eine Höhe der Pfeiler, welche die ihres Vaters Thutmosis I. um ganze zehn Meter überragten. Der noch heute in Karnak stehende nördliche Obelisk ist ohne Sockel 29,5 Meter hoch und hat ein Gewicht von ungefähr 323 Tonnen. Die Errichtung eines Obelisken war ohnehin ein komplexes und schwieriges Unterfangen. Alle einzelnen Arbeitsschritte waren von einer bis ins letzte Detail sorgfältig geplanten und aufwendigen Organisation abhängig. Nach einer Unterbrechung von mehreren Jahrhunderten war es erst wieder unter Thutmosis I. gelungen, derartig große Steinpfeiler zu errichten. In der Sockelinschrift des nördlichen Obelisken wird Hatschepsuts Unternehmen zusammengefasst:[259]

„Was also die beiden Obelisken betrifft, so hat Meine Majestät sie für meinen Vater Amun mit Elektron beschlagen, damit mein Name in diesem Tempel bis zur Ewigkeit und immer dauern und bleiben wird. Sie sind jeweils aus einem einzigen Block harten Granits, nicht zusammengesetzt und ohne Flecken daran. Meine Majestät hat die Arbeit daran bestimmt vom Regierungsjahr 15, 2. Monat der Wachstumszeit, Tag 1 bis zum Regierungsjahr 16, 4. Monat der Erntezeit, letzten Tag, das bedeutet 7 Monate Steinbrucharbeiten."

Dieser Abschnitt ist in vielerlei Hinsicht aufschlussreich. Auf beiden Sockelinschriften und auf den Obelisken selbst betont Hatschepsut immer wieder, dass sie dieses Werk für ihren Vater Amun tat. Aber mit diesem Monument will sie auch ihren eigenen Namen auf ewig sichern, denn in der ägyptischen Vorstellung sollte ein Denkmal (Menu) zugleich etwas Dauerndes (men) sein. Und Obelisken galten als besonders heilig. Als Thutmosis III. später gegen die Inschriften und Bilder seiner Tante vorging, verschonte er zumindest ihre Obelisken hinter dem 4. Pylon, indem er sie einmauern ließ. Die Anhänger Echnatons hatten da später weniger Skrupel, aber ihre Aufmerksamkeit galt vornehmlich dem Gott Amun. So überdauerte Hatschepsut tatsächlich auf diesen Monumenten die Zeiten. Die genaue Zeitangabe – auch im Hinblick auf das Regierungsjahr – lässt im Hinblick auf das Jubiläum eine langfristige Planung erkennen. Für die bautechnische Organisation war ihr Gefolgsmann Amenhotep zuständig. Dies geht aus einer kurzen Erwähnung in seinem Grab hervor: „Fürst und Graf, Leiter der Arbeiten an den beiden großen Obelisken im Haus des Amun."[260]

Für die Herrstellung der beiden Obelisken waren also sieben Monate veranschlagt worden. Die Festlegung dieses genauen Zeitrahmens kam nicht von ungefähr. Bis zum Ende des vierten Monats der Erntezeit sollte die reine Steinbrucharbeit abgeschlossen sein. Spätestens dann war man bei den Vorbereitungen zur Verladung der Steine. Nun begannen die

Überschwemmungsmonate der jährlichen Nilflut, und mit dem steigenden Hochwasser konnte der Schiffstransport der Steinpfeiler durchgeführt werden. Denn bei jeder schweren Fracht aus den Steinbrüchen hatten die Schiffe einen erheblichen Tiefgang. Durch den erhöhten Nilpegel wurden zugleich verschiedene Risiken verringert, wie das Auflaufen auf Sandbänken.

Der benötigte Granit wurde im Gebiet des heutigen Assuan geschlagen, wo sich mehrere Steinbrüche auf dem Festland sowie auf den Nilinseln Elephantine und Sehel befanden. In einem von diesen befindet sich der sogenannte unvollendete Obelisk,[261] der mit 41,75 m der höchste seiner Art gewesen wäre. Er war schon an drei Seiten einschließlich der Spitze freigelegt worden und nur noch durch die Unterseite mit dem Fels verbunden, als man Risse im Granit entdeckte und die Arbeit einstellte. Spätere Versuche, stattdessen einen kleineren Obelisken zu schlagen, scheiterten an ähnlichen Problemen. Anhand der Bearbeitungsspuren an den Außenseiten dieses Kolosses lässt sich ganz allgemein auch die mühsame Arbeit der Steinhauer erahnen. Mit großen runden Doleritsteinen schlugen sie auf das Gestein ein, um eine Grube um den Obelisken herum anzulegen.[262] Am schwierigsten dürfte der letzte Abschnitt gewesen sein, als es darum ging, den Stein vom Fels zu lösen. Dabei wurden nach und nach Stollen unter dem Stein angelegt und abgestützt, bis der Stein losgebrochen war. Die genauen Einzelheiten der nächsten Schritte, bis der Obelisk auf dem Transportschlitten angebracht war, entziehen sich unserer Kenntnis.

Allein die Verschiffung dieser großen Steinnadeln war eine logistische Meisterleistung für die damalige Zeit. Hatschepsut hat in ihren Tempel in Deir el-Bahari die Ankunft der beiden Obelisken in Karnak abbilden lassen:[263] Auf dem Deck einer gigantischen Barke liegen die beiden Steine. Das Relief suggeriert den Eindruck, als lägen sie hintereinander jeweils auf einem Schlitten gut vertäut auf dem Deck dieses großen Schiffes. Ihre Basen liegen einander zugewandt, während die Spitzen (Pyramidien) nach außen zum Bug und Heck gerichtet sind. Das Schiff wurde von insgesamt dreißig kleineren Barken geschleppt, die mit jeweils etwa dreißig Ruderern bemannt und in drei Konvois miteinander vertäut sind. Weitere Boote sind als Geleitzug dabei.

Die genaue Anordnung der Schleppboote hat man schon früh richtig gedeutet. Dennoch bleiben viele Fragen hinsichtlich der genauen Verladung wie auch des Transports der Obelisken offen. Auch die Deutung der Darstellung in Hatschepsuts Tempel ist in jüngster Zeit bezweifelt worden. Zu Hatschepsuts Relief ist zunächst anzumerken, dass die auf dem Schiff anwesenden Personen proportional größer abgebildet sind als die

Abb. 23: Hatschepsut auf der Spitze eines ihrer Jubiläumsobelisken.

Obelisken selbst, die demnach nur 8 bis 9 Meter lang wären. Nun sind solche Größenunterschiede in ägyptischen Bildszenen nichts Ungewöhnliches. In diesem Fall ging es darum, das Ereignis des Transportes darzustellen, auch wenn dies sich in Wirklichkeit ganz anders zugetragen hat. So bleibt es unsicher, ob ein derartiger Lastentransport von zwei besonders schweren Steinen auf dem Nil wirklich mit einem einzelnen Schiff zu bewerkstelligen war. Allein das Schiff, das Ineni für die Obelisken Thutmosis' I. einst bauen ließ, hätte das Gewicht dieser Steinnadeln eigentlich

Abb. 24: Hatschepsut auf der Spitze eines ihrer Jubiläumsobelisken (Detail).

nicht verkraftet. Gemäß einer modernen These könnten hier wohl Doppelschiffe zum Einsatz gekommen sein. Dabei hätte es sich um zwei große Schiffe gehandelt, die durch Tragbalken miteinander verbunden waren und so zu einem Doppelschiff wurden. Ihre Fracht wurde zwischen ihnen von den Tragbalken hängend unterhalb der Wasseroberfläche transportiert, was – gemäß dem archimedischen Prinzip – das zu tragende Gewicht enorm reduziert hätte; im Wasser hätte die Ladung dann nur einen geringen Teil des Gewichtes an Land gehabt. Im Falle der Obelisken zu Hatschepsuts Sed-Fest wurde sogar der Einsatz eines „doppelten Doppelschiffes" postuliert. Mit diesem Verfahren wäre die schwere Last noch sicherer zu transportieren gewesen. Hier hätte der Obelisk von einer dreieckförmigen Tragkonstruktion zwischen den beiden Doppelschiffen gehangen. Auch die Verladung dieser Fracht wäre mit dem Einsatz von Doppelschiffen leichter vonstattengegangen.[264]

Neben der bekannten Szene aus Hatschepsuts Tempel gibt es eine vergleichbare Abbildung aus dem Alten Reich: Ein Relief am Aufweg zur Pyramide des Unas (5. Dynastie; 2375–2345) zeigt den Schiffstransport zweier Granitsäulen auf dem Nil.[265] Dabei stellt sich die Frage, wie die Ägypter derartig große Steine auf das Deck eines Schiffes über die Bordwand hinweg verladen haben. Dieses Problem würde sich beim Einsatz von Doppelschiffen bei Schwersttransporten erübrigen. Der Monolith wäre auf einem Schlitten zu einer Rampe im Hafenbecken gezogen worden, die unterhalb der Wasseroberfläche lag. Anschließend konnte das Doppelschiff darüber in Position gebracht werden, wobei es mit Ballast beschwert war, um später das Anheben der Fracht zu ermöglichen. Unter dem Schlitten wären nun Querbalken geschoben worden, die mit Seilen verbunden wurden, die von Tragwerken herabhingen. Im Anschluss daran wäre der Ballast aus den Schiffen entladen worden, die nun aufschwimmen und somit die Fracht anheben konnten.

Die Reise nach Theben konnte beginnen. Bei diesem Vorgang musste offenbar auf ein möglichst gleichmäßiges Ausladen des Ballastes geachtet werden, um Risiken bei der Anhebung des Obelisken zu vermeiden. Das Entladen der Transportschiffe wäre in umgekehrter Weise wie das Beladen verlaufen. Letztendlich muss jedoch betont werden, dass diese plausiblen Vorschläge nur hypothetisch sind. Wie dem auch sei, es gelang den Bauleuten, die beiden großen Obelisken von ihren Felsbetten auf ein oder mehrere Schiffe zu verladen und auf dem Nil mit Hilfe zahlreicher Zugschiffe nach Theben zu schleppen, wo man nach wenigen Tagen in Karnak eintraf. Hier waren bereits alle bautechnischen Vorbereitungen abgeschlossen. Ferner dürfte ein Voraustrupp einige Tage zuvor die Ankunft verkündet haben. Man überließ hier nichts dem Zufall.

Die Ankunft und Aufstellung der Obelisken scheint ohne nennenswerte Verzögerungen erfolgt zu sein. Nun wurden die Monolithe, die mit einem Holzgerüst ummantelt auf Schlitten lagen, zu ihren vorgesehenen Standorten über eine Rampe aus Ziegeln gezogen. Anhand der Kipprinnen auf den Sockeln kann man schließen, dass sie von Norden her über die Rampe herangeschleppt wurden. Der südliche Monolith wurde zuerst aufgestellt. Anschließend – und zwischen den beiden Ereignissen könnten mehrere Tage oder Wochen gelegen haben – wurde der zweite Obelisk auf dem nördlichen Sockel errichtet. Wie hoch diese Rampen waren, ist nicht mehr zu ermitteln. Lange Zeit ging man in der Forschung davon aus, dass diese langen Rampen mitunter sehr hoch waren und der Obelisk über seinem Aufstellungsort vorsichtig in ein Sandbett gekippt wurde, unter dem der Sockel bereits platziert war. Indem nun der Sand nach und nach abgegra-

Abb. 25: Die noch stehenden Obelisken von Thutmosis I. (links) und Hatschepsut in Karnak.

ben wurde, senkte sich der Stein auf seine Basis, während er zusätzlich durch Seile in die richtige Position gehievt oder gedreht wurde. Unsicher bleibt nach wie vor auch die Frage, welche Belastungen der Stein beim Abkippen oder Absenken hätte aushalten müssen, ohne dabei auseinanderzubrechen. Auch diese Methode ist jedoch letztendlich nur ein theoretischer Erklärungsversuch.[266]

Der Standort der beiden Jubiläumsobelisken war in jeder Hinsicht recht ungewöhnlich, zumal in einem eher sehr beengten Gelände von nur 14 Meter Breite. Normalerweise wurden diese Pfeiler vor dem Eingangsbereich eines Tempels aufgestellt. Hatschepsut betont selbst, dass die Obelisken zwischen dem 4. und 5. Pylon aufgestellt waren. Vor dem 4. Pylon standen bereits die Obelisken-Paare ihres Vaters und ihres Mannes. Möglicherweise fand sie es daher unpassend, ihre Obelisken dort aufzustellen. Eine andere Erklärung könnte sein, dass sie den 5. Pylon als den wesentlichen Zugang zu den heiligsten Räumen im Inneren des Tempels ansah, den nun ihre Pfeiler schmücken sollten.[267]

Dies machte allerdings den Umbau der Säulenhalle Thutmosis' I. notwendig. Infolgedessen wurde deren Peristyl vollständig abgetragen. Ferner kann man davon ausgehen, dass zumindest die Nordseite des Hofes eingerissen werden musste, um die für den Transport der Obelisken benötigten Behelfsbauten und Rampen anlegen zu können. Nach ihrer Aufstellung konnte der Umbau der Halle fortgesetzt werden. Während die Obelisken unter freiem Himmel standen, wurden die Nord- und Südseite des Hofes überdacht, wobei einige der Osiris-Pfeiler Thutmosis' I. nun unter freiem Himmel standen. Hatschepsuts Halle bestand aus insgesamt fünf Papyrus-Säulen aus Zedernholz, die vergoldet waren und das hölzerne Dach stützten. Später, unter der Alleinherrschaft Thutmosis' III., wurde die Halle erneut umgebaut. Er ließ Hatschepsuts Obelisken zunächst durch einen Torbau ummauern. Die Holzsäulen ersetzte der König durch Papyrus-Säulen in Stein – sechs auf der Nordseite und acht auf der Südseite –, die zudem vergoldet wurden. Die gesamte Halle wurde dabei nicht nur komplett überdacht, sondern war auch wesentlich größer und höher als die Vorgängerbauten. Ihre Decke hatte nun die Höhe des 5. Pylonen, so dass von Hatschepsuts Obelisken nur noch der obere Teil aus dem Dach hinausragte.

Wenden wir uns noch einmal der sehr ausführlichen Inschrift auf der Basis des nördlichen noch stehenden Obelisken zu. Hier werden die verschiedenen Gründe für diese Baumaßnahme aufgeführt. Einleitend wird Hatschepsuts Leistung gelobt. Sie wird mit ihrer vollständigen Titulatur genannt: „Es lebe der Weibliche Horus, ‚Stark an Ka-Kräften', die beiden Herrinnen ‚Jung an Jahren', Goldname ‚Mit göttlichen Erscheinungen', König von Ober- und Unterägypten ‚Maat ist der Ka des Re', Tochter des Re, ‚Hatschepsut, die Amun umarmt', er möge immer und ewig leben. Tochter des Amun-Re, sein Liebling, seine Einzige, die aus ihm entstanden ist, herrliches Abbild des Allherrn, deren Schönheit die Bas von Heliopolis erschaffen haben, wie der, der ihn (Hatschepsut) erzeugt hat, den er (Amun) geschaffen hat." Es folgen weitere Lobpreisungen, darunter die Aussage, das Amun sie erwählt hat, „um Ägypten zu beschützen und Menschen und Untertanen zu hüten" und Re sie wiederum erzeugt hat, „um sich einen „vortrefflichen Nachkommen auf Erden für das Wohl der Menschheit zu schaffen". Abschließend wird Hatschepsut als das „Elektron der Könige" tituliert.[268] „Ihre Oberteile sind aus Elektron vom Besten aller Fremdländer, so dass man sie von beiden Flussufern sehen kann. Ihre Strahlen übergießen die Beiden Länder, wenn die Sonne zwischen ihnen aufgeht, ist es als ob sie am Horizont des Himmels erscheint."[269]

Im Folgenden schildert Hatschepsut ihre weiteren Gründe für die Errichtung der Obelisken. Es geschah aus Liebe zu ihrem Vater Amun:[270]

„Ich vergaß nichts von dem, was er angeordnet hatte, denn Meine Majestät weiß, dass er göttlich ist. Ich handelte nach seinem Befehl, denn er ist es, der mich leitet. Ich hätte nicht an Bauarbeiten gedacht ohne sein Zutun. Er war es, der die Anweisungen gab. Ich schlief nicht wegen seines Tempels, ich vernachlässigte nicht, was er befohlen hatte."

Des Weiteren gibt sie zu diesem Bau folgende Proklamation: „Der König selbst sagt: Ich gebe der Menschheit kund, die in Zukunft sein wird, die über dieses Denkmal, das ich für meinen Vater gestiftet habe, nachdenkt, die in Gesprächen erzählen wird und es auch in der Zukunft erblicken wird: Ich also saß im Palast und gedachte dessen, der mich geschaffen hat. Mein Herz leitete mich, für ihn die beiden Obelisken aus Elektron zu schaffen, deren Spitzen bis zum Himmel reichen, in dem prächtigen Säulensaal zwischen den beiden großen Pylonen des Königs, des starken Stiers, Königs von Ober- und Unterägypten ‚Groß an Gestalt und Ka, ein Re' (Thutmosis I.), des gerechtfertigten Horus. Da wurde mein Herz hin- und hergerissen, als es der Worte der Menschen gedachte, die mein Denkmal in späteren Jahren sehen werden, und die über das, was ich getan habe, sprechen werden. Hütet euch zu sagen ‚Ich weiß nicht, ich weiß nicht, warum diese (Obelisken) gemacht wurden, dass ein Berg ganz aus Gold gebildet wurde wie etwas das (wirklich) existiert.'"[271] Mit der Wahl des Ortes wollte Hatschepsut zugleich ein weiteres Mal ihre Abstammung von ihrem Vater Thutmosis I. propagieren. Dabei spielte es keine Rolle, ob die Bauten aus seiner Zeit deutlich verändert wurden.[272] Des Weiteren vergleicht sie abwechselnd das Wirken der Götter mit ihrem Königtum über die Beiden Länder, bevor sie das Bauvorhaben, die Steinbrucharbeiten mit der bereits oben zitierten Zeitangabe nochmals zusammenfasst.

Auf dem Sockel des südlichen Obelisken, von dem sich noch heute einige Fragmente erhalten haben, feiert sie ihre Herrschaft. Sie hebt hervor, dass sie von „Seiner Majestät", gemeint ist Amun, geliebt wird. Ihm hat sie die Herrschaft über Ägypten, die Wüste und auch die Fremdländer zu verdanken. Diese Gebiete hat der Gott unter „ihre Sohlen" gebracht, während ihre südliche Grenze bis ans Ufer von Punt reicht. So erinnert sie erneut an ihre Expedition in das Weihrauchland, aus dem Unmengen von Myrrhen gebracht wurden. Sie listet auch andere Handelsgüter aus dem Ausland auf. Aus dem Sinai kam Malachit, aus dem Libanon Bauholz und aus Punt Ebenholz sowie 700 Elefantenstoßzähne aus Libyen. Zudem wurden viele Leopardenfelle gebracht – eine genaue Zahl wird nicht genannt, – wohl aber die Rückenlänge der Felle, die jeweils sechs Ellen (3,15 Meter) betragen haben soll.[273] Solche Felle waren von alters her ein wichtiges Handelsgut, weil sie Bestandteil des priesterlichen Ornats waren. Auch

Frauen aus der Königsfamilie, die sakrale Funktionen ausgeübt haben, sind wiederholt mit dem Pantherfell abgebildet worden.

Im Zusammenhang mit dem vermeintlichen Sed-Fest (vgl. S. 145 ff.) fanden auch andere Baumaßnahmen in Karnak statt. Im Pronaos wurde ein Neubau errichtet, dessen Nebenräume zahlreiche Darstellungen Hatschepsuts bei Kulthandlungen enthalten. Dieses etwa 40 mal 20 Meter große Areal ist als „Palast der Maat" bekannt. Er entstand zu beiden Seiten der Alabaster-Kapelle Amenophis' I., dem Aufbewahrungsort für die Tragbarke des Gottes Amun. An Festtagen verließ die Barke den Tempel, um auf Prozessionswegen oder auf einer größeren Barke auf dem Nil zu anderen Heiligtümern gebracht zu werden. Zuletzt trug man die Kapelle Amenophis' I. ab und errichtete sie als Wegstation nördlich des 8. Pylonen neu. An ihrer Stelle entstand die bereits erwähnte „Rote Kapelle" aus rotem Quarzit. Östlich dieses Sanktuars befanden sich seit dem Mittleren Reich der Hof der Opfergaben und das Allerheiligste des Tempels selbst. Thutmosis III. ersetzte später die Rote Kapelle, nicht jedoch die anderen Räume; lediglich deren Wände ließ er zumauern. Der Barkenschrein aus Granit, der sich heute an diesem Ort befindet, stammt aus der Zeit des Argeadenkönigs Philipp III. Arrhidaios (323–317), dem Halbbruder Alexanders des Großen.

Beim Bau der Roten Kapelle ging Hatschepsut mit großer Eile ans Werk. Üblicherweise wurden Inschriften und Bilder erst nach Fertigstellung einer jeweiligen Baueinheit angebracht, nachdem zuvor die Wände glatt geschlagen worden waren. Hier ging man jedoch anders vor: Der ganze Schrein wurde aus komplett vorgefertigten Blöcken aus rotem Quarzit errichtet, die zumindest von einheitlicher Höhe waren. Sämtliche Blöcke waren nicht nur maßgerecht behauen, sondern auch mit Texten und Reliefs zuvor verziert worden, so dass man sie in relativ kurzer Zeit nur noch passend aufeinanderstapeln musste. Dies lässt auf eine sorgfältig ausgeklügelte Konzeption schießen, denn die Steinblöcke wurden nach der Errichtung des Barkensanktuars nicht weiter bearbeitet. Die Qualität der einzelnen Bilder fällt allerdings unterschiedlich aus, was wiederum anhand der eiligen Fertigung zu erklären ist: Einige Szenen zeugen von hoher handwerklicher Kunst, andere dagegen sind weniger sorgfältig ausgeführt.

Aus unserer *heutigen* Sicht erscheinen uns diese Blöcke aus der Roten Kapelle als aussagekräftige Quelle, weil wir die erhaltenen Darstellungen in ihrem größeren Zusammenhang wahrnehmen. So durchgeplant die Szenen und Texte auch sind, nur sehr wenige Personen hatten einen berechtigten Zugang zu ihnen. Neben dem Tempelpersonal waren dies nur die

Priester und Priesterinnen, die direkt den Dienst am Allerheiligsten oder an der Gottesbarke versahen. Sie waren in der Lage, die Texte zu lesen und auch zu verstehen. Aber noch viel mehr drängt sich die eigentliche Frage auf, wer das Bildprogramm dieses Schreines wirklich vollständig „sehen“ konnte. Die teilrekonstruierte Kapelle wird heute innen wie außen durch Sonnenlicht erhellt, aber an ihrem ursprünglichen Standort war sie der zentrale Bestandteil eines überdachten Gebäudekomplexes, der bestenfalls nur durch die Eingänge von Tageslicht seitlich erhellt wurde. Somit befanden sich die Wände weitgehend ständig im Dunkel oder Halbdunkel. Die filigranen Reliefs waren somit teilweise deutlich schwerer anzusehen und zu lesen. Dies gilt besonders für die oberen Register der Kapelle, wo auch die Krönungsszenen angebracht waren.

Man darf aber dabei nicht vergessen, dass diese Bilder und Texte auf dem Barkenschrein nur für den Gott Amun sowie für die ihn begleitenden Götter bestimmt waren und sonst niemanden! Für die Priester, die den Dienst am Heiligtum versahen, waren sie keineswegs gedacht. Dennoch war das bloße Vorhandensein dieser Bilder zugleich ein wichtiger magischer Akt, der Hatschepsuts Erwählung zum Königtum durch den König der Götter, Amun-Re, ebenso wie ihre Herrschaft selbst festigen sollte. Daher ist auch eine gewisse Vorsicht angeraten, aus allen diesen Szenen tatsächliche historische Ereignisse abzuleiten. Dass dies nur zum Teil möglich ist, haben wir bereits bei dem Prozessionsorakel gesehen, mit dem Hatschepsut ihre göttliche Erwählung zum Königtum bekunden ließ (vgl. S. 76ff.).

Die letzten Jahre

Es war für Hatschepsut ein großer Verlust, als ihre Tochter starb. Die Gottesgemahlin und Gotteshand auf der Roten Kapelle blieb daher namenlos. Hier hätte Neferures Name gestanden. Habuseneb starb ebenfalls um diese Zeit, und auch Senenmut verschwindet aus der Öffentlichkeit; wahrscheinlich verstarb er. Ereignisgeschichtlich ist kaum etwas von Hatschepsut nach dem 16. Jahr bekannt. Die letzten datierbaren Inschriften stammen von dem Schreiber Nacht, der die Minen auf dem Sinai inspizierte. Er erwähnt seinen Besuch mit der einfachen Datumsangabe „Jahr 20“. Hinter dem Namen der Königin fügte er die Standardformel „sie möge leben“ an, die nur bei Lebenden beigefügt wurde. Auf seiner Rückreise machte Nacht am Pyramidenkomplex des Djoser (2667–2648) in Saqqara Station, wo er eine kleine Inschrift mit einer genaueren Datierung im Namen der beiden Herrscher vom zweiten Tag des dritten Monats der Aussaat-Zeit hinterließ.[274] Heute geht man davon aus, dass Hatschepsut knapp zwei Jahre später verstarb, zumal ab dem 22. Jahr Thutmosis III. als Alleinherrscher auftrat. Wir wissen nichts über die Todesursache, ihre Beisetzung und die begleitenden Feierlichkeiten. Lediglich der Vermerk aus dem Grab des Ahmose Pennechbet nennt sie ohne genaues Datum „die Gerechtfertigte". Ihre Bestattung dürfte zurückhaltender gewesen sein als bei einem normalen Thronwechsel. Zu dieser Zeit war Thutmosis mit Kriegsvorbereitungen zu Gange, denn schon am 25. Tag des vierten Monats der Peret-Zeit seines 22. Jahres brach er in die Levante auf, um einen Aufstand der Fürsten dieser Region in der Schlacht bei Megiddo niederzuringen.

Wirkung und Schicksal unter ihren Nachfolgern

Heute weiß man, dass die Tilgung von Hatschepsuts Andenken erst ab dem 42. Regierungsjahr Thutmosis' III. einsetzte. Die Motive für diesen Vorgang können also nicht in einer tiefen Abneigung ihr gegenüber gelegen haben. Zwanzig Jahre nach ihrem Ableben hatte Thutmosis immerhin beachtliche Erfolge vorzuweisen, für deren Manifestation einige Bauten seiner Tante in Karnak ihm im Wege standen.[275]

Entweder erweiterte er diese nun, wie die Papyrussäulen-Halle, oder er ließ ganze Wände, an denen ihr Abbild nun entfernt wurde, zusätzlich mit neuen Mauern überziehen. Die Rote Kapelle hatte er zwar noch vollendet, ließ aber nun die meisten Bauteile abtragen. Zwar fielen einige der Blöcke Hatschepsuts seinen Arbeiten zum Opfer, aber viele ihrer Darstellungen und Inschriften überdauerten die Zeiten, weil die einzelnen Steine der „Roten Kapelle" von Thutmosis III. und seinen Nachfolgern als Bauelemente an verschiedenen Stellen in Karnak verbaut wurden. Er ersetzte den Barkenschrein durch einen eigenen Neubau, der die Leistungen seiner bisherigen Alleinherrschaft in den Mittelpunkt rückte.

An anderen Orten entkamen dagegen nur wenige Flachbilder der Zerstörung. Insgesamt hatte es in der Zeit Hatschepsuts viele Neuerungen und Ausnahmen gegeben, die von den althergebrachten Regeln abwichen. Manches blieb, anderes wurde eher eingeschränkt. Die Privilegien eines Senenmut oder User-Amun[276] sollte keiner so schnell mehr erreichen. Und einige der Vertrauten Hatschepsuts verschwanden nun nach und nach aus dem öffentlichen Leben. In manchen Fällen wurden deren Namen und Bilder in ihren Grabkapellen entfernt oder beschädigt. Auch Hatschepsuts Name wurde an öffentlich zugängigen Orten meist entfernt. Doch so

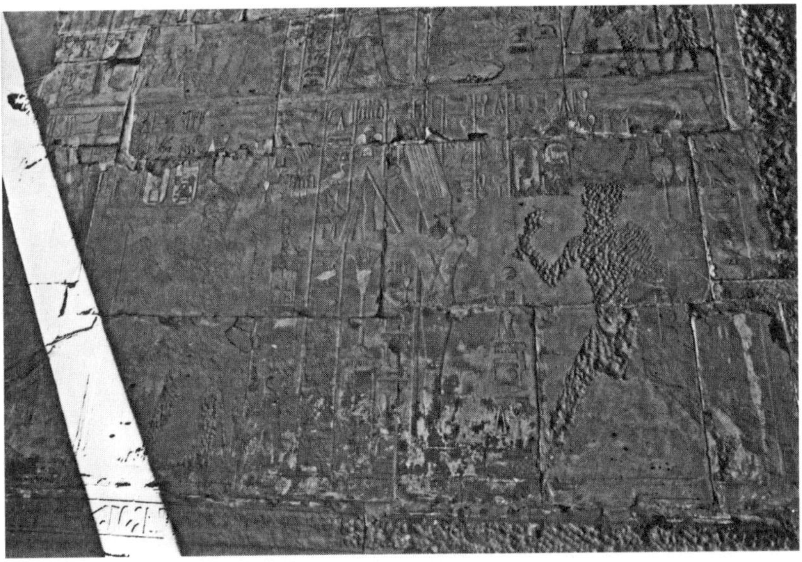

Abb. 26: Das entfernte Bild Hatschepsuts beim Kultlauf.
Aus dem Palast der Maat in Karnak (1980).

mancher Anhänger Hatschepsuts stand über ihre Zeit hinaus unter Thutmosis III. in gutem Ansehen. Andere, mehr konservative Beamte, die seit Generationen die Führungselite gestellt hatten, ignorieren die Königin nahezu völlig in ihren Denkmälern.

In religiöser Sicht sind Ansätze einer Verehrung der Sonnenscheibe zu erkennen, die in der Folgezeit der 18. Dynastie zunehmen sollte. Schon Hatschepsut wurde mit der Sonnenscheibe, dem Aton, verglichen.[277] Die baulichen Veränderungen in Theben prägten zudem die religiöse Landschaft für lange Zeit. Die einfachen Menschen konnten jetzt bei Festen stärker in die Götterverehrung mit eingebunden werden. Vorhandene Feierlichkeiten wurden so intensiver erlebt, wie z.B. das schöne Fest vom Wüstental, an dem man an den Gräbern der Ahnen feierte und ihrer gedachte. Im privaten Bereich wie auch in der Verwaltung, wozu auch die Tempel gehörten, sah es anders aus. Objekte aus dem Besitz Hatschepsuts wurden aufbewahrt, und die Erinnerung an die Zeit der beiden Könige blieb lebendig. Daher verwundert es auch nicht, dass in der 21. Dynastie der Hohepriester des Amun, Pinudjem I. (1049–1029), zwei seiner Kinder nach den Thronnamen der beiden Könige, nämlich Maatkare und Mencheperre, benannte. Hatschepsuts Name blieb in manchen Verzeichnissen erhalten, auch wenn er für die Chronologie der Könige nicht von Bedeutung war. Immerhin wusste Manetho über tausend Jahre später von ihr. Und möglicherweise hat ihr Tempel in Deir el-Bahari seit der hellenistischen Zeit den Bau einiger Terrassenheiligtümer in der Ägäis und in Italien inspiriert.[278] Aber erst durch die neuzeitliche Erforschung Ägyptens wurde Hatschepsut wirklich dem Vergessen entrissen.

Bauten

In diesem Kapitel sollen die wesentlichen Bauten Hatschepsuts zusammengefasst werden. Sie sind die wichtigsten Quellen zu ihrer Zeit. Viele aussagekräftige Inschriften und Bilder wurden bereits behandelt. Ein auffälliges Merkmal bei der Betrachtung ihrer Bautätigkeit ist die Tatsache, dass von ihr bislang kaum Spuren nördlich von Hermopolis Magna, dem ägyptischen Chemenu, der Hauptstadt des 15. oberägyptischen Hasen-Gaues, auszumachen sind. Lediglich die Scherbe eines Alabaster-Kruges mit ihrem Namen „Maat ist der Ka des Re“ und dem Epitheton „Der gute Gott“ fand sich in Memphis.[1] Die archäologische Lage in Mittel- und Unterägypten ist generell schwieriger, zumal die Bausubstanz an vielen Orten zu einem großen Teil oder gar vollständig verschwunden ist. Dies gilt vor allem für die alte Hauptstadt Memphis, die in der 18. Dynastie praktisch das maßgebliche Verwaltungszentrum war. In der Spätantike wurde sie zerstört und ihre Trümmer fanden im Mittelalter als Baumaterial für das entstehende Kairo Verwendung. Von dem wichtigen Zentrum der Priesterschaft des Sonnengottes Re, Heliopolis, ist noch viel weniger erhalten. Hatschepsut propagiert in vielen der erhaltenen Inschriften ihre Fürsorge für die in der Hyksos-Zeit vernachlässigten und zerstörten Tempel im Norden. Daher ist es sehr unwahrscheinlich, dass sie nördlich von Hermopolis nicht baulich aktiv gewesen wäre und in allen bedeutenden Tempeln Stiftungen und Inschriften hinterlassen hätte.

Theben-West

Hatschepsuts Gedächtnistempel – „Das Heiligtum der Heiligtümer“ – in Deir el-Bahari ist das zentrale Bauwerk zum Verständnis ihrer Herrschaft. Wäre diese riesige Anlage im Laufe der Zeiten durch verschiedene Umstände weitgehend zerstört oder durch einen gründlichen Neubau ersetzt worden, unser Wissen über ihr Wirken wäre wesentlich geringer. Das Bildprogramm und die vielen Inschriften ermöglichen einen aufschlussreichen Einblick in die Geschichte Hatschepsuts, aber sie sind kein Geschichtsbuch in unserem Sinne. Mitunter erfahren wir mehr über die Fiktionen, die ihr

Königtum und Handel den Göttern gegenüber rechtfertigen sollten, sowie über neue religiöse Entwicklungen. Der Tempel war nicht nur Hatschepsut gewidmet, sondern auch dem Andenken ihres Vaters Thutmosis I.

Die Bauarbeiten begannen bald nach Hatschepsuts Krönung im 7. Jahr und kamen gegen Ende ihrer Herrschaft zwischen dem 20. und 22. Jahr zum Abschluss. Angeregt wurde diese ungewöhnliche Tempelanlage zum Teil von dem gewaltigen Grabkomplex des Reichseinigers Mentuhotep II. (2055–2004), der Anfang des Mittleren Reiches im südlichen Talkessel angelegt worden war. Dessen auffälliges Merkmal ist die zum Nil gewandte zentrale Rampe, die zur Terrasse mit Säulenumgängen und anderen Kammern hinaufführt. Wahrscheinlich befand sich sogar – ganz in der Tradition der Pyramidenanlagen – ein Taltempel am Ende dieses Aufweges. Hatschepsut ließ ihren Gedächtnistempel in wesentlich größeren Dimensionen auf zwei Terrassen anlegen. Die Gesamtkonstruktion ist in der ägyptischen Architektur einzigartig. Thutmosis III. erbaute während seiner Alleinherrschaft genau zwischen ihrem und Mentuhoteps Tempel ein Heiligtum für Amun, das im Erscheinungsbild den beiden Anlagen weitgehend angepasst war. Es lag aber deutlich höher, was eine längere Rampenkonstruktion erforderlich machte. Die Reste dieses Baues wurden erst 1962 wiederentdeckt. Das „Heiligtum der Heiligtümer“[2] hatte ursprünglich einen Taltempel, von dem heute kaum etwas erhalten ist. Ramses IV. baute später an dieser Stelle einen eigenen Tempel.

Der von Hatschepsut aufwendig angelegte Aufweg zum ersten Vorhof ihres Tempels – auf einem Teil der Strecke mussten Durchbrüche in den Felsen geschlagen werden – war zu beiden Seiten von einer Steinmauer eingegrenzt. Um die 50 bemalte Sphingen aus Sandstein flankierten einst den Weg. Ein Barkenheiligtum stand etwa einen halben Kilometer vor dem Gedächtnistempel. Am Eingang des Vorhofes war ursprünglich zu beiden Seiten je ein Persea-Baum eingepflanzt. Weitere Sphingen säumten den Weg in das Heiligtum. Vor der Rampe zum zweiten Vorhof auf der ersten Terrasse waren zwei künstlich angelegte Bassins für Papyruspflanzen angelegt, die zugleich von zahlreichen Blumenrabatten umgeben waren. Möglicherweise waren die Teiche für rituelle Papyrusernten und Vogeljagden im Rahmen der Einweihungszeremonien gedacht.[3]

Auf dem Areal des Vorhofes hatte zuvor ein aus Ziegeln errichteter Tempel Amenophis' I. gestanden, der nun der neuen Anlage weichen musste. Zu beiden Seiten der ersten Rampe stehen zwei Säulenhallen mit doppelten Portikus. In der südlichen Halle befinden sich die Darstellungen vom Transport zweier Obelisken und deren Ankunft in Theben sowie von der Widmung des Tempels an Amun durch Hatschepsut und Thutmosis III.[4] In der nördlichen Halle finden sich dagegen verschiedene konventionelle Szenen einer Vogeljagd und vom Fischfang sowie Opferszenen. Eine Darstellung zeigt Hatschepsut als Sphinx beim Zertrampeln der Feinde.[5] Jeweils am Nord- und Südende wurden zwei kolossale Statuen des Osiris errichtet.

Die Tempelfassade auf der Terrasse des 2. Vorhofes ist ähnlich gestaltet. Zwei Säulenhallen mit doppelten Portikus flankieren die Rampe zur oberen Terrasse. In der nördlichen Halle, der Geburtshalle, befinden sich die Bildszenen der göttlichen Geburt sowie der Jugend und Krönung Hatschepsuts. Dieser Bilderzyklus wird in der südlichen Halle („Punthalle") mit der Expedition nach Punt und der Weihung der „Wunderdinge aus Punt" fortgesetzt. Zu beiden Seiten der Fassade der Terrasse des 2. Vorhofes wurden zwei Heiligtümer angebaut, die als selbständige Kultstätten fungierten: an der Südseite ein kleiner Tempel für Hathor[6] sowie ein weiterer Tempel für Anubis an der Nordseite.[7]

Der Tempel für Hathor hatte eine eigene Zugangsrampe. Ursprünglich stand hier ein Vorgängerbau aus dem Mittleren Reich, der nun durch einen Neubau ersetzt wurde. Sein hinterer Teil ist in den Felsen hineingebaut und war als Grotte für die heilige Hathorkuh vorgesehen. Dennoch ist dieser Tempel auch Hatschepsut geweiht, die sich hier mit Hathor identifiziert und in mehreren Szenen mit der Hathorkuh abgebildet ist. Berühmt ist das erhaltene Relief, welches Hatschepsut zeigt, wie sie vom Euter der Kuh trinkt. Lediglich die daneben angebrachte Namenskartusche von „Maat ist der Ka des Re" (Hatschepsut) ist leicht weggemeißelt.

Die Fassade auf der oberen Terrasse bestand ursprünglich aus 24 Osiris-Pfeilern, von denen jeder 5,50 Meter hoch ist, mit dem Antlitz Hatschepsuts und zwei weiteren Statuen der Herrscherin. Einige dieser Pfeiler konnten aus den Trümmern wiederhergestellt werden.

Dahinter waren zwei weitere Säulenhallen, in denen sich Szenen mit Thutmosis III. oder Hatschepsut vor den Göttern erhalten haben. Die beiden Säulenhallen flankieren das große Granittor zum oberen Hof. Dieser rechteckige Hof wird von zwei Säulenreihen umschlossen; auf der Westseite zum Hauptsanktuar sogar von drei Reihen. An der Rückwand des Hofes sind zehn größere und acht kleinere Nischen für Statuen vorhanden. An der Nord- und Südseite des Hofes ließ Hatschepsut diverse Räume und Kapellen angliedern. Die Ost- und Nordwand zieren Szenen vom „Schönen Fest des Tales" und zum Opet-Fest mit einer Barkenprozession auf dem Nil, bei der unter anderem eine größere Statue Hatschepsuts mitgeführt wurde.[8] Hervorzuheben ist die fragmentarisch erhaltene Beschreibung ihrer Krönung an der nördlichen Ostmauer,[9] die ihr Neffe später

Abb. 27: Hatschepsut trinkt die Milch der Hathorkuh (historisches Foto von 1893).

Abb. 28: Osiris-Pfeiler in Deir el-Bahari.

weitgehend mit einem Text überschreiben ließ, der die Krönung Thutmosis' I. zum Inhalt hat.

Die Räume an der Südseite des großen Hofes der oberen Terrasse dienten vorwiegend dem Totenkult für Hatschepsut und Thutmosis I. Zunächst ist hier ein unbeschrifteter Raum in der Südostecke zu nennen, der als Kultpalast gedeutet wird, zumal er über ein Erscheinungsfenster zum Hof hin verfügt. Vom großen Hof führt ein Tor in einen kleinen Hof und eine Vorhalle, der zwei Kulträume und Seitenkammern angegliedert sind. Die große Opferhalle für Hatschepsut liegt direkt an der Südseite, die wesentlich kleinere Kapelle für ihren Vater dagegen an der Hofseite. In einem Magazin an der Südwestecke des Hofes wurden Öle, Salben und Gewänder aufbewahrt.

An der Nordseite des Hofes ist ein Heiligtum für Re-Harachte angeschlossen, einer synkretisierten Form von Re und Horus. Es besteht aus einem Sonnenkulthof unter freien Himmel mit einer Ost-West-Ausrichtung und einem großen Steinaltar, dem ein eigenes Vestibül voransteht. Die beiden Achsen auf der oberen Terrasse parallelisieren wichtige Aspekte der mythischen und realen Welt. Auf der Ost-West-Achse wird die Reise des Amun-Re mit der täglichen Reise des Sonnengottes gleichgesetzt, während entlang der Süd-Nord-Achse der Lebenszyklus des Königs, also Hatschepsuts, sich rituell widerspiegelt. In den südlichen Räumen nahmen die Zeremonien ihren Ausgangspunkt: Der Kultpalast symbolisierte die Krönung, während die Opferräume für den Tod standen. Den Abschluss des Zyklus bildet der Sonnenhof, in dem Hatschepsut von Re-Harachte und Amun zur Wiedergeburt geleitet wird. Beim „Schönen Fest des Tales“ wurden diese Szenen tatsächlich gefeiert. Beim Höhepunkt des Festes kam Amun-Re aus Karnak auf das Westufer des Nil und besuchte seinen Tempel. Während er im Allerheiligsten mit seiner Barke verweilte, feierten Priester nebenan symbolisch den Lebenszyklus von Hatschepsuts Königtum: Sie wurde rituell inthronisiert, anschließend zum Osiris gemacht und zum Abschluss als Zeichen ihrer Wiedergeburt mit ihrem göttlichen Vater Amun-Re am Altar des Sonnenhofes vereint.[10]

In der Nordmauer des Vestibüls ist in einer Nische Hatschepsut vor einem Opfertisch sitzend wiedergegeben; die Ausgräber konnten diese Szene aus mehreren Blöcken wieder zusammensetzen. Die Bemalung des Reliefs ist hervorragend erhalten. Es ist eines ihrer wenigen Abbilder, das der späteren Zerstörung entging. Lediglich ihr Name wurde leicht weggemeißelt. Vollständig lautet die Inschrift über ihr: „Der gute Gott, Herrin Beider Länder ‚Maat ist der Ka des Re‘, ihre Freude ist wie Re ewiglich.“[11] Ein Grund, warum dieses Bild erhalten blieb, liegt vielleicht an ihrer Dar-

Abb. 29: Der Sonnenaltar (historisches Foto von 1893).

stellung als rein männlicher König, auch wenn die Begleitschrift sie weiblich tituliert. Sie trägt das Nemes-Kopftuch mit dem Uräus und dem Königsbart sowie eine breite Halskette. Ihr männlich geformter Oberkörper ist frei. Ferner trägt sie den kurzen Königsschurz mit Gürtel und Stierschweif.

An der Nordseite des Sonnenhofes ist eine Anubis-Kapelle angeschlossen. In deren Seitenkammer sind zwei interessante Szenen parallel abgebildet: Hatschepsut und ihre Mutter Ahmose bringen Amun ein Opfer dar,[12] Thutmosis I. und seine Mutter Seniseneb opfern Anubis.[13] Direkt westlich des Sonnenhofes, aber mit Zugang vom zentralen Hof, steht eine Kapelle für Amun, die für das örtliche Kultbild des Gottes bestimmt war.

Das Hauptsanktuar befindet sich an der Mitte der Westwand der oberen Terrasse und besteht aus zwei Haupträumen für die Barke und das Kultbild des Amun, wenn es an Festtagen zu Besuch nach Deir el-Bahari kam. Die längliche Vorkammer diente als Barkenschrein und der hintere der beiden angrenzenden Räume als Aufbewahrungsort für die Gottesstatue. In vier Nischen des Barkensanktuars standen jeweils zwei Statuen Hat-

Abb. 30: Hatschepsut als männlicher (!) König (historisches Foto).

schepsuts als Osiris. Auf mehreren Bildregistern sind Reliefs mit den Mitgliedern der königlichen Familie und einiger ihrer direkten verstorbenen Verwandten angebracht. Hier ragt eine Szene an der Nordwand mit Thutmosis I., seiner Frau Ahmose und Hatschepsuts früh verstorbener Schwester Neferubiti heraus.[14] Neben den bereits erwähnten Statuten und Osiris-Pfeilern waren zahlreiche weitere Rundplastiken Hatschepsuts im ganzen Tempel verteilt. Diese wurden ab dem 42. Jahr von Thutmosis III. ebenso entfernt wie fast alle ihre Namen und Flachbildnisse. Infolge der Zerstörungen Echnatons kam es unter Haremhab und den frühen Ramessiden zu diversen Restaurationen im ganzen Tempel, der weiterhin als Heiligtum diente. Ptolemaios VIII. (145–116) verlängerte schließlich die Rückwand des Allerheiligsten durch Hinzufügung einer weiteren Kammer.[15]

Einen weiteren, deutlich kleineren Tempel für Amun, den Djeser-Set („Heiliger Ort"), ließ Hatschepsut etwas weiter südlich in Medinet Habu erbauen. Es handelt sich um ein Sanktuar mit sechs Kammern, dem eine Barkenkapelle mit Pfeilerrundgang vorangestellt war. Die Tempelachse war auf den Tempel in Luxor ausgerichtet und verlief somit parallel zu der Achse von Karnak nach Deir el-Bahari.[16] In Erment entstand ein Tempel für den thebanischen Kriegsgott Month, von dem aufgrund des späteren Neubaus aus der Alleinherrschaft Thutmosis' III. kaum etwas erhalten geblieben ist.[17]

Karnak und Theben

Von ihrem Gedächtnistempel abgesehen hat Hatschepsut in Theben die meisten Spuren hinterlassen. Ihr Wirken begann schon während der Zeit ihres Gemahls Thutmosis' II. Ihm war nur eine kurze Regierungsdauer beschieden, und so brachte Hatschepsut einige der unter ihm initiierten Baumaßnahmen zum Abschluss. Für die meisten Bauten und Arbeiten im Amun-Tempel seit der frühen Regentschaft dürfte der Hohepriester Hapuseneb zuständig gewesen sein.

Im Amun-Bezirk ließ Hatschepsut allein sechs Obelisken aufstellen. Ein Paar stand im Festhof ihres Bruders, ein weiteres an der Ostseite des Tempels. Ein Meisterstück der Baukunst war jedoch die Einfügung der beiden Jubiläumsobelisken in die Wadjit-Halle zwischen dem 4. und 5. Pylon (vgl. S. 151 f.). Im Bereich um das Allerheiligste erfolgten diverse Um- und Neubauten, die als der „Palast der Maat" bekannt sind. Das zentrale Element dieses Komplexes war das Barkensanktuar aus rotem Quarzit, die Rote Kapelle. Neben dem erwähnten Orakel und der Krönung Hatschepsuts befinden sich auch viele Szenen auf dieser Kapelle, welche die beiden Koregenten gemeinsam bei verschiedenen religiösen Handlungen zeigen. Die Anbringung bestimmter Königstitel erfolgte hier willkürlich und stellte keine Wertung dar. Bemerkenswert sind hier die Szenen von Amuns Besuch in Deir el-Bahari und seiner Rückkehr nach Karnak.[18]

Von den zahlreichen Göttern, die auf der Roten Kapelle wiedergegeben sind, ist Amaunet, die Gemahlin Amuns zu erwähnen, die auch als seine weibliche Entsprechung verstanden wird. Hatschepsut verspricht, dass ihre

Abb. 31: Hatschepsut und Thutmosis auf der Barke Userhat bei der Rückkehr vom Opet-Fest (Rote Kapelle Block 104).

Barke bei den Götterprozessionen mitgeführt werden soll, was eigentlich ungewöhnlich ist, da sonst allenfalls Mut, Amuns thebanische Gemahlin, in ihrer Barke anwesend war.[19]

Südlich des Amun-Bezirks lag seit alters derjenige der Mut, der Gemahlin Amuns. Hatschepsut ließ den Prozessionsweg ausbauen, der auf der Nord-Süd-Achse vom Festhof Thutmosis' II. dorthin führte. Südlich des Amun-Tempels entstand der 8. Pylon, vor dem Kolossalstatuen der Ahnen standen. Ein Relief zeigte ursprünglich Hatschepsut beim Erschlagen der Feinde. Vor dem Mut-Tempel zweigte die Straße nach Westen ab, machte einen Bogen um das Areal und ging dann weiter in Richtung Süden nach Luxor, dem südlichen Heiligtum. Vor der Zeit der Koregentschaft sind keine Baumaßnahmen im Mut-Bezirk bislang nachweisbar. Aber auch von Hatschepsuts Tempel sind aufgrund der späteren Überbauung nur wenige Blöcke erhalten, die keine nennenswerten Rückschlüsse auf den ursprünglichen Bau zulassen.

Strenggenommen war der Luxortempel nur eine Wegstation für die Feiertage des Amun von Karnak. Der Hauptteil dieses Tempels liegt allerdings auf einer leichten Erhöhung, deren Fundamente bis heute nicht ausgegraben sind. Hatschepsuts Bau ist wie derjenige Thutmosis' III. durch

Abb. 32: Hatschepsut umarmt Amaunet (Rote Kapelle Block 161).

die späteren Bauten Amenophis' III. und Ramses' II. völlig verschwunden. Lediglich die Reste einer Dreifachkapelle für die Triade von Karnak sind erhalten geblieben, die Ramses in der Nordwestecke hinter dem Pylon unter Verwendung der Originalblöcke errichtete.

Mittelägypten

Um die Zeit kurz nach der Punt-Expedition ließ Hatschepsut in Mittelägypten ausgedehnte Baumaßnahmen vornehmen. Hier handelte es sich um Neubauten oder die Instandsetzung von Tempeln, die in den Jahren während der Zweiten Zwischenzeit vernachlässigt oder gar zerstört worden waren. Besonders eindrucksvoll geschah dies beim Neubau eines Felsentempels der Lokalgöttin Pachet im 16. oberägyptischen Gau, der am Eingang eines Wüstentales etwa zwei Kilometer südlich des heutigen Beni Hassan liegt.[20] Seine Ursprünge gehen wohl ins Mittlere Reich zurück. Die Griechen nannten ihn Speos Artemidos („Grotte der Artemis"), was zugleich den kriegerischen Aspekt der Löwengöttin hervorhebt, deren Name im Ägyptischen „die Kratzende" lautet. Einer ihrer Beinamen war „die Herrin des Messers".

Die Anlage wurde ähnlich wie ein Felsengrab mit einer Portikus angelegt.[21] Vier Säulen zieren die 15 Meter breite Fassade, während vier weitere Pfeiler das Innere der Halle tragen. Das Sanktuar wurde erst unter Sethos I. (1294–1279) dekoriert, der daher sein eigenes Bild an einigen Stellen anbringen ließ, wo vorher Hatschepsut dargestellt war. Beispielhaft ist eine Szene von ihrer Krönung durch Amun. Sie war in der typischen Pose all ihrer Krönungsdarstellungen zu sehen, indem sie vor Amun mit zugewandtem Rücken kniet. Der Gott gibt ihr die Chepresch-Krone, auch Blaue Krone genannt, während die Göttin Pachet ihnen gegenübersteht. Die Haltung des Sethos ist anders. Er erhält eine Henu-Krone und kniet auch vor Amun, aber ihm zugewandt.

Hatschepsut verkündet auch ihre Wohltaten in den beiden oberägyptischen Gauen, dem Hasen-Gau und dem Gazellen-Gau.[22] So bemerkt sie, es sei von Re bei seiner Schöpfung festgelegt worden, dass die Länder, also Ägypten und die Wüste, unter ihre Aufsicht gestellt und im Schrecken vor ihr sind. Zudem beugen sich die Fremdländer vor ihrer Macht und die Wege nach dem Weihrauchland Punt, die vorher durch die Hyksos im Norden und das Reich von Kerma im Süden versperrt waren, seien nun wieder zugänglich. „Mein Heer, das nicht ausgerüstet war, besitzt nun Herrlichkeiten, seit ich als König erschienen bin."[23]

Nur wenige Meter von der Fassade des Speos Artemidos ließ die Königin auch im Namen des Koregenten einen kleinen Tempel für Pachet in den Felsen hauen, der nach dem arabischen Namen dieses Talabschnittes Batn el-Baqara („Bauch der Kuh“) benannt ist. Hatschepsuts Bilder wurden auch hier entfernt, während die Darstellung der „Gottesgemahlin“ Neferure verschont blieb. Thutmosis III. wird hier beim Opfer und Umgang mit den Göttern gezeigt.[24]

Hatschepsut wandte sich weiteren Heiligtümern in der Region zu, wie der Inschrift des Speos Artemidos zu entnehmen ist. So ließ sie den Hathor-Tempel von Qusae wieder instandsetzen:[25] „Der Tempel der Herrin von Qusae war zerfallen. Die Erde hatte ihr erhabenes Heiligtum verschluckt, Kinder tanzten auf ihrem Dach. Nicht gab es die Urschlange, die Schrecken verbreitet hätte.“ Neben einem Tempel in Antinoe ragt der Neubau des Tempels für den Gott Thot in Hermopolis hervor. Dort widmete Hatschepsut sich besonders dem Kult der Urgötter von Hermopolis, der Achtheit. Vor allem den Gottheiten, die auch in ihrem Mythos von der göttlichen Geburt eine Rolle spielen (vgl. S. 28 ff.), werden Stiftungen eingerichtet: „Für Chnum in seinen Gestalten, für Heket, Renenutet, die zusammengefasst waren, um meinen Körper zu bilden.“[26] Der Tempel wurde aus Turakalkstein mit Toren aus Alabaster erbaut. Seine Türen bestanden aus asiatischem Kupfer, deren Ornamente mit Elektron verziert waren. Von seinem ursprünglichen Grundriss ist allerdings nichts mehr erhalten.

Eindrucksvoll sind die abschließenden Worte, mit denen sich Hatschepsut an die Menschen richtet. Dabei geht sie auf die Wirren der Zweiten Zwischenzeit ein: „Hört, ihr Menschen alle, du Volk in seiner Vielzahl. Ich habe dies getan aus einem Einfall meines Herzens heraus … Ich habe restauriert, was zerfallen war, ich habe aufgerichtet, was anfangs zerlegt war, seit die Asiaten in der Gegend von Avaris im Nordland (Nildelta) waren und die Nomaden unter ihnen zerstörten, was geschaffen war. Sie herrschten ohne Re, er gab keinen Befehl bis zu Meiner Majestät, denn ich bin fest auf den Thronen des Re, ich wurde angekündigt für eine Periode von Jahren als eine ‚Sie entsteht und erobert‘. Ich bin gekommen als einzige Horusgöttin und speie Feuer gegen meine Feinde.“ Sie habe nicht nur den Abscheu vor den Göttern vertrieben, sondern auch die Feinde. „Das Land hat ihre Fußspuren vertilgt.“[27]

Südliches Oberägypten und Nubien

Auf der Nilinsel Elephantine entstand noch vor Hatschepsuts Krönung ein Tempel für die Ortsgöttin Satet, der „Herrin von Elephantine". Satet war nubischen Ursprungs und bildete als Gemahlin des Chnum, des „Herrn der Katarakte", mit Anukis die Triade von Elephantine. Die Aufsicht über die Bauarbeiten oblag Hatschepsuts treuem Gefolgsmann Amenhotep (S. 102 ff.), der in dieser Zeit auch Priester dieser drei Götter war. Vor einigen Jahren wurde der kleine Peripteraltempel auf der Basis der erhaltenen farbigen Blöcke rekonstruiert. Wie bei der Roten Kapelle sind Hatschepsut und Thutmosis III. hier kaum auseinanderzuhalten.

Auch in Nubien errichtete Hatschepsut seit dem Beginn der Regentschaft einige Heiligtümer. In Faras entstand eine Felsenkapelle für die Hathor von Ibschek. Im Tempel von Dakka fand man einen Block mit ihrem Namen, der aber vielleicht aus dem gegenüberliegenden Quban stammen könnte. Eine weitere Felskapelle lässt sich in Qasr Ibrim nachweisen. Der südliche Tempel von Buhen geht auf sie zurück,[28] der beredt Zeugnis von den Wandlungen ihrer Regentschaft zum Königtum ablegt.[29] Die Darstellungen Hatschepsuts im Chnum-Tempel von Semna datieren dagegen noch aus der Zeit Thutmosis' II.; sie wurden später entfernt oder überarbeitet.

Zusammenfassung

War es ein Staatsstreich, gar eine Machtergreifung oder schlichtweg die Rettung der Dynastie, die Hatschepsut dazu bewog, sich im 7. Jahr der Herrschaft Thutmosis' III. ebenfalls zum König krönen zu lassen? Oder war sie gar nur die Marionette einer Gruppe von Hofbeamten?[1] Immerhin hatte es mehrere Jahre gedauert, bis dieser Schritt – nämlich die Krönung zum König von Ober- und Unterägypten – erfolgte, dann aber konsequent umgesetzt wurde. Immerhin scheint dieses Ziel nicht kurzfristig angegangen worden zu sein. Uns fehlen allerdings die persönlichen Einblicke in das Privatleben für eine präzisere Bewertung.

Weil sie den zweiundzwanzig Jahren ihrer Herrschaft einen sehr deutlichen Stempel aufgeprägt hat, wird ein wesentliches Element von Hatschepsuts Königtum oft nicht beachtet: Sie war keine unabhängige Königin. Im Gegensatz zu Neferusobek aus dem Mittleren Reich, die vier Jahre alleine regierte, teilte sie sich mit dem eigentlichen König den Thron. Was sie tat, war eine Verstärkung der Regentschaft mit anderen Mitteln. Da sie aber nun einmal König war, versuchte sie alle Komponenten, die einem ägyptischen König zustanden, auch für sich umzusetzen. Unterstützt von einer getreuen Schar von Priestern und Schreibern verwirklichte sie ihren Herrschaftsanspruch durch die mitunter geschickte Adaption alter Mythen und Traditionen ebenso wie durch bauliche und kultische Innovationen. Ihr Gedächtnistempel in Deir el-Bahari war wohl das größte Einzelbauwerk eines Königs seit dem Bau der letzten Pyramiden des Mittleren Reiches.

Hatschepsut hatte gesehen, wie Ägypten unter ihrem Vater groß geworden war. Thutmosis I. starb früh und so auch alle ihre Geschwister, darunter ihr Ehemann. Als Witwe Thutmosis' II. akzeptierte sie umgehend den einzigen in Frage kommenden Thronfolger, ihren Neffen Thutmosis III., den Sohn einer nicht ebenbürtigen Nebenfrau. Da das bisher Erreichte auf einmal gefährdet schien, erwirkte sie aufgrund ihrer Stellung als Gottesgemahlin die Unterstützung der Amunspriesterschaft, um Regentin für den unmündigen König zu werden. Es galt nun, sein Heranwachsen und seinen weiteren Werdegang zu sichern. Das Risiko eines vorzeitigen Ablebens blieb erfahrungsgemäß groß. Hatschepsut verdrängte Thutmosis III. keineswegs aus der Königswürde, aber sie sorgte dafür, dass er behutsam zur Macht geführt wurde. Dabei wurde er nicht geschont, zumal er tatsächlich gut heranwuchs und sich in der Schulung zum König bewährte. Schon früh musste er, wie einst Hatschepsut selbst, an Feldzügen teilnehmen, die aber unter seinem Namen geführt wurden. Je sicherer sein Aufstieg schien, umso stiller wurde es um Hatschepsut. Sie konnte sehen, dass er gedieh und seiner Herrschaft nichts mehr im Wege stand. Sie hatte Großes geleistet und auf dieser Basis setzte Thutmosis den Aufstieg Ägyptens fort. Als schließlich die Zeit seiner Alleinherrschaft begann und die Fürsten der Levante einen Aufstand planten, saß kein schwaches Kind mehr auf dem Thron. Vielmehr stand ein militärisch erfahrener Mann an der Spitze eines Landes, das unter ihm zur Großmacht aufsteigen sollte. Die Fürsten sollten das bald bei Megiddo zu spüren bekommen.

Da Thutmosis Hatschepsut überlebte, war sie schon aus diesem Grund für die Königschronologie aus ägyptischer Sicht nicht mehr notwendig. Dennoch verschwand sie nicht vollständig aus der Erinnerung. Die Koregentschaft wurde vier Jahrhunderte später als eine Zeit der Größe Ägyptens empfunden, als die Einheit der Beiden Länder bereits auseinandergebrochen war.

Anmerkungen

Der Mythos von der göttlichen Geburt

1 Diese Rolle wurde später hauptsächlich von Isis eingenommen.

2 P. Westcar (= P. Berlin 3033) 1,12–6,22. Zum Hintergrund dieser Passage vgl. Burkard – Thissen 181–187. Vgl. Dessoudeix, Lettres II, 48.

3 P. Westcar 6,23–7,6.

4 P. Westcar 7,7–7,9.

5 P. Westcar 8,6–9,1.

6 P. Westcar 9,3–9,4.

7 P. Westcar 9,9–9,10 (Übersetzung Burkard – Thissen).

8 P. Westcar 9,12–9,14.

9 P. Westcar 9,23.

10 P. Westcar 9,24–9,28.

11 Die detaillierten Hinweise verdanke ich Frau Dr. Adela Oppenheim, Metropolitan Museum. Zu den Grabungen s. auch D. Arnold, Neues zum Pyramidentempel Sesostris' III., Sokar 23 (2011) 70–77.

12 Pseudo-Kallisthenes 1,4–8.

13 Allerdings ließen sie bei tierköpfigen Gottheiten den menschlichen Körper stehen, entfernten aber nur deren Köpfe.

14 Naville, DelB II, Taf. XLVI.

15 H. Brunner, LÄ IV (1982) 473–479, s. v. Neunheit.

16 Urk. IV, 216,11–12. Die Übersetzung des Geburtsmythos orientiert sich weitgehend an der von Brunner.

17 Urk. IV, 216,14–217.

18 Zum Vergleich sei auf die erste Szene im Geburtsmythos Amenophis' III. verwiesen. Dort findet keine Versammlung der Götterneunheit vor Amun statt. Vielmehr begegnet hier die Liebesgöttin Hathor der Königsmutter Mutemwija und umarmt diese. Unweit davon befindet sich Amun auf dem Weg zum Stelldichein und hat bereits die Gestalt ihres Gemahls (Thutmosis IV.) angenommen. Die Funktion Hathors ist schwer zu bestimmen; möglicherweise sollte sie im Auftrag Amuns die Königin mit Liebreiz und erweckter Liebe ausstatten und für das Rendezvous vorbereiten. Amuns Liebesabenteuer steht am Anfang dieses Zyklus, während seine Absicht, einen Thronfolger zu zeugen, erst später zum Thema wird. Möglicherweise stellte diese Szene den üblichen Beginn des Geburtsmythos dar. Hatschepsut wählte einen anderen Anfang, nämlich die aus der Königsnovelle in die Götterwelt übertragene Ratsversammlung. Vgl. Brunner 18–21.

19 Naville, DelB II, Taf. XLVII.

20 Urk. IV, 218,16–219,5.

21 Vgl. Brunner 26.

22 L. Kákosy, LÄ III (1980) 182–183, s. v. Ischedbaum.

23 „Inpu" bezeichnet hier den noch jungen Kronprinzen. Vgl. auch S. 182 Anm. 56.

24 Naville, DelB II, Taf. XLVII.

25 Vgl. Brunner 32.

26 Naville, DelB II, Taf. XLVII.

[27] Urk. IV, 219,12–220,6.

[28] Beachtet man den leichten, dünnen Schurz, mit dem Götter dargestellt wurden und den im Alltag Sterbliche trugen, so ist die physische Erregung Amuns hier überzeugend beschrieben.

[29] Urk. IV, 221,14

[30] Urk. IV, 221,11–13.

[31] Urk. IV, 221,1–4.

[32] Urk. IV, 221,7–15, 222,3–4.

[33] Naville, DelB II, Taf. XLVIII.

[34] Urk. IV, 222,13–17.

[35] Naville, DelB II, Taf. XLVIII.

[36] Urk. IV, 223,6–224,1.

[37] Naville, DelB II, Taf. XLVIII.

[38] Urk. IV, 224,13–225,3.

[39] Naville, DelB II, Taf. XLIX.

[40] Urk. IV, 226,3–6.

[41] Naville, DelB II, Taf. LI.

[42] Diese Männer nennt man nach dem Zahlzeichen für eine Million „Hechmänner".

[43] Naville, DelB II, Taf. LII; vgl. zu den Texten Urk. IV, 229–230.

[44] IV, 229,3–6.

[45] Naville, DelB II, Taf. LIII; vgl. zu den Texten Urk. IV, 230–231. Zum Bild vgl. Brunner 122–124.

[46] Pyramidentexte Spruch 410.

[47] Urk. IV, 231,8–11.

[48] Naville, DelB II, Taf. LIII.

[49] Brunner 138 (XIII Da).

[50] Der vordere Gott dürfte der Nilgott Hapi sein, doch nur der Name des hinteren Gottes, Jat, ist erhalten. In ihm hat man einen Milchgott gedeutet, da Jat sprachlich an einen ägyptischen Begriff für Milch erinnert und er auf seinem Haupt einen Topf mit langem Henkel trägt. Dies ist jedoch keineswegs sicher, denn ein männlicher Gott Jat wäre singulär. Wahrscheinlicher ist daher eine (weibliche) Milchgöttin dieses Namens, wie sie in den Pyramidentexten vorkommt. In der gleichen Szene für Amenophis III. begleitet Heka, die Personifikation des Zaubers, den Nilgott.

[51] Naville, DelB II, Taf. LIII.

[52] Naville, DelB II, Taf. LIV.

[53] Urk. IV, 233,10–11.

[54] Naville, DelB II, Taf. LV.

[55] Brunner 162–166; anders Ritner *passim.*

[56] Urk. IV, 234, 3–4.

[57] Urk. IV, 233,13–14.

[58] So hält Anubis in dem von Ptolemaios VIII. errichteten Mammisi von Edfu eine wesentlich kleinere Scheibe auf Kopfhöhe, wobei es sich um ein Tamburin handelt. Vgl. Ritner 149.

[59] Dies stieß in der Forschung auf breite Zustimmung. Brunner 164–165 sieht allerdings in der Mondscheibe einen Hinweis auf den Zeitpunkt der Beschneidung.

[60] PM VI, 104–105 (Augustus; unter Trajan dekoriert) und 103 (Nektanebos I.). Zum Text s. F. Daumas, Les mammisis des temples égyptiennes, Paris 1958, 473; ders., Les Mammisis de Dendera, Kairo 1959, 11 u. Taf. XXIII A. (Übersetzung Brunner 164).

[61] Dies deutet auf das hohe Alter des Mythos, der in eine Zeit zurückreichte, bevor

Osiris in der 5. Dynastie (2494–2345) an Bedeutung gewann und mit dem verstorbenen König gleichgesetzt wurde. Zu diesem Zeitpunkt waren die Grundlagen des Geburtsmythos bereits fest fixiert, so dass eine nachträgliche Einfügung des Osiris nicht für nötig empfunden wurde.

62 Wenn auch kleiner im Maßstab, so ist hier eine Gottheit auszumachen, die einen großen gelben Gegenstand hält, der bis über die Knie reicht. Vgl. D. Arnold (Anm. 11) 74 f., der sich nicht auf die abgebildete Gottheit festlegt und auch Thot für möglich hält.

Einführung

1 Die Wiedergabe ägyptischer Eigennamen orientiert sich so weit wie möglich am „Lexikon der Ägyptologie". Einige bedeutende Könige der Geschichte Ägyptens sind darin in gräzisierter Schreibung wiedergegeben, unter denen sie auch allgemein bekannt sind. Um unnötigen Purismus und Verwirrungen zu vermeiden, schreibe ich daher bei Königsnamen Sesostris statt Senusret, Thutmosis statt Djehutimes und Amenophis statt Amenhotep oder Amenhotpe. Dies gilt auch für ägyptische Ortsnamen. So bleibt es beim griechischen Namen Theben, dem heutigen Luxor, statt Waset, Memphis statt Mennefer oder Heliopolis statt Junu. Ägyptische Wörter jedoch lassen sich nicht immer vermeiden. Da das Ägyptische keine Vokale kannte, erfolgt die Umschrift nach deutschem Sprachgebrauch.

2 Der arabische Name bedeutet „Nördliches Kloster" und erinnert daran, dass in christlicher Zeit Mönche hier gewirkt haben.

3 Vgl. Robins 30 f.

4 Vgl. Verner, Pyramiden 291–296; ders., Abusir 165–168 (zur Deutung der Inschrift in Gizeh). Ihren beigefügten Titel kann man unterschiedlich lesen: Entweder „Mutter zweier Könige von Ober- und Unterägypten" oder „Mutter des Königs von Ober- und Unterägypten und König von Ober- und Unterägypten".

5 Im Deutschen oft als Nofrusobek oder Sobeknofru wiedergegeben. Ich ziehe die korrektere Umschreibung vor.

6 Diese Phase begann erst mit Kleopatra I., die der makedonisch-syrischen Dynastie der Seleukiden entstammte. Nach dem Ableben Ptolemaios' V. war sie nicht nur Regentin für ihren unmündigen Sohn Ptolemaios VI., sondern auch eigenständige Herrscherin bis zu ihrem Tode vier Jahre später. Seitdem nahmen die Ptolemäerinnen eine deutlich dominantere Stellung gegenüber ihren männlichen Partnern ein. Den Kulminationspunkt bildete schließlich Kleopatra VII.

7 Dies wäre „Nesit".

8 Eine andere Übersetzungsmöglichkeit ist „König des Südens und Nordens"; vgl. Desroches Noblecourt, Hatschepsut 175, 458.

9 Vgl. Quirke 12; Wilkinson, Early Dynastic Egypt 205.

10 Wilkinson, Early Dynastic Egypt 205 f.

11 Urk. IV, 324,13.

12 Vgl. Naville, Deir el-Bahari IV, Taf. CIX: Auf der Südwand der südlichen Opferhalle auf der oberen Terrasse werden diverse Gabenträger als „Freund des Pharaos" oder „Friseur des Pharaos" bezeichnet. Erwähnt sei auch ein Ostrakon aus der späten Bauphase von Djeser-djeseru; vgl. dazu Hayes, Ostraca 29–52, bes. 41. Ferner wird ein kommandierender Offizier bei den Einweihungsfeierlichkeiten des Hathortempels in Deir el-Bahari als „Gefolgsmann des Pharaos" tituliert (Urk. IV, 308,10). Vgl. Naville, Deir el-Bahari IV, Taf. XC–XIC (der Offizier [XC] ist am Sichelschwert zu erkennen; die Beischrift setzt sich auf der nächsten Tafel fort).

[13] Vgl. Desroches Noblecourt, Hatschepsut 138–140, 465. Demnach sollte „Pharao" anfangs nur die Koregentschaft ausdrücken, später sei Hatschepsut so genannt worden. Vgl. A. M. Roth, Models of Authority. Hatshepsut's Predecessors in Power, in: Roehrig 9–13, bes. 10 und Anm. 8. In einer Inschrift aus dem 21. Regierungsjahr Thutmosis' III. wird „Pharao" sogar rückwirkend im Zusammenhang mit Thutmosis I. gebraucht (Urk. IV, 1069).

[14] Das wäre in etwa „Nesit-bitit". Erst für Kleopatra VII. ist eine derartige Variante bezeugt. Dort heißt es wörtlich in einem Beleg: „Königin (Nesit) des Landes Oberägypten (Ta-Schema) (und) Königin (Bitit) des Landes Unterägypten (Ta-Mechu)". Hier hätte das „Nesit-Bitit" genügt, weil damit schon die Beiden Länder ausgedrückt werden. Zu den Belegen s. Hölbl 255, 336 Anm. 120.

[15] Dies geht unter anderem aus der berühmten Geschichte des „Sinuhe" hervor, die den Herrschaftswechsel von Amenemhat I. zu Sesostris I. behandelt: Der Sohn befindet sich auf einem Feldzug, während auf den Vater ein Attentat verübt wird. Dieser Anschlag wird auch in der „Weisheitslehre des Amenemhat" angedeutet.

[16] Zu einem Überblick vgl. Ratié, Hatschepsut 24–27 und Reine 37–40.

[17] Vgl. dazu die Beiträge von P. F. Dorman, D. Arnold und Roth (Anm. 13) 267–277.

[18] Ein gutes Beispiel ist eine Szene aus der Südwestecke des Vorratsraumes auf der oberen Terrasse von Deir el-Bahari, in der Hatschepsut durch einen Opfertisch ersetzt wurde, während die Silhouette ihrer aufwendigen Krone noch zu erkennen ist; ihre Namen wurden leicht weggemeißelt, die Beischrift mit ihren Titeln blieb dagegen unverändert; vgl. Naville, Deir el-Bahari V, Taf. CXXXII.

[19] Maatkare A, Tochter Pinudjems I., Hohepriester in Theben (21. Dynastie) und Maatkare B, Tochter von Pharao Psusennes II. (959–945). Maatkare B wurde die Gattin Osorkons I. (924–889; 22. Dynastie).

[20] Manetho apud Ios. Ap. 1, 95; fr. 50 (Waddell). 22 Jahre 9 Monate.

[21] Manetho apud Theophilus ad Autolycum 3, 19; fr. 51 (Waddell). 22 Jahre 1 Monat.

[22] Manetho (Africanus apud Syncellus) fr. 52 (Waddell). 22 Jahre.

[23] Vgl. Verbrugghe – Wickersham 114: Amen-(khnum)et hatshepsi. S. auch Beckerath 134f. sowie Helck, Untersuchungen 40. In den Manetho-Fragmenten 50–52 ist sie die Schwester und Nachfolgerin des Amenophis, hier der Nachfolger des Chebron. Tatsächlich wird aber Chebron allgemein mit dem Thronnamen des Thutmosis II. „Aacheperenre" identifiziert. Josephus (Manetho apud Ios. Ap. 1, 97; fr. 50 [Waddell]) registriert für die spätere 18. Dynastie die Herrschaft einer Königin Akencheres/Achencheres, der Tochter des Oros. Diese Gestalt wird allgemein mit Amenophis IV./Echnaton gleichgesetzt. Vgl. Verbrugghe – Wickersham 141 und 199. Ratié, Hatschepsut 11 und Reine 13 sieht in dem mitunter feminin erscheinenden Bildprogramm Echnatons einen Grund für diese Verwechslung mit einer Königin. Angesichts der gründlichen Vernichtung von Echnatons Andenken bleibt es zweifelhaft, inwieweit ein detaillierteres Wissen über sein Wirken und seiner religiösen Ideen über das Neue Reich hinaus überhaupt noch bekannt war. Im Text des Josephus werden auch zwei spätere männliche Herrscher gleichen Namens aufgelistet. Vgl. Murnane 240–242. Er betrachtet die Identifikation der drei bei Josephus überlieferten Akencheres/Achencheres mit einem Fragezeichen: Nr. 1, die Tochter des Oros, wäre Anchetcheperure Neferneferuaten (Nofretete), Nr. 2 Echnaton und Nr. 3 Anchetcheperure Semenchkare. Nr. 2 ist bei Verbrugghe – Wickersham 199 in Nr. 1 Echnaton und Nr. 3 König Eje.

[24] Bereits kurz zuvor waren dem englischen Gelehrten John Gardner Wilkinson in Deir el-Bahari die weiblichen Formen des Herrschernamens aufgefallen. Seine Beobachtungen veröffentlichte er jedoch erst 1835, drei Jahre nach Champollions Tod.

[25] So hat Hatschepsuts Name im Laufe der Zeiten die unterschiedlichsten Schreibungen erfahren: Amenmenthe, Amuneitgori, Hatasu, Hatshopsitu, Hatshepsu und Hatschepsowet seien hier nur beispielhaft genannt. Auch ihr ägyptischer Thronname Maatkare wurde einst Ramaka gelesen. Und eine jüngere Deutung zieht hier die Lesart Kamaatre vor.

[26] Urk. IV, 471–85.

[27] Ios. Ap. I, 82. Flavius Josephus hatte aufgrund einer falschen Etymologie seiner Quellen das Wort Hyksos als „Hirtenkönige" verstanden.

[28] Zum Text (Carnavon-Stele) s. Dessoudeix I, 36–46, bes. 37 (Übersetzung nach Struwe - Hintze).

[29] Urk. IV, 21.

[30] Urk. IV, 3–4,13. Der archäologische Befund von Avaris, dem heutigen Tell el-Dab'a, lässt darauf schließen, dass die Stadt nicht vollständig verwüstet wurde. Vieles spricht für ihre Kapitulation und Übergabe. Die führende Elite wurde beseitigt oder vertrieben, während der Großteil der Bevölkerung verschont blieb. Sogar ein geordneter, aber großangelegter Auszug der fremdländischen Bewohner liegt nahe, obwohl die ägyptischen Quellen grundsätzlich eine gewaltsame Eroberung suggerieren.

[31] Urk. IV, 4,14–5,1–2.

[32] Urk. IV, 5,7.

[33] Der in den griechischen Quellen genannte Menes – Manetho (Eusebius apud Syncellus; fr. 7 [Waddell]) – oder Min – Hdt. 2,4,2 – wird in der Königsliste im Tempel Sethos' I. in Abydos als Meni geführt. Seine genaue Identität ist nicht eindeutig geklärt. Möglicherweise ist er mit Narmer oder Aha, den ersten beiden Königen der 1. Dynastie, identisch.

[34] Urk. IV, 6,17–8,2; bes. 7,1–12.

[35] Mit Vorbehalt vermutet Dessoudeix, Chronique 252, 259, in Ahmose Sipair, einem der Brüder König Ahmoses, den Vater Thutmosis' I.; vgl. dazu Dodson - Hilton 126f. Vgl. dagegen Schneider 289, wonach Ahmose die Tochter Amenophis' I. gewesen wäre.

[36] Vgl. Roth (Anm. 13) 11 und 14 Anm. 23.

[37] Anders Dodson - Hilton 126f. und 131 (mögliche Tochter von König Ahmose).

[38] Urk. IV, 79.

[39] Hintze - Reineke Nr. 561, Taf. 238.

[40] Urk. IV, 8,8–10.

[41] Urk. IV, 9,5 (Übersetzung nach Sethe).

[42] Urk. IV, 82,3–86. Neuere Bearbeitungen bei A. Klug, Königliche Stelen in der Zeit von Ahmose bis Amenophis III. Monumenta Aegyptiaca 8, Brüssel 2002, 71–76; P. Beylage, Aufbau der königlichen Stelentexte vom Beginn der 18. Dynastie bis zur Amarnazeit. Ägypten und Altes Testament 54, Wiesbaden 2002, 209–219; Dessoudeix, Lettres I, 313–315, 325–333.

[43] Urk. IV, 83,17–84,1.

[44] Andere Übersetzungsmöglichkeit: „Ihre Eingeweide, sie überfluten ihre Täler."

[45] Urk. IV, 84,6–9 (Übersetzung nach Sethe).

[46] Urk. IV, 9,8–9.

[47] Im 33. Regierungsjahr während des 8. Feldzuges „Er stellte eine zweite Stele neben die Stele seines Vaters, des Königs von Ober- und Unterägypten …" (Urk. IV, 697,5).

[48] C. A. Keller, The Royal Court, in: Roehrig 101f.

[49] Beide Pylonen wurden unter Thutmosis I. erbaut. Ineni spricht vom Errichten „von großen Pylonen auf ihren beiden Seiten (der Säulenhalle)" (Urk. IV, 56,1). Hatschepsut erwähnt dies in einer Inschrift zu einem ihrer Jubiläumsobelisken (Urk. IV, 365,3–5). In

dem Areal vor dieser Toranlage befanden sich zwei Barkenkapellen. Dabei handelte es sich wohl um die „Weiße Kapelle“ Sesostris’ I. sowie die „Kalkstein-Kapelle“ Amenophis’ I. Letztere war weitgehend eine identische Kopie der Ersteren.

[50] Nach Sethes Ergänzung spricht Ineni hier von einem „[herrlichen Säulensaal mit Papyrussäulen]“. Der Text ist jedoch an dieser Stelle zerstört. Tatsächlich steht in der Weihinschrift von Thutmosis I. „Junit“ (Urk. IV, 92,10).

[51] Bei Obelisken-Paaren lässt sich nachweisen, dass einer ein wenig höher war. Möglicherweise fand hier die ägyptische Vorstellung einer von Westen nach Osten abschüssigen Himmelsbahn ihren steingewordenen Ausdruck; vgl. C. Vogel, in: Habachi, Obelisken 118.

[52] Urk. IV, 57,3–5 (Übersetzung Dziobek).

[53] Urk. IV, 63,12–15.

[54] Urk. IV, 91. Amenmoses militärischer Rang wird häufig als „Generalissmus“ oder Oberbefehlshaber übersetzt. Wörtlich in etwa: „der große Vorsteher (bzw. General) des Heeres seines Vaters“. Vgl. auch Dessoudeix, Lettres I, 337–340.

[55] Itefruris Vater war Ahmose, der Sohn der Ibana.

[56] Paheri war Bürgermeister (Hatia) von Esna und Necheb. Der Titel Hatia hat verschiedene Bedeutungen. In älteren Übersetzungen wurde Paheri als „Fürst“ gedeutet. Die richtige Bezeichnung ist die eines Bürgermeisters oder Präfekten, zumal er für zwei Orte als Hatia genannt wird. Zu einer Auswahl der wichtigsten Texte und Bilder aus seinem Grab s. zuletzt Dessoudeix, I, 341–361.

[57] Tylor – Griffith, Taf. IV. Dodson – Hilton 130 sehen in Paheri auch Amenmoses Erzieher.

[58] Urk. IV, 110,11–15. Abbildung bei Tylor (Anm. 57) Taf. X. Hierbei handelt es sich jedoch nicht um ein Festmahl, wie Desroches Noblecourt, Hatschepsut 30, annimmt.

[59] Urk. IV, 108.

[60] So etwa Desroches Noblecourt, Hatschepsut 31, 47 und 65 f. (Tod unter Thutmosis II.).

[61] Urk. IV, 143.

[62] Urk. IV, 58,11–59,1.

[63] Urk. IV, 137–141.

[64] Urk. IV, 140,11–13.

[65] Urk. IV, 36,13–14; 38,13.

[66] PM V, 167. Die Bruchstücke wurden in Esna gefunden.

Stationen im Leben der Hatschepsut

[1] Eine genaue Datierung ist wegen der ungesicherten Regierungsdauer Thutmosis’ II. unmöglich.

[2] Vgl. Dodson – Hilton 106 f., 108 (Hatschepsut B); 113 (Hatschepsut C). Hatschepsut C war die Tochter der königlichen Gemahlin Neferet C und wird auf einer Stele ihres Mannes aus Abydos (CG 20394) genannt.

[3] W. V. Davies, Egypt and Nubia. Conflict with the Kingdom of Kush, in: Roehrig 11 und 49–55, bes. 52; vgl. ders., Kurgus 2000: The Egyptian Inscriptions, S&N 5 (2001) 46–78, bes. 56 f.

[4] Urk. IV, 34,19–20.

[5] Im Text steht hier „Sohn“. „Königstochter“ ist dagegen feminin geschrieben.

[6] Mitunter hielt man Meritre-Hatschepsut, die spätere Hauptgemahlin Thutmosis’ III. und Mutter des Thronfolgers Amenophis’ II., für diese vermeintliche jüngere Tochter. Sie

war aber die Tochter der Gottesanbeterin Huy. Vgl. ihre Statue im Britischen Museum (EA 1280). Der Name Hatschepsut reicht als Beweis für eine nahe Verwandtschaft nicht aus.

[7] Bereits Sethe hat in seiner Übersetzung eine überhöhte Benennung für Neferure verstanden. Zuletzt hat Schlögl, Ägypten 206, diese Stelle mit „Große Tochter" übersetzt.

[8] Urk. IV, 59,13–60,4; Vgl. Dziobek, Ineni, 49–54; bes. 52 u. 54.

[9] Urk. IV, 60,9–61,1. Vgl. Dziobek, Ineni, 49–54; bes. 52 u. 54. Wörtliche Rede in Z. 9–14 (Übersetzung nach Dziobek).

[10] Zur Biographie des Ineni s. Dziobek, Ineni, 124–141. Hatschepsuts Titulierung als Majestät ist nicht ungewöhnlich, war doch diese Anrede für die großen Königinnen der frühen 18. Dynastie verbreitet.

[11] Die Rekonstruktion des Netjery Menu wurde im Februar 2013 im Freilichtmuseum von Karnak der Öffentlichkeit präsentiert. Dazu zählt auch ein Barkenschrein aus Tura-Kalkstein. Zu den Quellen, die das Netjery Menu erwähnen, s. Gabolde I 22–35. Zur Chronologie und Bedeutung dieses Baues 151–160.

[12] Eine Tabelle zu den Änderungen bei Gabolde 182 f.

[13] Auch die Namen weiterer Gemahlinnen konnten in einer Kartusche stehen. Ein interessantes Beispiel ist im Grab Thutmosis' III. (KV 34). Hinter dem König stehen drei seiner Frauen: Meritre-Hatschepsut, Satjah und Nebtu. Lediglich der Name der Nebenfrau Nebtu ist nicht von einem Ring umrahmt.

[14] Vgl. P. F. Dorman, Hatshepsut. Princess to Queen to Co-Ruler, in: Roehrig 88: „The proper manifestation of the sun's life force".

[15] Urk. IV, 396 f. (Übersetzung nach Burkhardt).

[16] Vgl. dazu Habachi, Graffiti 92–95, bes. 92 Anm. 20.

[17] H. Chevrier, Rapport sur les travaux de Karnak (1933–1934), ASAE 34, 172 Taf. IV. Vgl. Dorman (Anm. 14) 88.

[18] Urk. IV, 1380–1384.

[19] Es ist allerdings nicht auszuschließen, dass mehr als nur ein Orakel im Vorfeld der Thronbesteigung erfolgte und die hier geschilderten Ereignisse – Prozession und Krönung – sogar zu verschiedenen Zeitpunkten stattfanden. Vgl. zu einem möglichen Orakel zugunsten Hatschepsuts unter einem ihrer beiden Vorgänger P. F. Dorman, The Early Reign of Thutmose III: An Unorthodox Mantle of Coregency, in: Cline – O'Connor 55 f.

[20] Die folgenden Zitate aus TUAT basieren mit leichten Veränderungen auf der Übersetzung von M. Müller.

[21] TUAT NF 2, 201 f. (Block 282 + 35 + 184 + 295).

[22] TUAT NF 2, 202 f. (Block 166 + 22 + 142).

[23] TUAT NF 2, 204 (Block 143).

[24] Wilkinson, Early 188–190.

[25] R. J. Leprohon; The Royal Titulary in the 18th Dynasty: Change and Continuity, JEGH 3 (2010) 7–45, bes. 22 f., 36 (zu Hatschepsut).

[26] Naville, DelB II, Taf. LVI–LXIV. Die Übersetzungen zur Jugendlegende und Krönung orientieren sich weitgehend an denen von Sethe.

[27] Auch auf einer großen Inschrift am achten Pylon von Karnak wird auf diese Fiktion eingegangen. Hier dankt Thutmosis I. dem Amun für Hatschepsuts Thronerhebung; vgl. Urk. IV, 266,4–274,3.

[28] Zu den Belegen aus dem Alten und Mittleren Reich vgl. Barta 46–49.

[29] Naville, DelB III, Taf. LVI.

[30] Diese Zeichen sind in den Reliefs aus Karnak (Hatschepsut-Räume im Bereich des Sanktuars und den Quarzit-Blöcken des als „Chapelle Rouge" bekannten Barkensanktuars) noch sichtbar. In den letzteren Szenen ist auch Hatschepsuts Abbild erhalten.

[31] Urk. IV, 242,6–7.
[32] Urk. IV, 242,9.
[33] Urk. IV, 242,13–17.
[34] Naville, DelB III, Taf. LVI.
[35] Urk. IV, 243,10–12.
[36] Urk. IV, 244,3–244,17.
[37] Urk. IV, 244,245,5–6.
[38] Naville, DelB III, Taf. LVII–LVIII.
[39] Urk. IV, 245,17–246,7.
[40] Urk. IV, 246,12–13.
[41] Urk. IV, 247,12–248,10.
[42] Urk. IV, 248,15.
[43] Urk. IV, 249,1–5.
[44] Von den begleitenden Göttern sind nur noch die Gestalt von Hathor und der Name des Chnum erhalten.
[45] Vgl. Naville, DelB III, 4, der hier die Göttinnen Sachmet oder Bastet vermutet.
[46] Urk. IV, 249,13–14.
[47] Urk. IV, 250,10–252,7; Vgl. Naville, DelB III, 4, u. Taf. LIX.
[48] Naville, DelB III, Taf. LIX–LX.
[49] Inmutef wörtlich: „Pfeiler seiner Mutter". Er ist ein Gottessohn und gehört zur göttlichen Sphäre. Der Inmutef ist eine eigene Gottheit, deren Wesen nicht genau zu erschließen ist. Er wird mit dem Königskult assoziiert und war zugleich das göttliche Vorbild für den Sem-Priester, dessen Ornat, das Pantherfell, er gelegentlich trug.
[50] Urk. IV, 253,4–9.
[51] Naville, DelB III, Taf. LXI–LXII. Zu den Texten s. Urk. IV, 255–260.
[52] Urk. IV, 255,12–256,8.
[53] Wörtlich in etwa: „deine Würde der Beiden Mächtigen (Doppelkrone)".
[54] Urk. IV, 257,2.
[55] Dieses Wort hat im Original keine feminine Endung und lässt sich auch als „Nachfolger" übersetzen.
[56] Urk. IV, 201,1–3. Auch hier bezeichnet das Wort „Inpu" den Kronprinzen. Doch anders als zuvor bei Thutmosis I. ist der Hinweis auf die „Majestät" hier feminin geschrieben.
[57] Urk. IV, 261,4. Dieser Passus ist wörtlich aus einem fragmentarisch überlieferten Krönungsritual für Sesostris III. überliefert. Vgl. ÄIB S. 138 und 268 (verbesserte Anordnung nach Naville, DelB III, Taf. LXII).
[58] Urk. IV, 261,1–10.
[59] Urk. IV, 261,11–262,1. Der fünfte Name, Hatschepsuts Geburts- oder Eigenname, wird hier nicht genannt.
[60] Noch Anfang des 20. Jahrhunderts hielt J. H. Breasted (1865–1935) diese Zeremonie für historisch. Er ging dabei von der Prämisse aus, Thutmosis I. sei der Vater Thutmosis' II. und Thutmosis' III., die beide von Nebenfrauen abstammten. Nach dem frühen Tode ihrer Schwester Neferubiti und der beiden anderen Halbbrüder sei nur noch Hatschepsut als Erbin einer legitimen Linie über Ahmose vorhanden gewesen. Darauf habe eine bestimmte Hofpartei Druck auf Thutmosis I. ausgeübt, sie zur Mitregentin zu erheben und somit dazu gezwungen, „trotz der generellen Abneigung in der gesamten ägyptischen Geschichte sich der Herrschaft einer Königin zu unterwerfen". Vgl. Breasted, Geschichte 238–241.
[61] Naville, DelB III, Taf. LXIII.

[62] Nicht zu verwechseln mit „Per-aa“ für „großes Haus“ als Palast des Königs.

[63] Zu einer interessanten Deutung des „Sema-Tawi“ vgl. Desroches Noblecourt, Hatschepsut 125. Demnach wird durch die ab dem Neujahrstag einsetzende Nilschwemme, die ganz Ägypten erreicht, die Vereinigung der Beiden Länder vollzogen.

[64] Naville, DelB III, Taf. LXIII. In Deir el-Bahari wird Ha nur mit einer Hieroglyphe geschrieben, dem Fremdländerdeterminativ, einem Berg mit drei Hügeln auf einer Götterstandarte. Vgl. D. Wildung, LÄ II (1977) 923, s. v. Ha. Sethe (Urk. IV, 263) deutet die Schreibweise in seiner Textausgabe noch richtig als den „Gott des Westens“, in seiner Übersetzung verwechselt er ihn jedoch mit Jaches, bei dem es sich jedoch um eine völlig andere Gottheit handelt; vgl. hierzu E. Henfling, LÄ III (1980) 112–113, s. v. Iahes (Rahes).

[65] Naville, DelB III, Taf. LXIII.

[66] Urk. IV, 264,2–4.

[67] Naville, DelB III, Taf. LXIV.

[68] Naville, DelB III, Taf. LXIV.

[69] Urk. IV, 264,15–16.

[70] Naville, DelB III, Taf. LXIV.

[71] Die Annahme, Senenmut habe nubische Wurzeln gehabt, so Desroches Noblecourt, Hatschepsut 284, entbehrt jeder Grundlage.

[72] Caminos – James, Gebel es-Silsilah I, Shrine 16, 55–56, Taf. 44.

[73] So wird sie als „geliebt (weiblich) von Amun“ tituliert, ibid. Taf. 40.

[74] Caminos – James, Gebel es-Silsilah I, Shrine 16, 55, Taf. 40.

[75] Urk. IV, 398,4 und 8.

[76] CG 42114.

[77] Desroches Noblecourt, Hatschepsut 278–280, geht mit ihrer Deutung zu weit, wenn sie hier die Erlaubnis zur Herstellung von Gruppenstatuen von Senenmut und Hatschepsut annimmt. Zur Inschrift vgl. Dorman, Monuments 125.

[78] Vgl. Callender 35 Abb. 4.

[79] TT 504.

[80] Eine Zusammenfassung der Diskussion bei Peden 72–74.

[81] Etwa modern formuliert „Fuck Pharaoh!“.

[82] So erwähnt der Schreiber und Wab-Priester des Gedächtnistempels für Thutmosis I., Nebwa, dass er an diesen Ort kam, um sich auszuruhen.

[83] Ohne jedweden Halt ist die Vermutung von Desroches Noblecourt, Hatschepsut 284–291, dass Senenmut mit Hatschepsut den Nubier Maiherperi gezeugt habe. Die Verfasserin gibt selbst zu: „Hier betrete ich das Reich der Spekulationen, das einzige Mal, dass ich mir diese Freiheit gestatte“ (284). Diese These scheitert allein schon daran, dass Senenmut kein Nubier war.

[84] Vgl. Meyer 8 f.; Dorman, Monuments 166.

[85] Als Beleg wurde Senenmuts Aussage auf einer seiner Statuen (CG 579) herangezogen: „… für den Ka des Jünglings (Senenmut) mit starkem Arm, der den König im südlichen, nördlichen, östlichen und westlichen Fremdland begleitete …, dem Ehrengold gegeben wurde …“ (Urk. IV, 414,17–415,3). So Ratié, Hatschepsut 157 und Reine 65. Dies gilt ebenso für die Deutung, dass Aufgrund dieses Militärdienstes Ahmose-Pennechbet auf ihn aufmerksam wurde und ihn am Hof eingeführt habe. Auch Deutungen, Senenmut habe in jungen Jahren als Soldat gedient, finden in den Quellen keinen Rückhalt. Vgl. dazu Dorman, Monuments 166.

[86] Eine Auflistung aller bekannten Titel Senenmuts bei Dorman, Monuments 203–212.

[87] Dieser Titel erscheint nicht auf den Bildnissen Senenmuts mit Neferure. Dies schien

nicht nötig, da die Statuen selbst dieses Amt ausdrückten. Vgl. C. H. Roehrig, Senenmut, Royal Tutor to Princess Neferure, in: Roehrig 112.

88 Urk. I, 232. Der König ordnete an, dass im Grab des Rewer in Gizeh darüber berichtet wird. Hier muss erwähnt werden, dass Neferirkare aus unserer Sicht einen eher entspannten Umgang mit dem Hofzeremoniell gehabt zu haben scheint. Bekannt ist der Zwischenfall des betagten Bauleiters Waschptah, der bei einer Inspektion direkt vor dem König einen Anfall erlitt, kollabierte und infolgedessen verstarb. Der König hieß ihn zunächst seine Füße und nicht den Boden zu küssen, bevor die Situation richtig, aber zu spät erkannt wurde. (Urk. I, 40,6–43,10).

89 TT 71.

90 Chicago Field Museum 173800. Zum Text s. T. G. Allen, A Unique Statue of Senmut, American Journal of Semitic Languages and Literatures 44 (1927) 53; Meyer 316.

91 Brunner, „Gottesvater“ 91.

92 Vgl. H. Winlock, BMMA 27 (1932), The Egyptian Expedition 1930–1931, 5 + 10.

93 Hayes, Ostraca 30–39.

94 Hayes, Varia from the Time of Hatshepsut, MDAIK 15 (1957) 80–84.

95 TT 353.

96 TT 71.

97 Dorman, Tombs Taf. 8a und 21d.

98 Dorman, Tombs Taf. 84 und 85.

99 Dorman, Monuments 178 f.

100 TT 252.

101 Vgl. Urk. IV, 418 mit weiterer Literatur. Entweder hat Senimen zuvor für Hatschepsut das Amt des Erziehers ausgeübt oder gar für eine andere Dame gleichen Namens. Die genaue Lesung des Textes ist umstritten. Die einzige andere Gottesgemahlin mit dem Namen Hatschepsut war Meritre-Hatschepsut, die spätere Hauptgemahlin Thutmosis’ III.

102 Louvre A 134; Urk. IV, 471–476.

103 Urk. IV, 488,11–489,5.

104 Winlock, BMMA 19 (1924) 20.

105 TT 73; Urk. IV, 455–463.

106 Urk. IV, 462,2. Vgl. Habachi, Obelisken 45.

107 Urk. IV, 455,16–456,2 (Übersetzung Burkhardt).

108 Urk. IV. 457,13–16 (Übersetzung Burkhardt).

109 Vgl. Callender 33 f.

110 Urk. IV. 419,12–451,6.

111 Urk. IV. 448–449.

112 Urk. IV, 436,3. Vgl. W. Helck, LÄ I (1975) 1108, s. v. Djehuti. Das Wort *šnt* wird meist mit „Polizist“ oder „Zöllner“ übersetzt. Zollerfahrungen passen gut in die weitere Laufbahn des Djehuti.

113 Urk. IV, 420,16–428,3.

114 So Habachi, Obelisken 47.

115 Urk. IV, 425,13–426,3.

116 Zu seinen Titeln s. Urk. IV, 513–516,12.

117 Urk. IV, 552,6–554,13; PM I.1² 237–241.

118 Urk. IV, 553,10–12.

119 Urk. IV, 554,12.

120 In Sethes Publikation des ägyptischen Textes sind die Titel „Göttin“ und „Herrin“ weiblich, in der Übersetzung von W. F. Reinecke dagegen männlich wiedergegeben. An

anderer Stelle nennt sich Duaunechech „Scheunenverwalter der guten Göttin“ (Urk. IV, 454,7).

121 Urk. IV, 465–466.

122 PM V,7.

123 Bei Dessoudeix, Chronique 274 ist User-amun Wesir des Südens.

124 TT 61 und 131. Vgl. Dziobek, User-Amun 100.

125 TT 61. Nach dem Neuen Reich wurde das Amduat auch Privatpersonen in Form einer Papyrusrolle oder als Sargaufschrift zugestanden. Vgl. E. Hornung, LÄ I (1972) 184–188, s. v. Amduat; ders., in: Dziobek, User-Amun 42–46; ders., Tal 119; vgl. auch 55, wonach dieses Privileg User-Amuns auf Hatschepsut zurückgehen soll. Dies ist aber eher zweifelhaft.

126 Dziobek, User-Amun Taf. 30 a und 32 a. Vgl. B. M. Bryan, Administration in the Reign of Thutmose III., in: Cline – O'Connor 73; Hornung, Tal 125.

127 Dziobek, User-Amun Taf. 23 a–c.

128 Urk. IV, 522,4–5.

129 Urk. IV, 522,10–14.

130 D. Arnold, Djeser-Djeseru, in: Roehrig 146.

131 Hier fällt ein Mann aus Keftiu (Kreta) auf; vgl. N. de G. Davies, Puyemrê I, 91, Taf. 34.

132 Urk. IV, 524,7–13; vgl. Davies, Puyemrê I, 84–87, Taf. 32.

133 Urk. IV, 524,10.

134 Davies (Anm. 131) Taf. 30,4.

135 So Davies (Anm. 131) 84. In den Annalen Thutmosis' III. ist eine Lieferung aus Punt im 33. Regierungsjahr erwähnt: „Wunderdinge, gebracht zu Seiner Majesät aus dem Lande Punt in diesem Jahre: 1685 Heqat trockene Myrrhe (= etwa 8080 Liter), Gold …“ (Urk. IV, 702,3–6).

136 Urk. IV, 526. Vgl. Davies (Anm. 131) Taf. 37.

137 Urk. IV, 354,16.

138 Zu den Quellen s. Ratié, Reine 278 f.

139 British Museum EA 1131; Urk. IV, 464–465,4.

140 Vgl. W. V. Davies, Egypt and Nubia. Conflict with the Kingdom of Kush, in: Roehrig 54 und 56 Anm. 55 (zu den Quellen); Urk. IV, 1375 (Jahr 20).

141 Dies ist keineswegs gesichert; vgl. W. V. Davies, Egypt and Nubia. Conflict with the Kingdom of Kush, in: Roehrig 54 sowie Roehrig, ibid. 56 f.

142 Naville, DelB VI, Taf. CLXIV.

143 Hayes, Ostraca 30 und Anm. 2.

144 Urk. IV, 394,9–395,3 (Sandsteinbrüche des Gebel Hamman).

145 Urk. IV, 393,5–394,7 (im 16. Jahr auf dem Sinai, Wadi Maghara). Vgl. C. A. Keller, in: Roehrig 99 (mit Umzeichnung der Reliefs).

146 Über den Baumeister Peniati ist bekannt, dass er in einer Steinbruchinschrift die Benennung „gute Göttin“ vor ihre Namenskartusche setzte. Allerdings steht dahinter „wieder leben“. Diese Formel bezieht sich üblicherweise auf Verstorbene: Urk. IV, 52,7.

147 Übersetzung nach Schnittger 54.

148 Urk. IV, 270,16–271,2 (Übersetzung nach Sethe).

149 Urk. IV, 273,5–10 (Übersetzung Sethe).

150 Vgl. Roth (S. 178 Anm. 13) 12 u. Anm. 8.

151 Caminos, Buhen II, 56 f. (Taf. 49), 77 (Taf. 65), 80 (Taf. 68), 84–86 (Taf. 74), 91–94 (Taf. 77), 98 f. (Taf. 81 f.).

152 Habachi, Graffiti 99–101.

153 Naville, DelB VI, Taf. CLXV.
154 Urk. IV, 438,10–11.
155 Urk. IV, 464–465.
156 Naville, DelB VI, Taf. CLX.
157 Desroches Noblecourt, Hatschepsut 112–114.
158 Eine weitere Inschrift aus dem Sinai deutet auf eine militärische Kampagne möglicherweise in die Levante hin; vgl. A. H. Gardiner – J. Černy, The Inscriptions of Sinai, London 1952–1955, Taf. 61. Vgl. Redford 60.
159 F. Hintze – W. F. Reineke, Felsinschriften aus dem sudanesischen Nubien, Berlin 1989, Nr. 562, Taf. 239.
160 Vollständiger Text bei Säve-Söderbergh 208f. (Übersetzung aktualisiert).
161 Säve-Söderbergh 208 vermutet hier Inebeni.
162 Urk. IV, 1246. Dies ist bislang der einzige Beleg für das Wort Nashorn *(sꜣkḇ)* in ägyptischen Quellen.
163 A. J. Spalinger, Covetous Eyes South: The Background to Egypt's Domination of Nubia by the Reign of Thutmose III, in: Cline – O'Connor 346.
164 Vgl. F. Breyer, Encyclopaedia Aethiopica IV (2011) 241, s. v. Punt.
165 Vgl. Awady, Sahure 157–159.
166 Papyrus Harris I, 77: Übersetzung verbessert nach A. Eisenlohr, Der große Papyrus Harris, Leipzig 1872, 33f.; Breasted, Records IV, 203.
167 Mit „umgekehrtem Wasser" meinten die Ägypter zunächst den Euphrat, der anders als der Nil von Norden nach Süden fließt. Das „große Meer des umgekehrten Wassers" bezieht sich auf den Indischen Ozean und dementsprechend auf das Rote Meer.
168 Zu epigraphischen Quellen der Fahrten im Mittleren Reich s. El-S. Mahfouz, New Epigraphic Material from Wadi Gawasis, in: Tallet – Mahfouz 117–123.
169 Urk. I, 128,15–129,1; 131,2.
170 Urk. I, 130,14–15.
171 Urk. I, 134,10–17.
172 Urk. I, 140,16–141,3.
173 Vgl. K. A. Kitchen, LÄ IV (1982) 1198–2101, s. v. Punt.
174 Zu den Schiffen vgl. R. Fattovich – K. A. Bard, Ships bound for Punt, in: Tallet – Mahfouz 27–33; C. Ward, Ancient Egyptian Seafaring Ships: Archaeological and Experimental Evidence, in: ibid. 53–63.
175 Urk. IV, 372,5–6.
176 El Awady, Sahure 159.
177 Die Entfernung (900–1300 km), die Breyer (Anm. 164) 241 vorschlägt, ist etwas zu gering bemessen.
178 Vgl. Naville, DelB III, Taf. LXXIII.
179 Naville, DelB III, Taf. LXIX und LXX (Fragmente).
180 Naville, DelB III, 14: „trinkets"; ders. in: T. M. Davies (Hrsg.), The Tomb of Hatshopsitu, London 1906, 73f.
181 Urk. IV, 324,11.
182 Die Zahl der Träger variiert. Vgl. Naville, DelB III, Taf. LXXIV: im oberen Register vier Männer, darunter beim Beladen der Schiffe dagegen sechs Männer. Vgl. auch Taf. LXIX (nach dem Ausgrabungsfoto von 1893 sind es sieben Männer).
183 Naville, DelB III, Taf. LXX. Die Inschrift Urk. IV, 326,17: „Ebenholzbäume fällen in großen Mengen für ...".
184 In Deir el-Bahari konnte ihre Einpflanzung nicht nachgewiesen werden.
185 Urk. IV, 339,4–340,8.

186 Urk. IV, 513,17.
187 TT 127. Urk. IV, 501,4–503,16 (Übersetzung nach Reineke).
188 Die Bedeutung von „Myrrhen mit Sand zu mischen" ist unsicher. Vielleicht ist damit eine großzügige Verwendung der Myrrhen gemeint. Die Schreibung von Sand mit einem Topf-Determinativ könnte darauf deuten, die mitgebrachten Myrrhenbäume in Töpfen mit Sand zu mischen. Vgl. auch den Kommentar zur Übersetzung von Urkunden IV, 501, S. 102 Anm. 5.
189 Urk. IV, 347,5–9 (Übersetzung Burkhardt).
190 Von einem Aufgeben protokollarischer Zurückhaltung kann hier keine Rede sein, denn ihr Vorgehen war in diesem Moment ganz bewusst gesteuert. Anders Desroches Noblecourt, Hatschepsut 246 f.
191 Naville, DelB III, Taf. LXXXII–LXXXIII; Urk. IV, 340,13–16.
192 W. Helck, LÄ I (1975) 1108, s. v. Djehuti.
193 Urk. IV, 429,9–14.
194 Die Gewichtseinheit Deben betrug im Neuen Reich etwa 91 Gramm.
195 Naville, DelB III, Taf. LXIX–LXXXVI. Die Übersetzungen der Punt-Texte basieren weitgehend auf denen von I. Müller.
196 Vgl. O'Connor, Colonnade 325–337. Eine Übersicht der Anordnung der Szenen mit den Verweisen zu den Tafeln bei Naville III bringt Breasted, Records II, 105.
197 O'Connor, Colonnade 327–329.
198 Naville, DelB III, Taf. LXXII–LXXIII. Vgl. ferner Espinel 326–376 (Punt-Szenen in Deir-Bahari), 376–384 (Belege aus offiziellen Quellen) und 384–390 (Belege aus privaten Quellen); Dessoudeix II, 80–112.
199 Vgl. dazu M. Dambach, in: I. Gamer-Wallert, Fische und Fischkulte im Alten Ägypten, Wiesbaden 1970, 56–59; E. Danelius – H. Steinitz, The Fishes and other Aquatic Animals on the Punt-Reliefs at Deir el-Baḥri, JEA 53 (1967) 15–24. Zu einer aktuelleren Übersicht der Meerestiere in der Punthalle vgl. Sahrhage 77–86 und Taf. 8.1–9.1.
200 So ist bei den Szenen aus dem Tempel des Sahure keine Meeresfauna abgebildet, zumal hier die Ankunft der Schiffe auf dem Nil erfolgt. Da aber diese Reisen schon spätestens seit der 4. Dynastie stattfanden, ist es nicht auszuschließen, dass schon früher die Fauna des Roten Meeres beobachtet und dokumentiert wurde.
201 Urk. IV, 322,6–15. Naville, DelB III, Taf. LXXII–LXXIII.
202 Urk. IV, 316,3,5–7.
203 Mariette, Taf. 5.
204 Naville, DelB III, Taf. LXIX.
205 Urk. IV, 324,1.
206 Urk. IV, 324,3–14.
207 Ägypten wird hier mit *Ta-Meri* wiedergegeben.
208 Der Block mit dem Esel ist heute im Ägyptischen Museum, Kairo (JE 89661).
209 Urk. IV, 325,5.
210 Urk. IV, 325,12–16.
211 Urk. IV, 326,5–9.
212 Ägyptisches Museum und Papyrussammlung, Staatliche Museen zu Berlin 21442.
213 Urk. IV, 327,11–13.
214 Urk. IV, 328,3–7.
215 Urk. IV, 316–320; Naville, DelB III, Taf. LXXIX.
216 Urk. IV, 319.
217 Urk. IV, 319.
218 Urk. IV, 320,16–321,2.

[219] Urk. IV, 321,3–14.
[220] Naville, DelB III, Taf. LXXIV–LXXV.
[221] Urk. IV, 329,15–330,5.
[222] Urk. IV, 331,3–332,2. Naville, DelB III, Taf. LXXVI.
[223] Der Horusname Hatschepsuts.
[224] Urk. IV, 332,7–333,2.
[225] In älteren Editionen dieser Texte werden die Einwohner von Nemi mit „Neger“ übersetzt.
[226] Naville, DelB III, Taf. LXXVII–LXXXI.
[227] Übersichtlicher im Zusammenhang bei Mariette Taf. 7; vgl. Naville, DelB III, Taf. LXXVII–LXXVIII, LXXX.
[228] Urk. IV, 334,4–10. Naville, DelB III, Taf. LXXVII.
[229] Urk. IV, 336,17.
[230] Die Puntiten bingen Paviane an der Leine herbei. Zu den Tributen von Irem und der Nemi gehört der Leopard. Vgl. Naville, DelB III, Taf. LXXVI sowie Taf. LXXX.
[231] Urk. I, 103,16–104,13.
[232] Urk. IV, 337,7–10.
[233] Urk. IV, 337,13–17. Die Erwähnung von Lapislazuli weist auf den Zweck der Waage und nicht auf Tribute der südlichen Fremdländer hin, da Lapislazuli in Afghanistan gewonnen wurde und über Handelswege nach Ägypten kam; vgl. R. Gundlach, LÄ III (1980) 937–938, s. v. Lapislazuli.
[234] Urk. IV, 338,4–7.
[235] Urk. IV, 338,9–11.
[236] Urk. IV, 338, 15–339,2.
[237] Urk. IV, 334,15–335,2. Naville, DelB III, Taf. LXXVIII–LXXIX; Mariette Taf. 7 f.
[238] Urk. IV, 336,4; Naville, DelB III, Taf. LXXIX. Bei Mariette nicht erfasst.
[239] Urk. IV, 339,4–339,12.
[240] Urk. IV, 340,13–16.
[241] Vgl. Naville, DelB III, Taf. LXXXIV.
[242] Urk. IV, 342,9–15.
[243] Die Rede Amuns s. Urk. IV, 343,5–348.
[244] Hier ist eine der wenigen Stellen, an denen in den Punt-Texten das Wort Senetjer für Weihrauch verwendet wird. Ansonsten ist stets von Antiu die Rede, was allgemein mit „Myrrhe“ übersetzt wird. In den Sahure-Texten werden die Harzbäume „And“ genannt; vgl. El Awady, Sahure 253–257, der „And“ hier als Weihrauch im Gegensatz zu Myrrhe versteht, aber zugleich darauf hinweist, dass es unsicher bleibt, ob „Antiu“ Myrrhe oder Weihrauch oder beides meint.
[245] Vgl. E. Brunner-Traut, LÄ IV (1982) 509–511, s. v. Nini.
[246] O'Connor, Colonnade 335.
[247] Urk. IV, 349, 10–14 (Einleitung); 349,15–354,3 (Ansprache). Naville, DelB III, Taf. LXXXV.
[248] Naville, DelB III, Taf. LXXXV.
[249] Pyramidentexte Spruch 527 (Pyr. 1248 a/d): „Atum ist es, der entstand als einer, der mit seinem (ausgestreckten) Penis kam in Heliopolis. Er steckte seinen Phallus in seine Faust, um sich so einen Orgasmus zu bereiten, und so wurden die beiden Zwillinge Schu und Tefnut geboren.“
[250] In den Pyramidentexten variiert die Art der Schöpfung. Neben der Version in Spruch 527 erfolgte sie durch Ausniesen (Schu) und Ausspeien (Tefnut) in Spruch 600 (Pyr. 1652 c).

[251] Zu den Einzelheiten vgl. Schnittger 104f.

[252] A. H. Gardiner – J. Černy, The Inscriptions of Sinai, London 1952–55, Taf. 58. Zu anderen Datierungen s. Dorman, Monuments 176 Anm. 74.

[253] Urk. IV, 391, 13–14. Der Text ist noch von Lepsius vollständig erfasst worden (LD III 20c; Text III 112). Vgl auch Naville, DelB V, 10 und Taf. CXLIII. Hier sind nur noch die ersten zwei Sätze der Beischrift erhalten.

[254] PM I, 591.

[255] KV 20.

[256] KV 38.

[257] In der älteren Forschung hat man die Wahl des Zeitpunktes damit zu erklären versucht, dass Hatschepsut die reale oder fiktive Mitregentschaft mit ihrem Vater mit einbezog, um so die traditionellen dreißig Jahre zu erreichen.

[258] Vgl. hierzu Schnittger 116.

[259] Urk. IV, 366,13–367 (Übersetzung nach Müller). Wörtlich: „7 Monate von den festgesetzten im Berg."

[260] Urk. IV, 461,12.

[261] Wer diesen Obelisk in Auftrag gab, ist nicht bekannt. Da aber nun die größten bekannten Obelisken unter den Thutmosiden angefertigt wurden, ist es nicht auszuschließen, dass Hatschepsut oder Thutmosis III. es waren. Das Scheitern dieses Unternehmens war für alle vor Ort Beteiligten, besonders aber für die Steinhauer, ein herber Verlust, aber kein Expeditionsleiter wäre auf die Idee gekommen, dazu noch eine Inschrift am Steinbruch anzubringen.

[262] Das genaue Verfahren muss offenbleiben. Entweder wurden die Doleritkugeln immer wieder auf den Fels geschlagen oder sie waren an einer Art Ramme befestigt, die mit Hilfe mehrerer Männer bedient wurde. Zu Letzterem vgl. Habachi, Obelisken 18f. Eine andere Methode schlägt Wirsching 13–20, bes. 18 vor. Demnach waren die Doleritsteine an einem Balken mittig befestigt und konnten so wie eine Art Schleifstein eingesetzt werden. Durch Drehbewegungen sei dann der Fels um den Obelisken herum abgeschliffen worden.

[263] Naville, DelB VI, Taf. CLIII–CLVI.

[264] Vgl. dazu Wirsching 23–49.

[265] Das Relief ist nur noch fragmentarisch erhalten, aber vor dem besagtem Schiff ist das Heck eines weiteren Bootes auszumachen, das wahrscheinlich eine ähnliche Ladung hatte.

[266] Nach einer anderen Theorie zog man den Obelisken über eine niedrige Rampe nahe an den Sockel. Dann wurde um ihn herum von drei Seiten eine hohe Mauer aus Stein errichtet, wobei sich die offene Seite an der Basis des Pfeilers befand. Zwischen dem Obelisken und den Mauerwänden wäre somit nur sehr wenig Platz gewesen. Unter dem gut verschalten Pfeiler wurden nun Taue gezogen und an genau bestimmten Stellen fixiert, um den Stein später keinen unnötigen Spannungen auszusetzen. Waren die jeweiligen Enden dieser Taue über die breiten Wände der Kammer gelegt, konnte der eigentliche Aufrichtungsvorgang beginnen. Von beiden Seiten zogen die Arbeiter, bis der Obelisk auf seinen Sockel gedreht war und aufrecht stand. Vgl. Wirsching 55–61, bes. 69f. Er nennt dieses Verfahren „Schlitzkammermethode". Angeregt wurde seine These von der Deutung eines Passus im satirischen Papyrus Anastasi I (Kapitel XIV = An. I 16,5–17,2) durch Badawy (ZÄS 110 [1983] 13f. In diesem Text befindet sich eine Rechenaufgabe, welche die Aufrichtung einer Kolossalstatue zum Gegenstand hat. Badawys Rekonstruktion verwirft H.-W. Fischer Elfert, Die satirische Streitschrift des Papyrus Anastasi I, Übersetzung und Kommentar, Wiesbaden 1986, 143–147.

267 Blyth, Karnak 55.
268 Urk. IV, 361–362,8 (Übersetzung Müller).
269 Urk. IV, 362,13–16 (Übersetzung Müller).
270 Urk. IV, 363,2–13 (Übersetzung Müller).
271 Urk. IV, 364,10–365,13 (Übersetzung Müller).
272 Unwahrscheinlich ist die Deutung von C. Desroches Noblecourt, Hatschepsut 404 – vgl. 531 Anm. 7 –, die hier den Grund für ein mögliches Zerwürfnis zwischen Hatschepsut und ihrem ergebenen Vertrauten Senenmut erkennen will. Er habe diese baulichen Veränderungen für Blasphemie gehalten und sich dagegen ausgesopochen.
273 Urk. IV, 372,13–373,9.
274 A. H. Gardiner – J. Černy, The Inscriptions of Sinai, London 1952–55, Nr. 179, Taf. 57, Nr. 181.
275 Vgl. 178 Anm. 17.
276 Vgl. Clauss, Ägypten 249.
277 Urk. IV, 332,11.
278 Vgl. W. Filser, Antike Terrassenheiliggtümer, in: Antike Welt 2/13, 67–78; zum Nachleben s. C. A. Keller, Hatshepsut's Reputation in History, in: Roehrig 294–297.

Bauten

1 PM III,2, 845. Für ihren Gemahl Thutmosis II. sieht es noch dürftiger aus: Nördlich von Abydos ist praktisch kein Bauwerk nachweisbar oder ein Objekt mit seinen Namen bekannt.
2 Ich orientiere mich hier am Beitrag von D. Arnold, LÄ I (1975) 1017–1025, s. v. Deir el-Bahari III. Zu Plänen und Grundrissen der Anlage s. Naville, DelB VI, Taf. CLXX–CLXXIV; Arnold, ibid. 1013–1014; PM II, Taf. XXIV–XVII.
3 Vgl. H. Winlock, BMMA 19,2 (1924) 16–18 (mit Abbildungen der Teiche und Gruben).
4 Naville, DelB VI, Taf. CLIII–CLVI (Obelisken) sowie S. 6f. (zur Widmung) und Taf. CLVII.CLXI–CLXIII.
5 Naville, DelB VI, Taf. CLX.
6 Naville, DelB III, Taf. LXVIII.
7 PM II, 350–353.
8 Naville, DelB V, Taf. CXXII–CXXVI.
9 Naville, DelB VI, S. 8f. und Taf. CLXVI–CLXVII.
10 Vgl. R. Pirelli, in: Encyclopedia of the Archaeology of Ancient Egypt, K. A. Bard (Hrsg.), New York 1999, 237, s. v. Deir el-Bahri, Hatshepsut Temple.
11 Naville, DelB I, S. 6 und Taf. IV. Aus Naville geht nicht hervor, dass dieses Wandbild aus mehreren Blöcken besteht.
12 Naville, DelB I, Taf. XVI (Südwand).
13 Naville, DelB I, Taf. XIII–XIII (Nordwand).
14 Naville, DelB V, Taf. CLXV.
15 PM II, 367f.
16 Vgl. R. Stadelmann, LÄ III (1980) 1255–1257, s. v. Medinet Habu B.
17 PM V, 157.
18 Zum Bildprogramm der Roten Kapelle ausführlich Schnittger 62–116.
19 Schnittger 32f.

[20] Nach anderen Deutungen erfolgte der Bau im 15. Jahr; vgl. Desroches Noblecourt, Hatschepsut 541.

[21] Zum Grundriss s. PM IV, 150; vgl. auch 163f.

[22] Dem 15. und 16. Gau.

[23] Urk. IV, 385,9–386,2. Die Übersetzung der Speos-Artemidos-Texte weitgehend nach Müller.

[24] Vgl. hierzu Desroches Noblecourt, Hatschepsut 396–398.

[25] Urk. IV, 386,4–7.

[26] Urk. 389, 4–6.

[27] Urk. IV, 390 (Übersetzung nach Müller).

[28] PM VII, 131–137.

[29] Desroches Noblecourt, Hatschepsut 99–102.

Zusammenfassung

[1] Vgl. Clauss, Pharao 34f.

Abkürzungsverzeichnis

ÄA	= Ägyptologische Abhandlungen
ÄIB	= Ägyptische Inschriften aus den königlichen Museen zu Berlin, 2 Bände, Leipzig 1901–24
ASAE	= Annales du Service des Antiquités de l'Égypte
BACE	= The Bulletin of the Australian Centre for Egyptology
BMMA	= Bulletin of the Metropolitan Museum of Art, New York
CG	= Catalogue Général des Antiquités Égyptiennes du Musée du Caire, Kairo
DelB	= E. Naville, The Temple of Deir el Bahari, 6 Bände, London 1895–1908
EA	= Egyptian Antiquities, British Museum
EEF	= Egypt Exploration Fund
EES	= Egypt Exploration Society
GM	= Göttinger Miszellen
Hdt.	= Herodot
JEA	= Journal of Egyptian Archeology
JEGH	= Journal of Egyptian History
JNES	= Journal of Near Eastern Studies
Jos. Ap.	= Josephus Flavius, Contra Apionem
KMT	= A modern Journal of Ancient Egypt
KV	= Kings Valley
LÄ	= Lexikon der Ägyptologie, 7 Bände, Wiesbaden 1975–1992
LD	= C. R. Lepsius, Denkmaeler aus Aegypten und Aethiopien, Leipzig 1849–1859
MDAIK	= Mitteilungen des Deutschen Archäologischen Instituts, Abteilung Kairo MIFAO
	= Mémoires de l'Institut Français d'archéologie orientale au Caire
ND	= Nachdruck
P.	= Papyrus
PM	= B. Porter – R. L. B. Moss, Topographical Bibliography of Ancient Egyptian Hieroglyphic Texts, Reliefs, and Paintings, Oxford 1927 ff.
S&N	= Sudan&Nubia
TT	= Theban Tomb Nr.
TUAT	= Texte aus der Umwelt des Alten Testaments
Urk. I	= K. Sethe, Urkunden des Altes Reiches, Leipzig 1933
Urk. IV	= K. Sethe, Urkunden der 18. Dynastie, Leipzig 1906–1909
ZÄS	= Zeitschrift für Ägyptische Sprache und Altertumskunde

Bibliographie

T. El Awady, Sahure – The Pyramid Causeway, History and Decoration Program in the Old Kingdom, Abusir XVI, Prag 2009

W. Barta, Untersuchungen zur Göttlichkeit des regierenden Königs. Ritus und Sakralkönigtum in Altägypten nach den Zeugnissen der Frühzeit und des Alten Reiches. München – Berlin 1975

J. v. Beckerath, Handbuch der ägyptischen Königsnamen, Mainz ²1999

E. Blumenthal – I. Müller – W. F. Reineke (Hrsg.), Urkunden der 18. Dynastie. Übersetzung zu dem Heften 5–16, Berlin 1984

E. Blyth, Karnak. Evolution of a Temple, London – New York 2006

J. H. Breasted, Records of Ancient Egypt I–V, Chicago 1906–1907, ND London 1988

J. H. Breasted, Geschichte Ägyptens, Berlin ²1911

H. Brunner, Der „Gottesvater" als Erzieher des Kronprinzen, ZÄS 86 (1961) 90–100

H. Brunner, Die Geburt des Gottkönigs. Studien zur Überlieferung eines altägyptischen Mythos, Wiesbaden ²1986

F. Burgos – F. Larché, La chapelle Rouge. Le sanctuaire de barque d'Hatshepsout, Facsimilés et photographies des scènes, 2 Bände, Paris 2006–08

G. Burkard – H. J. Thissen, Einführung in die altägyptische Literaturgeschichte I. Altes und Mittleres Reich, Münster 2003

V. G. Callender, The Inovations of Hatshepsut's Reign, BACE 13 (2002) 29–46

R. A. Caminos – T. G. H. James, Gebel es-Silsilah I. The Shrines, ASE 31, London 1963

R. A. Caminos, The New Kingdom Temples of Buhen II, ASE 43, London 1974

M. Clauss, Das alte Ägypten, Frankfurt am Main 2002

M. Clauss, Der Pharao, Stuttgart 2012

E. H. Cline – D. O'Connor, Thutmose III. A New Biography, Ann Arbor 2006

D. O'Connor, The Middle Colonnade at Deir-el Bahari: compositional integrity and ‚intertextuality' in Egyptian Art, in: S. Ikram – A. Dodson (Hrsg.), Beyond the Horizon. Studies in Egyptian Art, Archaeology and History in Honour of Barry J. Kemp, Kairo 2009, II, 325–337

N. de Garis Davies, The Tomb of Puyemrê at Thebes, 2 Bände, New York 1922–23

C. Desroches Noblecourt, La reine mystérieuse Hatshepsout, Paris 2000; deutsch: Hatschepsut. Die geheimnisvolle Königin auf dem Pharaonenthron. Bergisch Gladbach 2007

M. Dessoudeix, Chronique de l'Egypte Ancienne. Les Pharaons, leur règne, leurs contemporains, Arles 2008

M. Dessoudeix, Lettres Égyptiennes I. La naissance du Nouvel Empire. De Kamosis à Thoutmosis IV, Arles 2010

M. Dessoudeix, Lettres Égyptiennes II. L'apogée du Nouvel Empire. Hatshepsout, Thoutmosis III, Amenhotep II et Toutmosis IV, Arles 2012

A. Dodson – D. Hilton, The Complete Royal Families of Ancient Egypt, London 2004

E. Dondelinger, Der Obelisk, Graz 1977

P. F. Dorman, The Monuments of Senenmut: Problems in Historical Methodology, London – New York 1988

P. F. Dorman, The Tombs of Senenmut. The Architecture and Decoration of Tombs 71

and 353 (The Metropolitan Museum Egyptian Expedition, Bd. XXIV), New York 1991
E. Dziobek, Das Grab des Ineni: Theben Nr. 81, Archäologische Veröffentlichungen 68, Mainz 1992
E. Dziobek, Die Gräber des Veziers User-Amun: Theben Nr. 61 und 131, Archäologische Veröffentlichungen 84, Mainz 1994
A. D. Espinel, Abriendo los caminos de Punt, Barcelona 2011
L. Gabolde, Monuments décores en bas relief aux noms de Thoutmosis et Hatchepsout à Karnak, MIFAO 123, 2 Bände, Kairo 2005
E. Graefe, Der angebliche Zahn der angeblich kranken Diabetikerin Hatschepsut, oder: Die Mumie der Hatschepsut bleibt unbekannt, GM 231 (2011) 41–43
L. Habachi, Two Graffiti at Sehēl from the Reign of Queen Hatshepsut, JNES 16 (1957) 88–104
L. Habachi, Die unsterblichen Obelisken Ägyptens, überarbeitete und erweiterte Neuauflage von C. Vogel, Mainz 2000
R. Hannig, Großes Handwörterbuch Ägyptisch-Deutsch (2800–950 v. Chr.), Mainz [3]2009
W. C. Hayes, Varia from the Time of Hatshepsut, MDAIK 15 (1957) 80–84
W. C. Hayes, The Scepter of Egypt. A Background for the Study of the Egyptian Antiquities in: The Metropolitan Museum of Art. Part II: The Hyksos Period and the New Kingdom (1675–1080 B.C.), Cambridge, Massachusetts 1959
W. C. Hayes, A Selection of Tuthmoside Ostraca from Dēr El-Baḥri, JEA 46 (1960) 29–52
W. Helck, Untersuchungen zu Manetho und den ägyptischen Königslisten. Untersuchungen zur Geschichte und Altertumskunde Ägyptens 18, Berlin 1956
W. Helck, Urkunden der 18. Dynastie. Übersetzung zu den Heften 17–22, Berlin 1961
W. Helck, Historisch-biographische Texte der 2. Zwischenzeit, Wiesbaden 1975
F. Hintze – W. F. Reineke, Felsinschriften aus dem sudanesischen Nubien, Berlin 1989
G. Hölbl, Geschichte des Ptolemäerreiches, Darmstadt [2]2004
E. Hornung, Das Tal der Könige, Düsseldorf – Zürich [6]1999
A. Mariette, Deir-El-Bahari, Leipzig 1877
C. Meyer, Senenmut: eine prosopographische Untersuchung, Hamburg 1982
M. Müller, Die Krönungsinschrift der Hatschepsut, in: TUAT NF 2, Gütersloh 2005, 197–211
W. F. Murnane, Texts from the Amarna Period of Egypt, Writings from the Ancient World 5, Atlanta 1995
E. Naville, The Temple of Deir el Bahari, 6 Bände, London 1895–1908
R. B. Parkinson, The Tale of Sinuhe and other Egyptian Poems 1940–1640 BC. Translated with Introduction and Explanatory Notes, Oxford 1997
A. J. Peden, The Graffiti of Pharaonic Egypt. Scopes and Role of Informal Writings (c. 3100–332 B.C.), Leiden – Boston – Köln 2001
S. Quirke, Who where the Pharaohs? A Guide to their Names, Reigns and Dynasties, London [2]2011
S. Ratié, Hatschepsut. Die Frau auf dem Thron der Pharaonen, Wiesbaden 1974
S. Ratié, La reine Hatshepsout – Sources et problèmes (Orientalia Monspelensia I, Institut d'egyptologie. Université Paul Valéry), Leiden 1979
D. B. Redford, History and Chronology of the Eighteenth Dynasty of Egypt. Seven Studies, Toronto 1967
R. K. Ritner, Anubis and the Lunar Disc, JEA 71 (1985) 149–155

G. Robins, Frauenleben im Alten Ägypten, München 1996
C. H. Roehrig (Hrsg.), Hatshepsut. From Queen to Pharaoh. Ausstellungskatalog Metropolitan Museum of Art, New York, New York – New Haven – London 2005
T. Säve-Söderbergh, Ägypten und Nubien. Ein Beitrag zur Geschichte altägyptischer Außenpolitik, Lund 1941
D. Sahrhage, Fischfang und Fischkult im alten Ägypten, Mainz 1998
H. A. Schlögl, Das Alte Ägypten. Geschichte und Kultur von der Frühzeit bis Kleopatra, München 2006
T. Schneider, Lexikon der Pharaonen, Düsseldorf ²2002
M. Schnittger, Hatschepsut. Eine Frau als König von Ägypten, Mainz 2008
K. Sethe, Urkunden der 18. Dynastie, Leipzig 1906–1909
K. Sethe, Urkunden der 18. Dynastie. Übersetzung der Hefte 1–4, Leipzig 1917
G. J. Shaw, Royal Authority in Egypt's Eighteenth Dynasty, BAR International Series 1822, Oxford 2008
N. C. Strudwick, Texts from the Pyramid Age, Writings from the Ancient World 16, Atlanta 2005
W. W. Struwe, Geschichte der Alten Welt I. Der Alte Orient, Berlin 1955.
P. Tallet – El-S. Mahfouz, The Red Sea in Pharaonic Times. Recent Discoveries along the Red Sea Coast, IAFAO 155, Kairo 2012
J. J. Tylor – F. L. Griffith, The Tombs of Paheri in El Kab, EEF 11, London 1894
G. P. Verbrugghe – J. M. Wickersham, Berossos and Manetho. Native Traditions in Ancient Mesopotamia and Egypt. Introduced and Translated, Ann Arbor 1996
M. Verner, Die Pyramiden, Reinbek 1998
M. Verner, Abusir III, The Pyramid Complex of Khentkaus, Prag 2001
T. Wilkinson, Early Dynastic Egypt, London – New York 1999
T. Wilkinson, The Rise and Fall of Ancient Egypt. The History of a Civilisation from 3000 BC to Cleopatra, London – Berlin – New York 2010
A. Wirsching, Obelisken transportieren und aufrichten in Ägypten und in Rom, Norderstedt 2007

Register

Götter

Personen

Könige

Andere

Orte

Begriffe und Sachen

Abbildungsnachweis

Abb. 1, 2 *(aus Naville, DelB II, Taf. XLVII)*, 3, 5, 9, 10, 13 *(aus Naville, DelB III, Taf. LXI)*, 17, 19, 20, 21, 27, 29, 30: *Egypt Exploration Society, London (mit freundlicher Genehmigung).*

Abb. 4, 6, 7, 8, 11, 12, 14, 15, 16, 22, 23, 24, 25, 26, 28, 31, 32: *Peter Nadig.*

Abb. 18 *aus A. Mariette, Deir-El-Bahari, Leipzig 1877, Taf. 5 (Detail).*